엄마가 행복해야
가정이 행복하다

엄마가 행복해야 가정이 행복하다

지은이 | 한은경
초판 발행 | 2012년 7월 27일
17쇄 발행 | 2024. 9. 30.
등록번호 | 제3-203호
등록된 곳 | 서울특별시 용산구 서빙고동 95번지
발행처 | 사단법인 두란노서원
영업부 | 2078-3333   FAX 080-749-3705
출판부 | 2078-3477

책 값은 뒤표지에 있습니다.
ISBN 978-89-531-1790-7   03230

편집부에서 독자의 의견을 기다립니다.
tpress@duranno.com   http://www.Duranno.com

두란노서원은 바울 사도가 3차 전도여행 때 에베소에서 성령 받은 제자들을 따로 세워 하나님의 말씀으로 양육하던 장소입니다. 사도행전 19장 8-20절의 정신에 따라 첫째 목회자를 돕는 사역과 평신도를 훈련시키는 사역, 둘째 세계선교(TIM)와 문서선교(단행본·잡지) 사역, 셋째 예수문화 및 경배와 찬양 사역, 그리고 가정·상담 사역 등을 감당하고 있습니다. 1980년 12월 22일에 창립된 두란노서원은 주님 오실 때까지 이 사역들을 계속할 것입니다.

엄마가 행복해야 가정이 행복하다

한은경 지음

두란노

차례

교회 · 단체에서의 워크숍 가이드 08
프롤로그 10

Part 1
건강한 엄마가 되는 길

나 자신과 화해하기

첫 번째 만남 18
chapter 01 누구를 위한 엄마 노릇인가? 23

어느 엄마의 고백 | 공부 잘하면 성공한다? | 아이를 위해서라고 핑계대지 말자 | 나의 인생 그래프 그리기

두 번째 만남
chapter 02 엄마들이여, 무작정 견디지 말라 37

"엄마는 행복한 척해" | '내가 왜 그럴까?'를 분석하라

chapter 03 당신의 과거와 화해하라 46

기억의 창고를 들여다보라 | 내 안에 가득한 수치심 | 결핍은 결핍을 낳고 | 우리 속에 울고 있는 어린아이 | "나를 보내신 이는 하나님이십니다" | 수치심 테스트

세 번째 만남
chapter 04 부모님을 이해하고 받아들이라 61

부모님을 객관적으로 바라보라 | 아버지 요인 | 이제 해방의 시작일 뿐

chapter 05 자기 사랑의 길을 가라 69

건강한 자아 존중감: 온유하고 안정된 심령 | 대를 이어 거듭되는 자존감의 문제 | '자기 사랑'의 길 | 나도 알고 남도 아는 나 | 자존감 테스트 | 아버지께 편지 쓰기

Part 2
행복을 느낄 줄 아는 아내가 되는 길

네 번째 만남
chapter 01 건강한 가정은 부부 중심이다 87
아들을 남편 삼은 엄마 | 행복을 느끼지 못하는 아내들 | 가정의 중심은 부부다

chapter 02 부부 연합은 떠남에서 시작된다 95
한 몸을 이루기 위해 떠나라 | 원가족 문화에서 떠나라 | 두 사람의 것을 위해 내 것을 포기하는 것 | 부부 연합의 걸림돌 찾기

다섯 번째 만남
chapter 03 서로 다르지만 남편은 아군이다 107
왜 나는 불행한데 너는 행복한가 | 욕구가 서로 다른 두 사람 | 남녀의 차이 | 부부관계 친밀감 테스트

chapter 04 새롭게 관계 맺는 법을 배우라 116
접근과 호응의 상호작용 | 관계를 좋게 하는 대화의 기술 | 새롭게 접근하라 | 나의 반쪽 나의 콩깍지

여섯 번째 만남
chapter 05 아내의 존경이 남편을 만든다 129
남편을 가정의 제사장으로 세우라 | 남편들의 소원, 밥과 성 | 밥과 성보다 앞선 문제, 아내의 인정과 존경 | 남편과 아내의 평행선 | 그러려니 넘어가 주는 지혜가 필요하다 | 남편의 기를 살려라

chapter 06 남편에게 소망을 두지 말라 147
가르치고 조종하려는 아내의 속마음 | 바라는 배필이 된 아내 | 돕는 배필로의 부르심 회복 | 하나님께 소망을 두라 | 남편을 가정의 제사장으로 세우라 | 돕는 배필 연습하기 | 남편에게 편지 쓰기

Part 3
건강한 사랑을 베푸는 엄마가 되는 길

일곱 번째 만남

chapter 01 자녀 교육은 하나님이 주신 특권 167

"나한테 엄마라고 하지 마" | 땅에 충만하고 번성하라 | 가정에 대한 하나님의 계획

chapter 02 마땅히 가르칠 것을 가르치라 176

사람 바로 세우기 | 질서의 하나님을 가르치라 | 부부가 한뜻으로 훈계하라 | 통제와 허용의 그래프

chapter 03 나는 어떤 유형의 엄마인가 184

권력형 엄마 | 희생형 엄마 | 자기도취형 엄마 | 애정결핍형 엄마 | 온유하고 안정된 엄마

여덟 번째 만남

chapter 04 잘못된 사랑이 자녀를 망친다 193

사랑이라는 이름으로 | 잘못된 사랑 1: 과잉보호 사랑 | 잘못된 사랑 2: 완벽주의 사랑 | 참사랑: 무조건적인 사랑 | 건강한 듣기 테스트

chapter 05 자녀를 자랑스러워하라 204

"나는 네가 너무 좋아!" | 건강한 자아상

아홉 번째 만남

chapter 06 표현해야 사랑이다 211

엄마의 말 한마디가 아이를 살린다 | 자녀를 환영하라 | 사랑의 시간 만들기 | 한 통의 편지로 대화의 물꼬 트기 | 자녀가 사랑스러운 이유 20가지

chapter 07 엄마는 가정의 보혜사 222

"아버지가 우리를 위해 일하신단다" | 아버지의 창 | 하나님의 이미지는 아버지가 결정한다 | 아버지를 양육에 참여시키라 | 삶에서 배운다 | 어머니께 편지 쓰기

Part 4
온유하고 안정된 엄마가 되는 길

열 번째 만남
chapter 01 진정으로 회심하라 239

생명나무 공동체로의 회복 | 구원의 시작

chapter 02 십자가와 용서 247

내 안의 풀리지 않는 매듭 | 일곱 번씩 일흔 번 용서하라 | 날마다 십자가를 붙들라 | 합력하여 선을 이루시는 하나님

열한 번째 만남
chapter 03 기도하는 엄마가 되라 261

세상에서 가장 욕심 없는 기도 | 기도의 키(key)는 하나님께 있다 | 가정을 세우는 지혜로운 여인 | 무엇을 위해 기도해야 하는가 | 자녀를 위한 요일별 축복기도

chapter 04 공동체에 속하라 274

내 아들을 키운 교회 공동체 | 교회는 또 하나의 생명나무 공동체 | 이기적인 생각에서 벗어나라 | 품앗이 양육이나 교육도 좋다

Part 5
하나님의 부르심

열두 번째 만남
chapter 01 십자가의 사명 285

온유하고 안정된 심령으로 | 어머니로서의 자리를 지키면 | 한 여성을 통해 구원이 들어온다 | 엄마에게 주신 사명 | 하나님에 대한 개념 알아보기 | 어머니가 지켜야 할 십계명

어머니학교 수료자들의 간증 302

교회·단체에서의
워크숍 가이드

Workshop은
이렇게
진행합니다

01 소그룹으로 모이십시오.

12명 이하의 소그룹으로 모이면 좋습니다. 열린 마음과 배우려는 마음으로 모여서 서로 환영하고, 나와 좀 다르더라도 서로 사랑하며 용납합니다.

02 서로 약속하십시오.

앞으로 열두 번의 만남 동안 결석하지 않고 마지막까지 최선을 다하기로 약속하는 시간을 갖습니다. 그리고 그 주에 배운 내용을 다음 한 주간 가정에서 실천하기를 약속합니다.

03 환경을 만드십시오.

열두 번의 만남 동안 수업에 집중할 수 있는 환경을 만들어야 합니다. 아이들은 맡기고 오면 더욱 좋습니다.

04 시간을 지키십시오.

시작하는 시간과 끝나는 시간을 가능한 지킵니다. 시간을 지키는 것은 12주 동안의 진행을 원활하게 해줄 것입니다. 총 2시간 30분가량의 시간을 나눔과 기도 시간으로 적절하게 배정합니다.

05 찬양과 기도로 시작하십시오.

시작할 때는 간단한 찬양과 기도로 시작합니다. 주님을 높이는 찬양과 성령님께서 오늘 만남을 인도해 주시도록 의탁하는 기도를 짧게 드립니다.

06 교재에 충실하십시오.

이제 교재를 돌아가면서 한 사람씩 읽습니다. 본문을 읽는 중에 나눔이나 토론을 위한 질문이 나오면 질문에 따라 서로 나누십시오. 하지만 주제와 상관없는 이야기로 흘러가지 않도록 주의하십시오.

07 나눔을 할 때는 자신의 이야기를 하십시오.

다른 사람의 이야기보다는 자기 자신의 이야기를 하도록 하십시오. 본인이 원치 않으면 다음 기회로 넘어가도 됩니다. 다른 사람도 골고루 나눌 수 있도록 시간을 독차지하지 마십시오.

08 다른 사람이 말할 때는 경청하십시오.

다른 사람의 나눔을 깊이 경청합니다. 중간에 끼어들지 않습니다. 다른 사람을 가르치려고 하지 말고, 충고하지 않도록 하십시오.

09 자기 자랑을 자제하십시오.

내가 지나치게 자랑하면 다른 사람이 자신의 문제나 아픔을 내놓을 수 없습니다. 서로를 위해 자기 자랑은 자제합니다.

10 서로 나눈 이야기는 비밀을 지키십시오.

모임에서 나눈 이야기는 다른 사람에게 말하지 않습니다. 다른 사람의 아픔과 문제에 대해서는 비밀을 지키고 기도해 주십시오.

11 기도와 축복으로 마치십시오.

진행자는 참석자들의 기도 제목을 수시로 기록했다가, 마칠 때 함께 기도하는 시간을 갖습니다. 열두 번의 만남이 지난 다음에 하나님이 어떻게 응답하셨는지도 기록합니다. 서로 축복하며 허깅함으로 모임을 끝냅니다.

12 다음 한 주 동안 실천할 과제를 확인하십시오.

매번의 만남에는 과제가 있습니다. 과제는 반드시 해옵니다. 더 많은 은혜와 기적을 체험하게 될 것입니다. 무엇보다 오늘 배운 것을 실천하는 것이 가장 큰 과제입니다. 배운 것을 실천하지 않으면 소용없습니다. 다음 주 모임을 할 때 과제를 서로 나누고 시작하는 것이 좋습니다.

주님,
제가 어머니입니다

하나님은 천지창조의 마지막 순간, 최고의 걸작품으로 가정을 만드셨습니다. 가정은 하나님께서 천국의 기쁨을 맛보아 알 수 있도록 이 땅에 최초로 세우신 생명 공동체입니다. 그러나 그 가정이 요즘 무섭게 무너지고 있습니다.

2012년 5월 2일 개정된 가정폭력방지법이 발효되면서 가정폭력 신고를 받은 경찰은 집주인의 동의 없이도 주거지 안에 들어가 폭력 상황을 제지할 수 있게 됐습니다. 이를 두고 '피해자 안전을 위한 응급조치'라는 찬성론과 '공권력이 과잉 행사될 수 있다'는 반대론이 팽팽하게 맞서고 있습니다. 이것은 오늘날 우리 가정이 붕괴되고 있다는 엄연한 현실을 반증합니다.

가정의 중심에는 어머니가 있습니다. 한때 폐허가 된 미국을 회복시킨 루스벨트 대통령은 "어머니는 민족의 혼을 만드는 최고의 주역이다"라고 말했습니다. 어머니는 어떤 성공적인 정치가보다도, 성공적인 예술가보다도, 성공적인 사업가보다도 우리 사회에 반드시 필요하고 중요한 존재라는 것입니다.

어머니…, 언제나 생각만 해도 포근한 이름입니다. 언제나 불러도 가슴이 뭉클한 이름입니다. 어머니는 내 영혼의 고향입니다. 어머니는 우리가 지치고 외로울 때 돌아갈 수 있는 따스한 품이었고, 어머니는 그 강인한 생명력으로 자녀를 위해 모든 것을 희생하신 분이었습니다. 그러나 현대의 가정에서는 어머니의 따뜻한 이름이 사라지고 있습니다. 어머니의 강인한 생명력이 사라지고 있습니다. 21세기 세상의 위기는 가정에서 아버지의 부재와 어머니의 정체성의 위기입니다. 아버지를 가정으로 돌려보내는 일과 어머니의 정체성을 회복시키는 일이야말로 이 시대에 가장 중요하고 시급한 일입니다.

두란노어머니학교는 21세기 한국의 위기는 가정에서 아버지의 존재감이 사라지고 어머니의 정체성이 흔들리는 것이라 보고 1998년 故하용조 목사의 뜻을 따라 이 땅의 가정에 성경적인 어머니상을 제시하고, 여성상의 회복을 통해 건강한 가정, 깨끗한 사회를 건설하는 초석을 마련하고자 출발했습니다. 어머니학교는 현재 세계 32개국에서 진행되고 있습니다. 인종과 문화를 초월하여 모든 지역에서 어머니학교 정신이 받아들여지고 적용되는 것을 보면 놀라움을 감출 수 없습니다. 국내에서는

● 아버지를 가정으로 돌려보내는 일과 어머니의 정체성을 회복시키는 일이야말로 이 시대에 가장 중요하고 시급한 일입니다.

특수 사역으로 재소자를 위한 교도소 어머니학교, 한 부모 가정의 자녀와 엄마를 위한 '클릭 러브터치', 다문화 가족과 새터민의 자녀와 어머니를 위한 열린 어머니학교, 시어머니와 장모님을 위한 '나오미 로이스학교'가 진행되고 있습니다. 뿐만 아니라 어머니학교는 지역 교회의 일꾼을 양육하고 성장시키는 프로그램이기도 합니다. 현재 어머니학교를 통해 배출된 평신도 여성 사역자들이 건강하게 지역 교회를 섬기고 있습니다. 지금처럼 앞으로도 어머니학교는 여성들이 하나님 안에서 건강해져서 이 땅에 하나님 나라를 건강하게 만들어 나가도록 도울 것입니다.

두란노어머니학교는 '주님, 제가 어머니입니다'란 구호로 시작됩니다. 짤막하지만 이 한마디를 외치며 많은 어머니들이 눈물을 흘립니다. '어머니'란 단어 속에 너무나 많은 의미들이 함축되어 있기 때문일 것입니다. 어머니학교는 한번 수료로 멈추는 것이 아니라 회복된 어머니들이 다른 어머니들을 도울 수 있도록 방법을 제시하며 건강한 가정, 건강한 교회, 건강한 사회를 지향하고 있습니다.

어머니학교는 다섯 번의 강의로 짜여 있습니다.

첫째 날에는 '나는 정말 건강한가?'를 살펴봅니다. 둘째 날에는 '남편과 어떻게 하나될까?'를 살펴봅니다. 셋째 날에는 '어떻게 건강한 사랑을 자녀들에게 베풀어서 경건한 자손을 길러 낼까?'를 고민합니다. 넷째 날에는 '기도하는 어머니로 살아가는 법'에 대해 배웁니다. 다섯째 날에는 '어머니의 사명'을 깊이 새깁니다.

이 책 《엄마가 행복해야 가정이 행복하다》는 5주간의 어머니학교 세미나 수료 이후 그 열정이 식지 않도록 하기 위한 후속 프로그램으로, 다시 태어난 어머니들의 성장을 도울 것입니다.

이 책은 혼자서 읽기에도 좋지만, 소그룹으로도 공부할 수 있도록 편집되어 있습니다. 교회마다 어머니들이 함께 모였으면 좋겠습니다. 자녀 때문에 고통받는 분들, 부부 문제로 가슴 아파하는 분들, 건강하고 행복한 가정을 꿈꾸는 분들이 모두 모였으면 좋겠습니다. 함께 모여 기도하며 공부하는 동안 우리 자신은 물론 우리의 가정이 회복될 것이며, 우리의 자녀들이 회복될 것이며, 그리고 우리의 교회가 회복될 것입니다. 뿐만 아니라 예수님을 모르는 이들에게는 예수님을 소개하는 접촉점으로, 또 교회는 다니지만 하나님의 사랑을 경험하지 못한 이들에게는 하나님을 새롭게 경험하여 올바른 신앙생활을 할 수 있도록 사용되었으면 좋겠습니다. 마지막으로 어머니학교 사역을 위해 모든 지원을 아끼지 않는 한국 교회와 동역자가 되어 지금까지 신실하게 섬겨 준 모든 스태프들에게 감사를 드립니다.

"주님, 제가 어머니입니다."

두란노어머니학교 본부장 한은경

● 함께 모여 기도하며 공부하는 동안 우리 자신은 물론 우리의 가정이 회복될 것이며, 우리의 자녀들이 회복될 것이며, 그리고 우리의 교회가 회복될 것입니다.

“ 나를 소개합니다 ”

● 날짜   .   .   .

● 이름

● 생년월일

● 주소

● 전화

● 직업

● 출석 교회

Part 1
건강한 엄마가 되는 길

나 자신과 화해하기

첫 번째 만남

건강한 엄마란 따뜻하고 온유하며 안정된 심령을 가진
엄마다. 자신이 얼마나 건강한 엄마인지
스스로를 돌아보는 내면의 여행을 떠나 보도록 하자.

한 어머니가 어떤 가치관을 가지고 사느냐에 따라 그 가정에 하나님의 은혜가 임할 수도 있고 막힐 수도 있다. 우리는 성경을 통해, 그리고 많은 간증들을 통해 한 어머니가 가정을 잘 지킴으로 인하여 그 가정이 반석 위에 서는 경우를 볼 수 있다.

여성이라면 누구나 좋은 어머니가 되고 싶어 한다. 좋은 어머니가 되는 데는 길이 있다.

첫째는 건강한 여성이 좋은 어머니가 될 수 있다. 둘째는 행복을 느낄 줄 아는 아내가 좋은 어머니가 될 수 있다. 셋째는 좋은 어머니는 온유하고 안정된 심령으로 자녀에게 건강한 사랑을 베풀 수 있다. 그래서 그리스도인으로서 우리의 목표는 좋은 어머니가 되어 자녀에게 하나님의 사랑을 경험시키고 그들을 경건한 후손으로 길러 내는 것이다.

그러나 이 길은 결코 쉽지 않다. 그 이유는 우리 모두가 죄인이기 때문이다. 우리 안의 죄성은 채울 수 없는 공허감을 안겨 준다. 그리고 씻을 수 없는 수치감을 준다. 그래서 우리는 모두 나름대로 조금씩 문제가 있을 수밖에 없다.

자신의 공허감을 남편을 통해 채우려다가 실패한 많은 여성들이 다시 자녀를 통해 채우려고 한다. 본인이 이루지 못한 꿈을 자녀를 통해 대리 만족하려는 것이다. 최근 우리 사회에서 아이들이 일으키는 문제들은 어쩌면 어머니들이 안겨 준 것일지도 모른다.

좋은 어머니가 되는 길
1. 건강한 여성이 좋은 어머니가 될 수 있다.
2. 행복을 느낄 줄 아는 아내가 좋은 어머니가 될 수 있다.

우리 안의 죄성은 채울 수 없는 공허감을 안겨 준다.

공허감 a sense of emptiness
텅 빈 듯한 허전한 느낌

🏺 **행복을 향한 나눔**

지금까지 나는 무엇으로 내 공허감을 채우려고 했는지 잠시 생각해 보고 서로 나누어 보십시오.

_____

_____

• **수치심** shame
거부되고, 조롱당하고, 노출되고, 다른 사람으로부터 존중받지 못한다는 고통스런 정서.

또한 우리를 병들게 하는 것은 뿌리 깊은 수치심이다. 우리에게 수치심을 안겨 주는 요인으로 세 가지가 있다.

첫째, 세속 문화다.

이 세상은 전문직 여성을 높이 평가한다. 또한 외모에 지나치게 집착해서 이제는 성형 수술이 연예인 같은 특별한 사람들만 하는 것이 아니게 되었다. 또 다이어트에 많은 여성들이 목숨을 건다. 여기에 남성우월주의 문화도 여전하다. 이처럼 세상은 끊임없이 여성이 남성보다 못하다고 속삭인다. 여성들은 피해의식 때문에 움츠러들거나 거세게 분노한다. 남성을 하나의 온전한 사람으로 바라보지 못하고, 지나친 기대감을 가지고 대하거나 아예 무시해 버리기도 한다. 그래서 가정에서도 남편과 아내는 서로 돕는 배필이 아니라 경쟁 관계가 되어 버렸다.

⭕ **수치심과 죄책감의 차이**
수치심
자신의 존재에 대한 불편한 감정.

죄책감
자신의 행동에 대한 불편한 감정.

둘째, 은혜 없는 종교다.

율법주의적 신앙이 판을 치고 있다. 불효하면 벌 받는다고 위협하는 시어머니들이 있는가 하면, 여전히 교회는 이혼한 사람들을 불편한 시선으로 바라본다. 교회 안에서도 여성이 남성보다 못한 존재라는 잘못된 메시지가 울려 댄다.

셋째, 용납 없는 부모다.

자녀들은 부모에게 인정받고 칭찬받고 격려받을 권리가 있다. 자녀는 부모의 소유가 아니라 하나님의 소유이기 때문이다. 그런데 부모들은 끊임없이 핀잔하고 야단을 치며 충분한 칭찬과 사랑을 베풀지 못한다.

솔직하게 고백하건대, 그래서 우리들 대부분은 건강하지 못하다. 남편과 하나되지 못했고, 자녀들에게 온전한 사랑을 베풀지 못했다. 그러나 더 이상 이러한 아픔을 자녀들에게 물려주지 말아야 한다. 우리는 다시 기억해야 한다. 하나님이 우리 여성을 고귀한 존재로 창조하셨으며, 당신의 창조 사역의 귀중한 동역자로 부르셨다는 사실을 말이다.

> 수치심을 안겨주는 세 가지
> 1. 세속 문화
> 2. 은혜 없는 종교
> 3. 용납 없는 부모

🍵 행복을 향한 나눔

위 글을 읽고 지금까지 내가 속고 있었던 세속 문화는 무엇인지 서로 나누어 보십시오.

① 외모지상주의

② 남성우월주의

③ 전문직 여성

누구를 위한 엄마 노릇인가?

어느 엄마의 고백

"내 인생이 왜 이렇게 됐는지 모르겠어요."

몇 해 전 어머니학교를 찾은 A씨가 한 첫마디였다. 지난 20여 년간 온전히 아이들을 위해 헌신하며 살았건만, 돌아온 것은 아들의 폭력이었다고 했다.

"제 온 힘을 다해 키웠는데… 그 아들이 오히려 엄마 때문에 인생을 망쳤대요."

A씨는 어머니학교를 통해 자신의 인생을 되돌아보면서 끝내 울음을 터뜨렸다. 그동안 보지 못한 자신의 분노, 그 분노가 투영되어 더 큰 분노를 안고 사는 아들의 모습을 본 것이다.

가난한 집안에서 태어난 A씨는 남자 형제들에게 떠밀려 초등학교만 졸업한 뒤 동네 의사 집의 수양딸로 들어가 허드렛일을 하며 살았다. 그 집에 살면서 A씨는 다짐했다. 내 자식만큼은 공부시켜서 상위 클래스로 살게 하리라.

성에 차지 않는 남편에 대해서는 일찌감치 기대를 접었다. 대신 자녀들에게 모든 것을 걸었다. 의사 집에서 보고 배운 것을 그대로 적용했다. 심지어 밥 먹기 전에 잠언 한 구절 외우기도 똑같이 따라 했다. 아이들 잘되라고 가르치고 또 가르쳤다.

"공부 잘해야 한다, 공부 잘해서 남 주냐, 너를 위해 이러는 거다."

아들은 곧잘 따라오는 듯했다. 유순하고 착한 아들은 때론 무서워서 때론 불쌍해서 엄마에게 반항 한 번 하지 않았다. 그러나 아들은 성인이 된 뒤 돌변했다. 한번 드러난 분노는 걷잡을 수 없었다.

그 아들을 직접 만나지는 못했지만, 그가 어떤 길을 걸어왔을지 상상이 되었다. 어려서부터 무엇이든지 잘해야 한다는 강박관념과 늘 엄마를 만족시키지 못한다는 자괴감에 시달렸을 것이다. 당연히 자아 존중감이 낮았을 것이다. 자신이 밉고 또 엄마가 미웠을 것이다. 어렸을 때는 그 마음을 '감히' 표출할 생각조차 못했으나, 문득 자신이 엄마와 동등하거나 어쩌면 더 힘이 센 존재가 되었음을 느낀 순간, 분노가 터져 나왔을 것이다.

자랄 때 일명 '후남이'(MBC 드라마 〈아들과 딸〉의 여자 주인공)가 될 수밖에 없었던 엄마들에게서 많이 볼 수 있는 사례다. 이분들은 "여자가 무슨 공부를 해?" 하는 말을 들으며 자랐다. 여자가 남자보다 못하다는 것은 우리를 속이는 대표적인 세상 문화다. 그러한 거짓 문화에 속아 살았기에 A씨에게는 수치심이 가득했다. 결국 A씨는 못다 이룬 자신의 꿈을 자식을 통해 대리 만족하며 살아왔다. 내 자식은 누구보다도 열심히 가르쳐서 성공시키리라 마음먹고 혼신을 다해 노력했다.

그래서 어떻게 되었는가? A씨의 뜻대로 자녀들은 좋은 학벌을 얻었는지 모른다. 하지만 좋은 학벌이 곧 행복이 아님을 A씨는 알지 못했다.

우리 주변에는 이런 가슴 아픈 이야기가 참 많다. 학교에서 상위권 성적을 유지하는 중·고교생들뿐 아니라 남들이 부러워할 만한 명문 대학에 다니는 청년들까지 스스로 목숨을 끊는 사건이 끊이지 않고 있다.

🍵 *행복을 향한 나눔*

'어느 엄마의 고백'을 읽고 나서 이 엄마의 문제는 무엇이라고 생각합니까?

_____

_____

공부 잘하면 성공한다?

젊은 엄마들이라고 다를까? 30~40대 엄마들 역시 무섭게 아이들에게 매달린다. 소위 배웠다는 젊은 엄마들의 집착과 질주는 더 무섭다. 옛날 엄마들은 사실 먹고사는 문제가 중대했기 때문에 심리적인 문제가 심각하게 드러나지 않았다. 그러나 먹고사는 문제가 어느 정도 해결된 요즘 젊은 엄마들은 온갖 정보와 데이터를 수집하고 습득하며 아이들을 관리한다. 더 무섭게 매달리는 것이다.

하지만 옛날 엄마들보다 요즘 엄마들의 불안감은 더 커졌다. 강남에는 소위 '마음 병원'이 있는데 엄마들의 상담이 끊이지 않는다고 한다. 안정된 심령으로 아이들을 돌봐야 할 엄마들이 아이들보다 더 불안해하고 스트레스에 시달리는 것이다.

이제 아이들은 학교 성적도 좋아야 하지만 피아노도 잘 쳐야 하고 외모도 받쳐 주어야 하고 외국어도 잘해야 한다. 외모도 재능도 스펙도 좋은 명품 아이를 만들려는 젊은 엄마들의 열심이 대단하다. 그렇지 않으면 경쟁에서 밀릴지도 모른다는 불안감 때문이다.

그런 기대를 가진 부모 밑에서 과연 어떤 아이들이 칭찬과 격려를 받으며 자랄 수 있겠는가? 어떤 장점을 가진 아이라도 비참해질 수밖에 없다.

어머니학교를 섬기는 스태프 중 한 명이 어느 날, 친정엄마로부터 충격적인 이야기를 들었다. 중학생이 된 아들이 어느 날 할머니에게 묻더란다.

"할머니, 우리 집이 6층인데, 여기서 뛰어내리면 죽을까?"

무엇이 아이로 하여금 이런 끔찍한 생각을 하게 했을까? 공부로 인한 스트레스 때문이었다. 아이에게 공부는 짜증 나고 힘들고 하기 싫지만 엄마가 시키니까 할 수 없이 해야만 하는 것이었다. 결국 그 스트레스는 아이에게 마음의 병을 안겨 주었다.

차라리 몸에 난 상처는 티가 나서 쉽게 치료할 수 있다. 하지만 마음에 난 상처는 본인조차 잘 알아채지 못한다. 그만큼 치유는 쉽지 않고 시간이 오래 걸린다.

과도한 교육열은 아이들 마음에 생채기를 남긴다. 특히 어려서부터 엄마의 교육열에 시달린 아이들은 자라면서 그 문제가 서서히 드러나게 된다. 빠르면 사춘기를 지나면서 수면 위로 올라와서 엄마나 선생님께 반항하는가 하면, 극단적인 행동을 하기도 한다. 설사 엄마의 강압으로 그 반항을 억누른다 해도 아이의 상처는 언젠가 감당하기 어려운 크기로 아이의 인생을 잠식할 것이다.

어느 교회 상담실을 찾은 20대 청년이 있었다. 청년은 국내에서 손꼽히는 로스쿨을 다니다 휴학한 상태였다. 앞날이 창창한 청년의 고민은 '엄마'였다. 그는 엄마의 인정을 받고 싶음과 동시에 엄마에 대한 수치심으로 가득했다. 우수한 성적으로 일류 대학을 졸업하고 대기업에 취직했지만 엄마의 바람은 오직 하나, 서울대학교였다. 엄마는 끊임없이 서울대학교에 못 간 것을 질책했다.

그는 결국 회사를 그만두고 지금 다니는 로스쿨에 입학했다. 하지만 공부가 적성에 맞지 않아 괴로웠다. 안타깝게도 객관적으로 보기에는 똑똑하고 착실한 이 청년은 창문에서 뛰어내리고 싶은 자살 충동에 시달리고 있었다. 적성에 맞지 않는 공부를 계속할 자신도, 엄마의 기대를 버리고 새로운 길을 찾아 나설 용기도 없다고 했다. 자기가 가진 재능과 능력을 사회에서 펼치며 꿈을 성취해 나가야 할 때에 오히려 실패감과 수치심에 시달려야 하는 청년의 현실이 너무 안타까웠다. 이런 아들을 보고도 "다 너를 위해서다!"라고 감히 말할 수 있을까?

과도한 교육 열풍은 식을 줄 모르고 있다. 유치원 때부터 영어, 미술, 음악, 체육 등 각종 특기 교육을 시키는 엄마들, 방학 때만 되면 강남에 방을 잡고 아이를 학원에 보내는 엄마들, 끊임없이 높은 기준으로 자녀를 채근하는 엄마들, 아이를 데리고 미국이다 호주다 뉴질랜드다 해외로 다니며 영어 교육에 열을 올리는 엄마들도 많다.

교육에 매달리는 엄마들의 심정을 왜 모르겠는가. 나 역시 두 아들을 키운 엄마이며, 가슴 아프게도 "여자가 공부해서 뭐

하냐"는 소리를 듣고 자란 세대다. 한때 나도 남들처럼 내 자식 공부에 매달렸다. 아들을 데리고 다니면서 가르치고 또 가르쳤다. 그런데 두 아들을 키우며 정말 뼈저리게 깨달은 것이 있다. 공부가 결코 성공을 좌우하지 않는다는 사실이다.

큰아들은 어려서부터 곧잘 따라 주어 원하는 대학에 들어가 하고 싶은 공부를 했다. 그러나 둘째 아들은 달랐다. 어떤 식으로 뒷받침해 주어도 전혀 공부에 취미를 붙이지 못했다. 눈만 뜨면 친구들과 노는 데 정신없었다. 중학생 때였는데, 하나님은 공부 잘하는 사람에게만 있는 게 아니라고 내게 되레 화를 냈다. 할 말이 없었다. 그때부터 자녀 양육은 내 힘으로 안 되는 거구나, 깨달았다. 마음을 비우고 둘째를 키울 수밖에 없었다. 결국 둘째는 지방 대학에 진학했다. 하지만 그래서 둘째 아들의 인생은 실패했을까? 단연코 아니다.

둘째는 대학에 진학하면서 자기 인생의 목표와 공부해야 할 '이유'를 찾았다. 그 아이는 참 재미나게 인생을 살았고 지금도 그렇게 살고 있다. 마음껏 친구들과 놀았고, 마음껏 교회 공동체 생활을 했고, 지금은 한 NGO 단체에서 즐겁게 일하며 마음껏 재량을 펼치고 있다.

참 재미있게도 전혀 속을 썩이지 않던 큰아들이 나로 인해 얼마나 힘들었는지를 뒤늦게 알게 되어 가슴 아파하며 기도해야 했다. 나는 두 아들을 키우며 학창 시절의 성적이나 학벌이 인생의 성패를 결정짓지 않는다는 사실을 절실히 깨달았다.

아이를 위해서라고 핑계대지 말자

보통 엄마들은 공부 잘하면 성공한다고 생각한다. 그런데 성공은 인생의 후반전을 봐야 알 수 있다. 당장 학창 시절의 성적이 우수하고 일류 대학에 진학한다 해도 자기 인생을 자신 있게 개척하지 못한다면 인생의 후반전이 별 볼일 없을 수 있다.

카네기재단과 하버드대학에서 졸업생들을 여러 해 동안 추적하여 내놓은 결과를 보면 매우 놀랍다. 인생의 후반전을 결정짓는 요인으로 관계 맺는 능력이 85%나 차지했다. 지적 능력은 15%에 불과했다. 많은 심리학자들은 관계 맺는 능력이야말로 정신 건강의 척도이며, 사회생활에서 성공하고 행복한 삶을 살도록 돕는 중요한 요인이라고 말한다. 관계 맺는 능력은 교과 성적과 일치하지 않는다. 관계 맺는 능력이 좋은 아이는 보통 자신이 누구인지, 어떤 능력이 있는지에 대해 긍정적인 생각을 가지고 있다. 긍정적인 정체성을 가진 사람이 관계를 잘 맺는다는 것은, 어떤 이론을 들먹이지 않아도 경험으로도 알 수 있다.

안타깝게도 엄마에 의해 만들어진 모범생들은 자신에 대해 긍정적인 생각을 갖기 힘들다. 자신이 좋아하고 잘하는 것이 무

> 인생의
> 성공 요인
> 1. 관계 맺는 능력: 85%
> 2. 지적 능력: 15%

엇인지를 살필 겨를이 없이 학창 시절을 보내기 쉽다.

소위 '1만 시간의 법칙'이라는 것이 있다. 뉴욕타임스의 유명한 칼럼니스트인 말콤 글래드웰은 《아웃라이어》(Outliers)에서 이렇게 말했다.

"미래에는 우리가 생각하는 IQ의 개념, 즉 수리와 지적 능력이 성공을 좌우하는 게 아니다. 중요한 것은 각자가 좋아하는 분야를 찾아서 만 시간 이상의 노력과 시간을 투자하는 것이다."

실제로 빌 게이츠는 고등학교 컴퓨터 클럽에서부터 만 시간을 컴퓨터에 집중했고, 비틀스는 독일의 클럽에서 언더그라운드 밴드 생활을 했는데 미국에 진출하기 전까지 만 시간을 연주하며 연습했다.

지금 당신의 자녀는 무엇을 위해 만 시간을 투자하고 있는가? 아니, 무언가에 만 시간을 투자할 만한 패기와 용기를 가지고 있는가?

자신이 좋아하는 것이 무엇인지, 자신에게 어떤 능력이 있는지조차 모르는 아이들은 삶의 면역력이 떨어질 수밖에 없다. 그들은 스스로 경쟁과 좌절을 견디는 힘조차 기르지 못한다. 앞서 말한 일류 대학을 졸업한 청년처럼, 몸은 어른이 되었는데도 자기 인생의 문제 앞에서 전의(戰意)를 상실한 어린아이 같은 사람들이 우리 주변에 많다. 소위 화려한 스펙과 무관하게 내면의 분노와 쓴 뿌리 때문에 평생을 괴롭게 사는 '똑똑한 모범생'이 얼마나 많은지 모른다.

엄마들이여, 더 이상 아이를 닦달하면서 입으로는 '다 네가 행복하기를 바라서'라고 변명하지 말자. 과도한 교육열은 아이를 위한 것이 아니라, 엄마 자신의 만족을 위한 것임을 잊지 말기 바란다.

나는 어머니학교를 통해 많은 엄마들을 만났다. 나이가 많은 분들부터 이제 막 아기를 낳은 젊은 엄마들까지 정말 다양한 분들이 어머니학교를 찾고 있다. 그들이 어머니학교를 찾는 이유는 대부분 '자녀 교육' 때문이다. '어떻게 하면 내 아이를 잘 키울까? 성공적으로 키울 수 있을까?'가 그들의 고민이다. 그러나 나는 정말 묻고 싶다. "당신의 엄마 노릇은 정말 아이를 위한 것인가요?"

엄마가 못 이룬 꿈 때문에 자녀를 대리 만족의 대상으로 삼는 것은 아닌가? 엄마의 뿌리 깊은 상처 때문에 아이에게 과도하게 집착하거나 방치하는 것은 아닌가? 혹은 미래에 대한 지나친 불안 때문에 아이를 조종하고 있는 것은 아닌가?

내면이 병든 엄마들이 아이들을 어디로 내몰고 있는지 심각하게 돌아봐야 한다. 옆집 이야기가 아니다. 바로 나와 당신의 이야기이며 바로 우리 아이들의 이야기다. 아이들은 단순하다. 엄마가 불안하고 우울하면 아이들은 온전하게 자랄 수가 없다. 엄마가 행복하면 아이들도 행복하다. 엄마가 건강하면 아이들도 건강하다.

교육은 백년대계(百年大計)라고 한다. 지금 바르게 교육하지 않으면 10년, 20년 후 아이들이 이 사회를 이끄는 지도층이 되었을 때 과연 어떻게 될까? 하나님이 그 책임을 우리 엄마들에게 물으신다면 당신은 어떤 대답을 할 것인가? 다시 한 번 강조하지만 엄마는 어떤 성공적인 정치가보다도, 성공적인 예술가보다도, 성공적인 사업가보다도, 성공적인 과학자보다도 우리 사회에서 반드시 필요하고 중요한 존재다.

우리는 어느 때보다 어려운 시대를 살고 있다. 이런 때일수록 하나님은 엄마의 자리를 회복하라고 부르신다. 엄마가 회복되면 가정이 회복된다. 남편과 자녀들이 회복된다. 엄마가 회복되면 사회가 회복되고, 하나님 나라가 회복될 것이다. 이제라도 엄마인 우리 자신을 돌아보자. 겉으로는 쉽게 드러나지 않았던 우리 내면의 문제를 점검하자.

정말 내 아이를 잘 키우고 싶은가? 그렇다면 엄마인 나부터 건강한 엄마가 되어야 한다. 건강한 엄마란 따뜻하고 온유하고 안정된 심령을 가지고 자신의 계획보다 하나님의 계획을 기다릴 줄 아는 엄마다. 자, 지금부터 나는 과연 건강한 엄마인지 돌아보는 내면 여행을 떠나자.

온유하고 안정된 심령을 가진 엄마
자신을 사랑하고 남을 사랑하고, 자신의 때가 아닌 하나님의 때를 기다릴 줄 아는 엄마.

나의
인생그래프
그리기

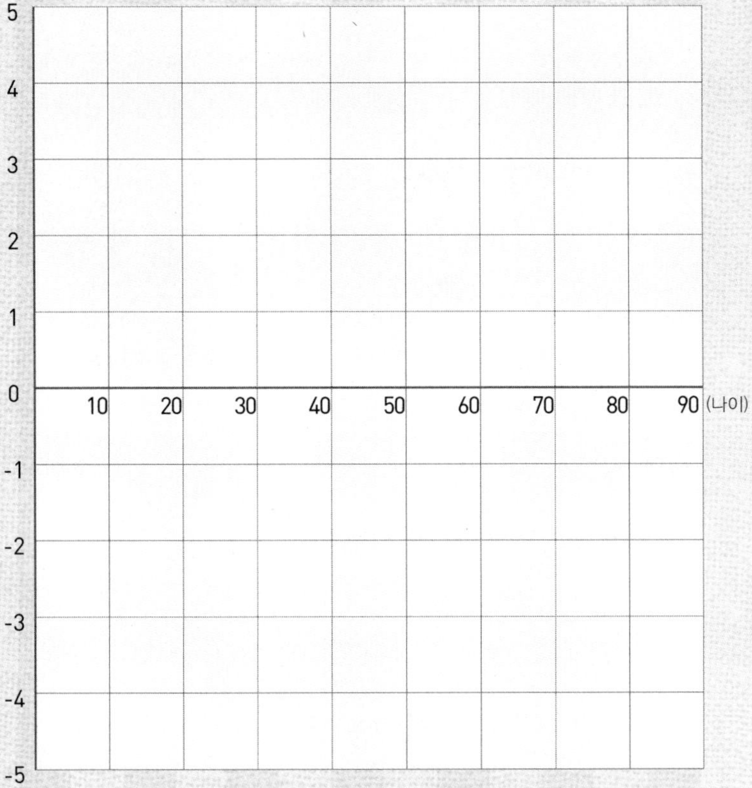

● 기준

해당 이슈
행복 기쁨 +1 ~ +5
불행 슬픔 -1 ~ -5

위의 표에 당신의 인생 그래프를 그려 보세요. 당신의 기억에 뚜렷이 남아 있는 어떤 일이나 사건 혹은 이슈가 행복했거나 기쁜 일이었으면 위쪽에, 그렇지 못했으면 아래쪽에 표시합니다.
행복이나 기쁨의 정도가 크면 클수록 표의 위 칸에 표시될 테고, 불행이나 슬픔의 정도가 크면 클수록 아래 칸에 표시되겠지요. 사람에 따라 그런 일들이 여러 번 되풀이될 수도 있고 단 한 번 있을 수도 있습니다. 나의 인생 그래프 그리기는 그 어떤 방법보다 자신의 삶을 한눈에 볼 수 있어서 유용합니다.
※ 다 그린 후에는 서로 나누는 시간을 갖기 바랍니다.

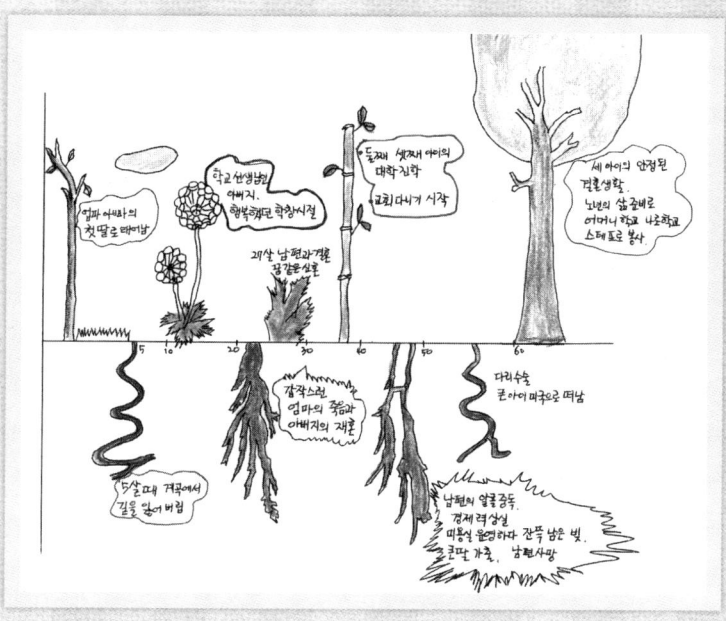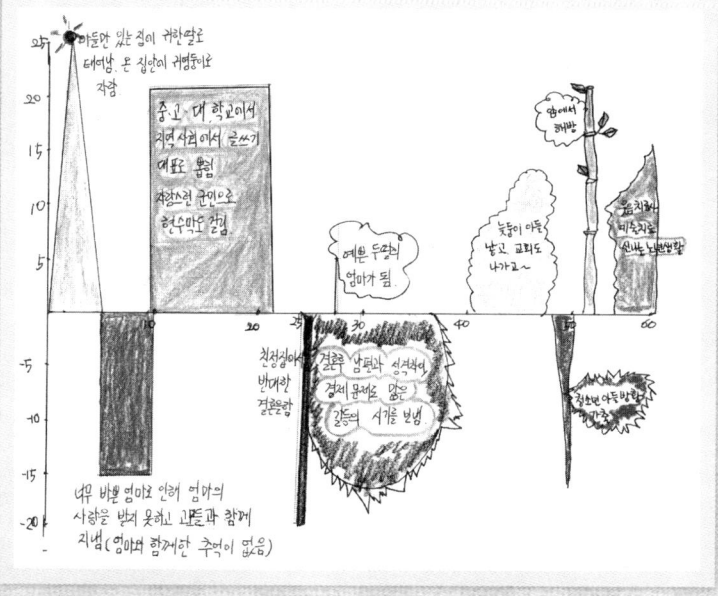

두 번째 만남

과거는 현재를 만들고, 현재는 미래를 만든다.
결국 미래를 바꾸려면 과거를 바꾸어야 한다.
미래를 바꾼다는 것은 과거를 재해석하는 것이다.
우리의 과거를 그리스도 안에서,
하나님의 시각으로 새롭게 인식하도록 하자.

나 자신과 화해하기

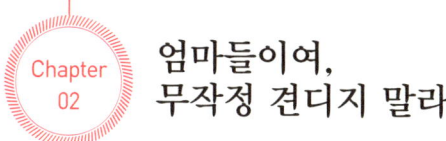

엄마들이여, 무작정 견디지 말라

"엄마는 행복한 척해"

런던에서 열린 어머니학교에서 사춘기를 겪는 아이들 때문에 힘들어하는 엄마를 만났다. 본인이 그다지 화목하지 않은 가정에서 자란 탓에 정말 행복한 가정을 꿈꾸던 엄마였다. 하지만 결혼을 하고 애를 낳은 뒤, 도대체 무얼 어떻게 해야 할지 몰랐다. 더군다나 낯선 땅에서 겪은 경제적인 위기는 부부 사이의 웃음조차 사라지게 했다. 사춘기에 접어든 아이들까지 엄마 마음을 몰라주는 것 같아 상처를 많이 받았다. 하지만 '행복한 가정을 위해' 스스로 괜찮다, 괜찮다 다독이며 아슬아슬 줄타기 하듯 살았다.

그런데 어머니학교에서 첫 강의를 듣고 집에 돌아간 날, 아이들로부터 충격적인 이야기를 들었다.

"엄마가 행복해야 자녀도 행복하대. 너희가 보기에 엄마는 어때?"

다짜고짜 큰아이가 말했다.

"엄마는 행복한 척해. 사실은 우울한데, 맞지?"

작은아이가 옆에서 "맞아!" 하며 맞장구를 쳤다. 남편과 관계가 좋지 않아도, 아무리 속상하고 힘든 일이 있어도 절대 어려운 티를 안 냈다고 생각했는데, 아이들은 모두 알고 있었다. 엄마는 비로소 자기 안에 쌓아 둔 벽돌담을 보았다.

많은 엄마들이 '아이들을 위해서' 상처와 불행을 견딘다. 그러나 불행을 불행이 아닌 것처럼 가장하거나, 상처를 그냥 덮어 버리는 것은 아무한테도 도움이 안 된다. 놀랍게도 아이들은 무의식적으로 엄마의 내면 상태를 읽어 버린다. 아이들은 결국 엄마의 품에서 엄마의 마음을 먹고 자란다. 아이들이 뛰어 놀아야 할 그 품이 상처와 결핍으로 가득하다면, 당연히 아이는 어려움을 겪을 수밖에 없다. 그래서 엄마들이 호소하는 아이의 '문제 행동'들은 대부분 엄마에게서 비롯되는 경우가 다반사다.

특히 우울이나 불안은 전염성이 상당히 강해서 그렇지 않은 사람도 덩달아 불안하고 우울하게 만든다. 불안하고 우울한 부모가 아이에게 올바른 양육 태도를 갖기는 생각보다 쉽지 않다. 일관성을 유지하지 못하고 가까운 사람에게 갑자기 화를 내거나, 남편이나 아이들을 위해 스스로 희생을 선택하고는 속으로 억울해한다. 본인의 불안정한 내면을 인식조차 못하는 경우라면 문제가 더욱 심각하다.

"아이를 위해 희생한다고 생각하는 엄마들은 아이를 소유물로 여기기 쉽다. 그래서 아이가 자신이 원하는 대로 크지 않는 것을 용납하지 못한다. 자신이 희생하는 만큼 아이는 반드시 자신이 이루지 못한 꿈을 이루어 줘야 한다. 아이가 기대만큼 따라오지 못하면 아이를 닦달하며, 공부든 뭐든 남보다 못한다는 말을 들으면 자기 인생이 망가진 것처럼 부끄러워한다. 또 아이가 조금만 실수해도 불같이 야단을 치고, 남들 앞에서 예의 없는 행동을 하면 펄펄 뛴다. '아이니까 그럴 수 있지'라는 생각보다 '우리 아이가 어떻게 이럴 수 있나'라는 생각을 먼저 하는 것이다. 쉽게 화가 나 매를 드는 엄마가 어떻게 행복할 수 있겠는가. 물론 엄마의 감정에 휘둘리는 아이 역시 행복할 리 만무하다."(신의진, 《나는 아이보다 나를 더 사랑한다》)

아이들을 잘 키우기 위해 책도 많이 읽고 강의도 찾아 들으며 열심을 내는 엄마가 있었다. 그녀의 머릿속은 육아에 관한 이론적인 지식들로 가득했다. 그녀는 아이들에게 예의 바르고 잘 웃고 긍정적인 사람이 되라고 입버릇처럼 말했다. 그러나 마음만큼 잘 따라 주지 않자, 아이들의 성격에 문제가 있다고 생각했다. 급기야 아이들의 성격을 고쳐 달라고 기도했고, 그 문제를 해결하려고 어머니학교를 찾았다.

그래서 그 엄마는 해결점을 찾았을까? 어머니학교를 수료하며 그 엄마는 "내가 문제였다"고 말했다. 자신이 아이들에게 강조한 것과는 전혀 다른 삶을 살았던 것이다.

"늘 굳은 표정으로 짜증내고 비난하며 살았어요. 아이들을 향한 내 속마음이 말과는 달랐던 거죠. 말로는 마음이 건강해야 한다고 하면서도 남들보다 공부도 잘하고 인기도 많고 예능에도 뛰어난 만능재주꾼이 되기를 강요했다는 것을 알았어요. 나와 달리 기질적으로 흥이 있어 밝고 명랑한 아이에게 빨리 하라고 다그쳤죠. 혼자 알아서 척척 하지 못하면서 웃고 장난치는 아이가 너무 못마땅했거든요. 말 한마디로 천 냥 빚을 갚는다고, 예쁘게 말하라고 가르치면서 정작 나는 아이에게 '시끄럽다, 속터진다'라며 언어폭력을 행사하고 있었더라고요."

무엇이 문제였겠는가? 그 엄마가 안고 있는 상처와 결핍이 문제였다. 엄마이기 전에 그녀는 자기 자신과 화해할 필요가 있었다. 자랄 때 주목받지 못한 자신에 대한 오래된 열등감으로 인해 아이가 자기처럼 살까 봐 두려웠고, 그것만큼은 도저히 용납되지 않았던 것이다.

🍵 *행복을 향한 나눔*

위 글을 읽고 나의 자녀들은 나를 어떤 엄마라고 생각할 것 같은지, 잠시 생각해 보고 서로 나눠 보십시오.

'내가 왜 그럴까?'를 분석하라

어느 옷가게에 들렀을 때의 일이다. 이런저런 옷을 구경하다가 마음에 드는 옷을 집어 들었다. 옆에서 옷의 디자인에 대해 열심히 설명하던 가게 주인이 대뜸 "사모님은 배가 있어서 77사이즈 입으셔야 해요" 한다. 순간 '그 사이 살이 더 쪘나?' 하는 의구심이 들었지만, 주인의 말을 따라 77사이즈로 입어 보았다. 정말 잘 맞았다.

우리는 가끔 나도 모르는 내 신체의 장점과 단점을 다른 사람의 입을 통해 듣는다. "넌 기분 좋은 일이 있으면 입꼬리가 살짝 올라가더라. 그때 참 예뻐", "넌 허벅지에 살이 많아서 바지보다 치마를 입는 게 더 예뻐." 주변의 이야기를 듣고 거울을 들여다보면 '정말 그렇구나' 하고 깨달을 때가 있다. 날마다 보고 만지는 몸에 대해서조차 우리는 완벽하게 알지 못한다. 하물며 보이지도 않는 우리 내면은 어떻겠는가.

프로이트(Sigmund Freud)가 말한 것처럼, 우리에게는 의식의 세계와 무의식의 세계가 있다. 의식의 세계는 빙산의 일각이다. 그 몇 배나 되는 무의식의 세계가 우리 속에 있다. 그만큼 우리는 자신을 잘 모를 수밖에 없다. 그렇기 때문에 자신이 어떤 행동을 하는 이유를 스스로 알지 못하는 경우가 많다. 즉각적으로 일어나는 반응이나 습관들은 대부분 무의식의 세계에 숨어 있다.

어머니학교에서는 '내 성격 중에서 맘에 안 드는 것 세 가지'를 생각해 보고 찾아서 이야기를 나누는 시간이 있다. 자신도 모르게 불같이 화를 낸다거나, 자꾸 해야 할 일을 미룬다거나, 다른 사람 말에 순간순간 마음이 바뀐다거나 하는 다양한 성격적 결함들을 드러내 본다. 그리고 왜 그럴까를 생각해 본다.

나는 우선, 경제적인 것에 너무 예민하다. 그래서 신혼 때부터 돈 모으는 것에만 혈안이 되어 있었다. 가정을 내실 있게 돌보기는커녕 규모를 키우는 것에만 몰두했다. 그 값을 뒤늦게 치르며 크게 후회한 적도 있지만, 쉽게 극복이 되지 않았다. 무슨 일을 하든지 자꾸 돈 계산이 먼저 되었다. 사역을 시작하고, 하나님의 은혜로 이어 가면서도 돈 문제를 극복하는 게 쉽지 않았다. 모임을 갖고 나면 은혜가 얼마나 임하였는가를 먼저 보아야 하는데, 과연 이렇게 해도 적자가 나지 않을까 하는 걱정이 앞섰다. 남편이 사랑의 표현으로 이벤트를 해줘도 감동은커녕 왜 쓸데없이 돈을 쓰냐는 투정이 먼저 나왔다.

둘째, 어떤 사물을 볼 때 긍정적인 면보다 부정적인 면을 먼저 본다. 안 그러려고 해도, 좋지 않은 부분이 먼저 눈에 들어온다. 아이들이 내가 잘 모르는 새로운 길을 가려고 할 때마다 부정적인 면을 부각시켜 발목을 잡기도 했다. 남편이 희망과 포부를 가지고 어떤 일을 추진하려 할 때도 조목조목 단점들만을 나

열해 김새게 만들곤 했다. 긍정적으로 반응하고 상대를 격려하는 것이 내겐 정말 쉽지 않았다. 그러지 말아야지 하면서도 늘 부정적인 반응이 생각을 앞서 갔다.

셋째, 성격이 급해서 쉽게 화를 낸다. 속도보다 방향이 중요하다고 생각하면서도 늘 참지 못하고 화를 냈다. 아이들을 키우면서도 참고 기다려 주는 일이 너무 어려웠다. 늘 내 속도에 맞춰 따라와 주길 기대하며 아이들을 다그쳤다. 남편이나 아이들이 어떤 일을 설명하려 해도, 단번에 알았다고 말을 자르고는 내 생각을 가르치려고만 들었다.

왜 그럴까? 내게는 가난했던 과거, 부정적인 자아상, 늘 '빨리 하라'고 다그치던 어머니의 영향 등이 무의식에 숨어 있었다. 사람은 참 이상하게도 의식적으로는 그러지 말아야지 하면서도 어느새 행동은 길들여진 대로 하고 만다. 내가 받은 교육, 나를 키운 부모님의 태도와 삶에 영향을 받으며 걸어온 나의 발자취가 현재의 나를 지배하는 것이다.

이유를 알고 나니 훨씬 마음이 가벼워졌다. 예전에는 내가 싫어하는 행동이 불쑥 튀어나오면 후회와 함께 굉장한 수치심에 시달렸다. 하지만 내가 왜 그런지를 알고 나자 마음이 가벼워졌다. 행동 자체를 교정하는 것도 좀 더 수월해졌다.

자신의 행동을 곰곰이 생각해 보면 숨겨진 내면이 보이기 시작한다. 그저 맘에 안 드는 행동 자체를 고치려고 하기 전에 내가 왜 그런 과민 반응을 보이는지 따져 봐야 한다. 왜 그러는지를 알면 자신을 이해하고 수용하고 개방하는 수순을 밟는 것이 훨씬 쉬워진다. 자신을 이해하고 수용하고 개방하는 것, 그것이 건강해지는 길이다.

또한 무의식 속에 숨어 있는 자신의 욕구가 무엇인지, 슬픔이 무엇인지, 상처가 무엇인지, 불안 요소가 무엇인지를 먼저 알아야 한다. 지나온 길을 돌아보고 자신을 분석해야 한다. 나 역시 오랜 시간 동안 내가 가진 아픔과 상처를 돌보지 않고 무작정 달려온 탓에 끊임없이 수치심과 절망감에 시달려야 했다.

나처럼 내면이 아픈 엄마들은 결국 왜곡된 모성으로 아이를 자기 마음대로 다루거나 방치해서 자신과 아이 모두에게 상처를 안겨 준다. 때로 자신이 어떤 일을 하는지도 모른 채 헛된 가치를 좇느라 여념이 없다.

지금부터라도 엄마로서 무언가를 잘해 보려고 하기 전에, 먼저 한 인간으로서 자신을 돌아보아야 한다. 아이가 짐처럼 느껴지는가? 혹은 아이에게 좋은 옷과 장난감을 사 주지 않으면 죄책감에 시달리는가? 자신의 행동이 어디서부터 왔는지, 왜 그런 태도를 취하는지 자신을 살펴야 한다.

자신을 객관적으로 바라보면 분별력이 생기고, 자신의 느낌과 욕구를 인식하면서 자신과 소통하게 된다. 그래서 건강한 사람은 나가야 할 때 나가고 멈출 때 멈출 줄 안다. 흔히 "나이가 들면 성숙해진다"고 하지만, 결코 그렇지 않다. 부단히 노력하지 않으면 저절로 성숙해지지 않는다. 엄마들이여, 이제 부디 굳건한 마음을 가지고 자신의 결핍과 상처, 고통과 마주하기 바란다. 예전에는 느껴 보지 못한 편안함을 얻을 것이다.

행복을 향한 나눔

내 성격 중에서 마음에 안 드는 것 세 가지를 나누어 보십시오.

_____

_____

내 성격 중에서 마음에 드는 것 세 가지를 나누어 보십시오.

_____

_____

Chapter 03 당신의 과거와 화해하라

기억의 창고를 들여다보라

인간은 동물과 달리 미래 지향적인 존재다. 변화와 성숙을 추구하고 보다 나은 미래를 꿈꾸며 나아간다. 그런데 미래를 바꾸려면 현재를 바꿔야 한다. 현재를 바꾸지 않고는 미래를 바꿀 수 없다. 현재는 누가 만들었는가? 과거가 만들었다. 현재는 과거의 산물이다.

《기억 상자 속의 나》를 쓴 파비아노(Frank&Catherine Fabiano) 부부는 "영적으로 거듭난 그리스도인들조차 과거는 말 그대로 지나간 일일 뿐이며 현재에 아무런 영향을 미칠 수 없다고 말한다"면서 그러나 "우리의 과거는 현재로 드러난다. 삶 전체가 지나온 길의 영향을 받는 것이다. 뿌리 없는 나무를 생각할 수 없듯 과거를 배제하고 현재를 이야기할 수는 없다"고 지적했다.

파비아노 부부에 따르면, 인간은 어린 시절의 경험과 반응들을 성장한 후에도 그대로 갖고 있으며, 살아가면서 과거의 경험들을 복사하듯이 다시 찍어 낸다. 그 경험들이 현재 인간관계나 사회 활동 속에서 우리를 계속 따라다니며 괴롭힌다.

프랑크 파비아노는 어린 시절의 경험들 중에서 성숙에 이르는 것을 방해하는 요인을 두 가지 꼽는다. 첫째, 성장에 필요한 요소들을 제대로 공급받지 못한 경우다. 경제적인 요소도 있겠고 심리적인 안정감도 중요한 요소다. 둘째, 인생에 영향을 미친 부모나 키워 준 사람, 혹은 주변 사람들에게서 받은 상처다. 사람은 자기가 받지 못한 것을 남에게 줄 수 없다. 또한 어린 시절에 심긴 부정적인 씨앗은 끊임없이 우리를 따라다니며 두려움과 고통, 수치와 불안을 야기시킨다.

기억의 창고를 들여다보라. 나에게 가장 중요한 영향을 미친 사람은 누구인가? 나는 어떤 말을 들으며 성장했는가? 나의 아버지와 어머니는 어떤 분이시며, 부모님의 결혼 생활은 어떠했는가? 내 안의 상처는 무엇인가? 무엇이 내게 열등감과 수치심, 죄책감을 주는가? 내 안의 두려움은 무엇인가?

> **성숙에 이르는 것을 방해하는 요인**
> 1. 성장에 필요한 요소들을 제대로 공급받지 못함.
> 2. 인생에 영향을 미친 부모나 키워 준 사람, 혹은 주변 사람들에게서 받은 상처

내 안에 가득한 수치심

오랜 시간 나를 따라다닌 것은 뿌리 깊은 수치심이었다. 수치심은 나를 움직이는 힘이었다. 작은 성공을 해도 얼마 지나지

않아 수치심이 몰려왔다. 수치심은 내게 매사에 지나친 완벽주의로 나타났다. 나 자신뿐 아니라 다른 사람들에게도 완벽한 기준을 요구한다. 하지만 누가 그 기준에 도달할 수 있겠는가. 그 기준에 도달하기 위해 완벽하게 노력하지만 결국 도달하지 못했다는 수치심에 시달리는 악순환을 반복했다.

나는 내가 나온 방송을 잘 못 본다. 누가 "방송 언제 나와요?" 물어도 잘 안 가르쳐 준다. 한번은 KBS 〈아침마당〉에 출연한 적이 있다. 일정상 LA에서 세미나를 하고 새벽에 입국하자마자 방송국으로 달려가 생방송에 참여했다. 방송이 끝나자 '잘했다'는 생각은 잠시고 곧 수치심이 몰려왔다. 방송 잘 봤다는 인사를 들으면, 미국에서 오자마자 방송하느라 준비가 덜 되었다고 변명하기에 바빴다.

그런데 사실 어땠는지 아는가? 아무리 생방송이어도 이미 그 전에 방송 날짜와 대강의 내용을 통보받았다. 그래서 열심히 준비했다. 비행기를 타고 오면서도 준비했다. 그런데도 스스로 만족하지 못하고 움츠러들며 핑계를 대고 숨으려 했다. 대체 내 안의 수치심은 어디서부터 시작된 것일까?

나는 아버지가 원하지 않은 딸이었다. 태에서 이미 거절당한 존재였다. 아버지는 이미 육남매를 둔 홀아비였고, 엄마는 애를 못 낳아 결혼에 실패한 소위 '돌싱'이었다. 아버지는 오로지 육남매를 건사할 여자가 필요했다. 거기에 엄마는 딱 맞는 조건이었다. 그런데 내가 태어났으니 얼마나 황당했겠는가. 아버지가 원하지 않은 딸, 그 사실 자체가 내겐 엄청난 수치였다.

"태에서 얻은 경험에 따라 우리가 갖게 될 느낌이 결정되고, 그 결과는 곧바로 이후의 삶 가운데 확연하게 드러난다. … 이를테면, 존재 가치의 문제, 거절감, 자폐적인 행동 양식, 그리고 그 어디에도 속할 곳이 없다는 불안정한 마음 등이 그것이다"(프랑크&캐서린 파비아노, 《기억 상자 속의 나》).

성장하는 내내 나는 투사가 되어야 했다. 딸을 인정하지 않는 아버지와 싸워야 했고, 내 엄마와 대립하는 배 다른 언니오빠들과 싸워야 했다. 편애는 건강한 것이 아니지만, 정말이지 엄마의 편애가 없었다면 나는 살아갈 힘을 얻지 못했을 것이다.

두 아들을 키우면서 비로소 나는 내 안의 깊은 상처와 정면으로 직면했다. 그것을 들춰내고서야 내 삶의 태도와 행동의 근본적인 이유를 알 수 있었다. "아기가 상처를 입으면 어른이 되어서도 유아 시절의 필요를 채워 줄 관계를 맺기 위해 끊임없이 애쓰게 된다"고 한다. 그동안 높은 성취욕, 이른 결혼, 남편에 대한 지나친 헌신, 아들에 대한 집착 등 내 삶에 드러난 왜곡된 사랑과 투사는 바로 내 속의 결핍을 채우기 위한 몸부림이었던 것이다.

결핍은 결핍을 낳고

엄마들은 흔히 아이의 마음이나 개성을 존중하기보다 늘 아이를 불만족스러워하고 혼내고 조종하려 든다. 많은 엄마들의 양육 태도란 이렇게 객관적이지 못하고 자신의 결핍을 채우기 위해 대리 만족을 추구하기가 쉽다. 자신이 갖고 싶은 것, 성취하고 싶은 것, 이루고 싶은 위치를 아이에게 기대하고 강요하면서 그것이 이루어지지 않으면 짜증을 내거나 닦달한다.

공부에 한이 맺힌 엄마는 아이가 공부를 못하면 모든 것이 끝난 것처럼 불안해한다. 친구들 사이에서 인기가 없었던 엄마는 아이가 다방면에서 잘하기를 기대한다. 혹시나 자신의 아이가 매력이 없을까 봐 노심초사하는 것이다. 그러나 그 길은 그토록 바라는 아이의 행복을 보장하지 못한다. 결국 대리 만족에서 끝날 뿐, 결핍과 상처가 또 다른 형태로 대물림된다.

매우 점잖아 보이는 한 어머니는 아들을 결혼시킨 뒤, 며느리에게서 한 통의 전화를 받았다. 이런저런 안부를 묻다가 어렵게 며느리가 말을 꺼냈다. 남편이 자꾸 과도하게 돈을 써서 카드값을 감당할 수 없다는 이야기였다.

"어머니, 매사에 신중하고 점잖은 사람이 왜 그러는지 모르겠어요. 물건도 굉장히 즉흥적으로 충동구매를 해요."

어머니는 가슴이 덜컹 내려앉았다. 어머니학교를 통해 공부하기 전이었다면 애지중지하는 아들 흉을 보는 며느리가 미웠을 것이다. "도대체 카드 값이 얼마나 된다고. 내가 갚아 줄게. 그런 일 가지고 남편 기죽이지 마라"며 나무랐을지도 모른다. 그러나 어머니는 며느리가 도저히 모르겠다는 이유를 알겠기에 아무 말도 할 수가 없었다. 온순하고 모범적인 아들의 충동구매 습관은 그 어머니가 물려준 유산이었던 것이다.

어머니는 결핍이 많았다. 가난한 가정환경은 늘 그녀의 가슴에 상처였다. 겉으로는 우아하게 절약을 미덕으로 여기며 사는 것 같았지만 뒤로는 욕구를 조절하지 못해 충동구매를 하는 수치심에 시달렸다. 더군다나 남편과 하나되지 못하고 소원해지자 아들에 대한 집착이 심했다. 아들을 자기편 삼으려고, 아들을 끼고 돌며 원하는 것은 뭐든 사줬다.

온순한 모범생 아들은 자라면서 어머니 속을 썩인 적이 거의 없었다. 그런데 의젓한 사회인이 되고 나서 문제가 드러나기 시작했다. 강한 엄마의 눈치를 보며 자란 탓에 여자를 무서워했다. 특히 직장에서 여자 상사를 모시게 되자 어려움이 이만저만이 아니었다. 돈 씀씀이도 문제가 되었다. 결혼 전에도 몇 번 카드 값을 감당하지 못해 어머니가 해결해 주었다. 결혼하면 괜찮아지겠지 했지만, 억눌린 감정의 고삐를 풀어 놓듯 여전히 충동구매를 했고 뒷감당을 못했다. 돈 귀한 줄 모르고 자랐으니 경제관념이 없을 수밖에 없었다. 가장 큰 문제는 억눌린 감정이 자녀에게 건강하지 않은 방식으로 폭발한다는 것이었다. 온순한 아들이 손자의 사소한 실수에 불같이 화내는 것을 보고 어머니는 깜짝 놀랐다.

한 어머니에게서 시작된 결핍의 문제는, 아들에게 그대로 대물림되고 있었다. 참 무서운 일이다. 하나님은 세대를 걸쳐 내려오는 이런 고통의 문제에 마침표를 찍기 원하신다. 어머니는 아들을 불러 용서를 구했다. 그리고 며느리의 협조를 얻어 아들이 새로운 삶을 살도록 돕기 시작했다.

우리 속에 울고 있는 어린아이

많은 엄마들이 과거에 매여 살아간다. 엄마와 다르게 살기 위해, 아빠 같은 사람 안 만나려고, 불행한 집에서 벗어나려고 결혼을 택한다. 하지만 마음의 상처는 의식하지 못한 사이 시시때때로 자신과 주변 사람을 괴롭힌다. 그러다 어느 순간 그토록 싫어하던 부모의 삶을 답습하는 자신을 발견한다.

엄한 아버지 밑에서 따뜻하고 다정한 말 한마디 듣지 못하고 컸다는 엄마가 있었다. 그때를 떠올리면 숨만 쉬고 살았다고 말할 정도로 힘겨웠단다. 아버지와 완전히 다른 남편을 만났고, 아이들을 낳고 단란한 가정을 꾸렸다. 자신이 자란 환경과는 전혀 다른 환경을 아이들에게 만들어 주리라 마음먹었다.

그러나 아이들이 자랄수록 화를 참지 못했다. 작은 일에도 크게 혼내고, 사소한 실수에도 바보 같다고 다그치고 윽박지르며, 매까지 들었다. 큰아이는 "엄마가 너무 무섭다"며 엄마와 눈도 마주치지 않았다. 그녀는 어느새 그토록 진저리치던 친정아버지와 똑같은 사람이 되어 있었다. 자신의 모습을 객관적으로 바라보게 된 날, 그 엄마는 펑펑 울고 말았다.

목회자 가정에서 자란 한 엄마는 매사가 무기력하다고 말했다. 남편도 무난하고 아이들도 별 탈 없이 잘 크고 있는데 "왜 나는 맘껏 행복을 누리지 못하는 걸까요?" 하는 것이 그 엄마의 고민이었다. 어머니학교에 참석해서 그녀는 그동안 어느 누구한테도 쉽게 말하지 못하던 과거를 털어놓았다.

"우리 집은 좋은 가정이어야만 했어요. 목회자 가정이었으니까요. 하지만 교인들에겐 따뜻한 아빠가 엄마에겐 무섭고 폭력적인 남편이었죠. 교회 사택에 살았으니 더더욱 조심해야 했어요. 아침에 일어나 상처 난 엄마를 보는 것은 정말 고통이었습니다. 진통제로 아픔을 견디는 엄마에게 '우린 괜찮으니 도망가라'고 말할 정도였죠. 하나님이 정말 계신지 의심스러웠어요."

그녀에겐 하나님의 사랑도, 부모의 사랑도, 세상의 어느 것도 믿을 만하지 못했다. 그녀의 마음속에서는 불신과 수치심이 서서히 자라났고 어느새 분노와 무기력함에 사로잡혀 버렸다. 그녀는 고통스런 기억을 피하지 않기로 결심했다. 어두운 과거를 꺼내 놓은 순간, 그토록 무겁던 짐이 조금은 가벼워진 듯했다.

그녀는 과거의 기억 속에서 무서운 아버지와 무기력하게 당하는 엄마 사이에서 홀로 울고 있는 어린아이를 발견했다. 하나님께 그 어린아이를 치유해 주시길 간절히 기도했다. 조금씩 마음에 평안이 찾아오기 시작했다.

"엄마가 자신의 과거를 이해하고 내면을 분석하는 것은 정말 중요하다. 모든 문제의 시초는 아이나 남편이 아니라 엄마 자신에게 있을 수 있다. 아이와 남편에게 왜 그런 행동을 보이는지 그 원인을 찾아야 한다. 고통스런 기억을 피하지 않도록 누군가 옆에서 지켜 준다면 상처를 드러내기가 훨씬 덜 힘들다. 이 과정을 통해 마음속에 쌓인 분노와 슬픔을 쏟아 내면 '내가 부모에게 그런 상처를 받아서 우리 아이에게 이런 문제를 일으키는구나' 하는 자기 통찰을 가질 수 있다"(신의진, 《나는 아이보다 나를 더 사랑한다》).

아이의 사소한 실수를 그냥 넘기지 못하고 불같이 화를 내고 있는가? 혹은 아이가 어떤 행동을 해도 다른 사람 쳐다보듯 내버려 두는가? 지나치게 완벽하다거나 지나치게 무심하다면 한 번쯤 자신의 과거를 돌아볼 필요가 있다. 성장기에 필요한 충분한 사랑과 인정을 받지 못하고 자란 것은 아닌지 객관적으로 돌아볼 필요가 있다. 내 부모에게서 시작된 과잉보호 혹은 애정 결픕이 내 아이에게로 이어질 수 있다.

당신의 과거를 직면하라. 당신이 안고 있는 상처 때문에 내 아이의 인생마저 불행해져서는 안 되지 않겠는가.

"나를 보내신 이는 하나님이십니다"

하지만 과거를 들춰내는 것으로는 부족하다. 과거는 현재를 만들고, 현재는 미래를 만든다는 논리에 따르면, 결국 미래를 바꾸려면 과거를 바꿔야 한다. 그런데 그게 가당키나 한 일인가? 그래서 인간이 미래를 바꾼다는 것은 만만한 일이 아니다.

그러나 그리스도인이라는 이유만으로도 우리는 이 일을 해낼 수 있다. 이것이 그리스도인의 특권이다. 성경은 "그러므로 누구든지 그리스도 안에 있으면 새로운 피조물입니다. 옛것은 지나갔으니 보십시오. 새것이 됐습니다"(고후 5:17, 우리말성경)라고 말한다.

그것이 어떻게 가능한가? 바로 과거를 재해석하는 것이다. 우리를 괴롭히는 것은 실제로 일어난 일들이기보다는, 그 사실에 대한 '인식'이다. 따라서 우리는 과거를 그리스도 안에서, 하나님의 시각으로 새롭게 인식해야 한다.

왜 하필 내게 그런 사건이 일어났는지, 그 사건이 주는 의미가 무엇인지를 새롭게 인식하면, 현재 삶에 의미가 부여된다. 내가 왜 분노하는지, 왜 수치심을 느끼는지, 왜 열등감에 시달리는지 알 수 있다. 그러면 용서와 화해가 일어나고 미래가 바뀐다. 참으로 놀라운 일이다.

요셉은 그의 앞에서 머리를 조아린 형들에게 자신의 신분을 밝히며 이렇게 말했다.

"형님들이 저를 이곳에 팔았다고 해서 근심하거나 자책하지 마십시오. 이는 하나님께서 생명을 구하시려고 저를 형님들보다 먼저 여기로 보내신 것이기 때문입니다. … 이 땅에서 형님들의 자손들을 보존하시고 큰 구원을 베푸셔서 형님들의 목숨을 살리시려고 하나님께서 미리 저를 보내신 것입니다. 그러므로 저를 여기에 보내신 분은 형님들이 아니라 하나님이십니다." (창 45:5-8, 우리말성경)

요셉도 인간인데, 자신을 노예로 팔아넘긴 형들에 대한 분노가 없었겠는가? 그가 위대한 것은 과거를 하나님의 관점으로 재해석했다는 것이다. 과거를 새롭게 인식하고 용서가 이루어지자 이들의 미래가 달라졌다.

하나님의 역사는 이런 것이다. 그리스도인의 삶은 이런 것이다. "내 인생에 왜 그딴 일이 일어난 거야?" 하며 불평하면 끝이 없다. "하나님께서 왜 내게 그런 일을 허락하셨을까?" 하고 그 의미를 찾아가야 한다.

아버지를 일찍 여의었는가? 그렇다면 하나님은 왜 내게서 일찍 아버지를 데려가셨을까 생각해 보라. 혹시 다른 사람들의 마음을 좀 더 깊이 알게 하기 위해 그러셨을 수도 있다. 물론 그렇다고 모든 고통과 어려움의 이유를 우리가 모두 알 수는 없다. 우리가 이해하지 못하는 하나님의 섭리가 분명 존재하기 때문이다.

중요한 것은 우리가 걸어온 고통 가운데, 외로움 가운데 하나님의 공간이 있다는 믿음이다. 내 아픔을, 상처를, 고통을 주님 앞에서 인정하라. 그 기억의 공간 안으로 하나님을 초대하라. 그 슬픔과 아픔을 그리스도의 십자가 앞에 내려놓으라. "주님은 그 기억 안에서 그분의 임재를 보여 주시고, 그 사람이 갖고 있던 느낌이나 그릇된 생각들을 선으로 바꾸신다"(프랑크&캐서린 파비아노, 《기억 상자 속의 나》).

🍵 행복을 향한 나눔

어려서부터 부모님한테 가장 자주 듣던 말은 무엇입니까?

① 긍정적인 말

___

___

② 부정적인 말

___

___

어떤 때 수치심을 가장 많이 느낍니까?

___

___

지금까지 다른 사람들에게 보여 주려던 나의 모습은 어떤 것입니까?

___

___

수치심 테스트

항 목	예	아니오
나는 다른 사람이 당혹해하거나 창피해하는 모습을 볼 때 종종 수치심을 느낀다.		
나는 아무리 상대가 믿을 만하다고 해도 부모나 가족의 충동적 행동에 대해서 절대로 말하고 싶지 않다.		
나는 내 신체적인 모습이 전적으로 다른 사람과 다르다는 강한 느낌을 가지고 있다. 그러한 느낌이 종종 나를 매우 당혹스럽게 한다.		
나는 잘못된 것에 대해 말하거나 실수를 하기보다는 차라리 아무 말도 하지 않는 것이 낫다고 생각한다.		
때때로 나는 주변 사람들을 편안하게 해주려면 어떻게 해야 할지 알 수가 없다. 나는 절대로 그렇게 할 수 없다고 생각한다.		
나는 강당이나 교회, 혹은 식당과 같이 여러 사람이 있는 곳에서 다른 사람의 시선이 나에게 집중되는 것이 싫다.		
다른 사람이 간단한 질문을 할 때, 나는 때때로 질문한 사람이 놀랄 정도로 방어적인 대답을 한다.		
누구든 나의 진정한 모습을 알게 되면 좋아하지 않을 것이라고 생각하기 때문에, 다른 사람이 나를 좋아하게 하려면 내가 보여 주고 싶어 하는 면만 보여 줘야 한다고 생각한다.		

세 번째 만남

자신의 과거를 들여다보고 재해석을 할 때 수반되는
중요한 작업 중 하나는 바로 '부모님을 이해하는 것'이다.
우리는 부모님의 사랑과 격려를 받고 이 자리까지 왔지만,
또한 부모님의 실수 때문에 상처를 입고 아파해야 했다.
이제 나 자신과 화해하고 사랑하기 위해
부모님을 이해하고 받아들이도록 하자.

부모님을 이해하고 받아들이라

부모님을 객관적으로 바라보라

자신의 과거를 들여다보고 재해석할 때 수반되는 중요한 작업 중 하나가 바로 '부모님을 이해하는 것'이다. 부모님은 우리에게 사랑과 격려를 주기도 하지만 한편으로 상처를 남기기도 한다. 이런 까닭에 자신과 화해하고 자신을 사랑하는 길에는 자신의 부모를 이해하고 받아들이는 일이 수반된다.

15년 전 아버지를 하늘나라로 떠나보낸 박 집사에게 아버지는 '아픈 기억'일 뿐이었다. 늘 술에 취해서 살림을 부수고 어머니를 때리시던 아버지, 어린 딸에게 밤낮을 가리지 않고 외상 술 심부름을 시키시던 아버지, 노름에 빠져서 식구들이 굶는지 먹는지 관심도 없으시던 아버지. 박 집사 눈에 아버지는 무능하고 무책임한 분이었다.

박 집사는 아버지로부터 가난을 물려받고 싶지 않아 악착같이 공부했다. 혼자 힘으로 교사가 되었고, 세 명의 남동생까지 공부시키느라 엄청 고생했다.

아버지 때문에 결혼은 생각도 하지 않았다. 그러나 다행히 신실한 그리스도인 남편을 만나면서 삶이 회복되기 시작했다. 박 집사는 자녀를 낳아 기르면서 조금씩 자신을 돌아보고 그 안의 상처와 미움을 직면하기 시작했다. 그리고 진심으로 예수님을 영접하면서 비로소 아버지를 이해했다.

"아버지는 일곱 살에 할머니를 여의셨어요. 정도 없고 무섭기만 한 할아버지 밑에서 자라면서 참 힘이 드셨겠구나, 하는 생각이 이제야 들어요. 더군다나 욕심 많은 큰아버지와 큰어머니의 눈칫밥을 먹으며 자랐으니 얼마나 마음고생이 컸을까요. 공부도 더 하고 싶었지만 아무도 지지해 주지 않아 결국 자포자기 하셨던 것 같아요. 참으로 불쌍한 인생이죠. 아버지가 사랑받으신 적이 없으니 자신을 사랑하는 법도, 가족을 사랑하는 법도 모르셨겠죠. 그래도 술에 만취한 상태에서도, 노름판에서 돈을 모두 잃고 나서도 꼬박꼬박 집을 찾아오신 것을 보면, 아버지야말로 정말 따뜻한 가정이 필요한 분이었던 것 같아요."

박 집사는 비로소 아버지 역시 죄인이었음을, 사랑받지 못해 상처 입은 영혼이었음을 이해하고 받아들였다. 좀 더 일찍 아버지를 진심으로 이해하고 따뜻하게 대하지 못한 것을 후회했다. 무엇보다 아버지께 예수님을 전하지 못한 것이 너무 가슴 아팠다. 한 발 더 나아가 자신의 상처를 보듬어 안아야만 자녀들에게 상처가 대물림되지 않는다는 것을 깨달았다.

아버지 요인

미국의 심리학자이자 대인관계 상담가인 스테판 폴터는 "모든 인간관계의 핵심에는 아버지가 영향을 미치고 있다"면서 이를 '아버지 요인'(father factor)으로 규정한다. 아버지 요인이란 우리 각자의 마음속에 자리 잡고 있는 아버지의 태도, 행동, 가치, 직업윤리, 그리고 자신과의 관계 유형 등을 의미한다. 즉 사람들이 조직 생활을 힘들어하고 인간관계를 제대로 풀어 나가지 못한다면 상당 부분 아버지 요인에 기인한다. 물론 성공적인 사회생활을 하는 이들 역시 아버지로부터 긍정적인 영향을 받은 것이다.

그는 《모든 인간관계의 핵심 요소 아버지》라는 책에서 직장 내 직원들의 성공이나 실패는 그들의 아버지가 어떤 부류인가에 따라 밝혀질 수 있다고 주장했다. 그는 자녀들의 직업에 막대한 영향을 미치는 다섯 가지 아버지 스타일을 열거했다. 성취지향형, 시한폭탄형, 수동형, 부재형, 너그러운 스승형이다.

성취지향형 아버지는 늘 '좋게 보이는 것'과 '이기는 것'을 중요시한다. 자녀가 남들 눈에 좋게 보이기를 바라는 마음 때문

> **아버지 요인** father factor
> 우리 각자의 마음속에 자리 잡고 있는 아버지의 태도, 행동, 가치, 직업윤리, 그리고 자신과의 관계 유형 등을 의미한다. "모든 인간관계의 핵심에는 아버지가 영향을 미치고 있다." —스테판 폴터

에 끊임없이 자녀에게 '외모'와 '성공'을 강조한다. 자녀가 외출할 때면 일일이 옷가지를 지적하기도 하고, 학교 성적에도 굉장히 민감하다. 이런 아버지 밑에서 자란 자녀들은 남을 배려하는 마음을 갖기 어렵다. 너무 높은 기준 때문에 자신의 일에 무관심해질 수 있다.

시한폭탄형 아버지는 자신의 분노를 자녀와 아내, 그리고 세상을 향해 내지른다. 언제 화를 터트릴지 예측할 수 없는 아버지의 만성적인 감정 폭발에 아이들은 끊임없이 노출된다. 그러는 사이 자녀들은 상대방의 기분을 읽는 직관력을 키울 수는 있지만, 언제나 불안감에 시달려야 한다. 자녀들은 혼란과 두려움으로 신뢰감을 쌓기 어렵다.

> **다섯 가지 아버지 스타일**
> 1. 성취지향형
> 2. 시한폭탄형
> 3. 수동형
> 4. 부재형
> 5. 너그러운 스승형

수동형 아버지는 일에 대한 헌신, 정직과 책임감을 중시한다. 아버지 당신이 수십 년간 한 회사에 아무 탈 없이 종사하는 경우가 많다. 따라서 자녀에게도 안정성을 가장 중요하게 가르친다. 이런 경우, 자녀는 인간관계에 소극적이며 정서적 유대감을 갖기 어렵다. 도전의식이나 모험심을 배울 기회도 놓치고 만다.

부재형 아버지는 가족생활에서 벗어나 있고 그에 따른 책임감도 없다. 단지 정서적으로만 개입하지 않는 것이 아니라 가족생활에 참여하고자 하는 의지도 없다. 자녀와 교류하는 데 관심이 없으며, 그 삶 자체가 자녀에게서 떠나 있다. 자녀들은 아버지로부터 버림받고 거부당한 경험으로 인해 깊은 정서적 상실감을 갖게 된다.

너그러운 스승형 아버지는 가장 바람직한 아버지상이다. 다른 아버지들이 굳이 할 필요가 없다고 생각하거나 시간이 없어서 하지 않는 일들을 자녀와 함께한다. 자녀 양육에서 자신이 어떤 역할을 하는지 정확히 이해하고 있으며, 자녀의 삶을 가치 있게 만든다. 자녀가 자신의 꿈과 장점, 희망을 건강한 방식으로 추구하도록 힘을 불어넣는다. 이런 경우 자녀들은 정서적 안정감을 바탕으로 자긍심, 공감, 일관성을 갖는다.

20여 년간 임상 경험을 통해 스테판 폴터는 너그러운 스승형 아버지는 10%에 불과하다는 것을 발견했다. 당신의 아버지는 어떠했는가? 또한 당신 부부는 어떤 모습으로 살아가고 있는가?

행복을 향한 나눔

다음 다섯 가지 중에서 나의 아버지는 어떤 유형이었습니까? 왜 그렇다고 생각합니까?

① 성취지향형

___

② 시한폭탄형

___

③ 수동형

④ 부재형

⑤ 너그러운 스승형

이제 해방의 시작일 뿐

우리는 하나님 안에서 새로운 피조물이다. 하나님 안에서 새롭게 태어났다. 이제 상처 입은 어린아이의 눈에서 벗어나 부모님을 객관적으로 바라보아야 한다. 우리네 부모님 역시 할아버지 할머니에게 상처받은 불쌍한 영혼이다. 당신을 키울 때 당신의 부모는 지금의 당신보다 더 어린 나이였을 수 있다. 지금의 당신이 상상도 하기 힘든 상황에 놓여 있었을지도 모른다. 지금의 당신도 이렇게 불안정하고 실수투성이인데, 당신의 어머니라고, 아버지라고 달랐겠는가. 그분들은 당신보다 더 어려운 환경에서 생존을 위해 애쓰셨을 수도 있다.

당신의 부모님을 하나님께 올려 드려야 한다. 그분들이 안고 사셨을 상처와 고통을 하나님께서 만져 주시기를 기도하라. 하나님께서 그 영혼을 만져 주시도록 부모님을 의탁해야 한다. 어느새 당신의 마음에 묵은 감정들이 조금씩 사라지는 것을 경험할 것이다.

나 역시 아버지와 어머니를 객관적으로 바라보기까지 오랜 시간이 걸렸다. 아버지가 그렇게 자포자기하듯 사셨을 때의 심정, 어머니가 그렇게 악착같이 사셔야 했던 이유를 좀 더 객관적으로 바라보면서 비로소 나는 그분들을 내 마음에서 떠나보낼 수 있었다.

내 아버지는 실패한 지식인이었다. 한때 사회적으로 촉망받는 인재였지만 시대적 운을 타고나지 못해 몰락의 길을 걸어야 했다. 얼마나 큰 실패감과 좌절감을 맛보았겠는가. 더군다나 여섯 남매를 낳은 원부인을 잃는 아픔까지 겪었으니 내가 이해하지 못할 슬픔을 지니셨던 분이다. 어머니 또한 황소 한 마리에 팔려 가다시피 결혼했다가 실패한 경험이 있었다. 경제력 없는 남편을 대신해 열두 남매를 키우느라 억척스러워질 수밖에 없었다.

나는 부모님의 삶을 들여다보며, 이분들 역시 완벽하지 않은 인간이며, 사회 문화적으로 나보다 훨씬 열악한 상황에서 살았으니 자녀를 온전하게 키우는 게 정말 쉽지 않았겠구나, 이해가 되었다. 그분들의 삶이 참 안타깝고 불쌍했다. 가정을 깨지 않고 지켜 주신 것만으로도 감사했다. 지금도 우리 자매들끼리 모이면, 우리 엄마가 우리보다 훌륭했다고 입을 모은다.

하지만 나 자신과 화해하고 부모님을 용서하는 일은 단번에 끝나는 것이 아니다. 부끄럽게도 나는 아직도 아버지로부터 받은 상처 때문에 힘들 때가 있다. 하지만 이전과 달리 나는 그것을 드러냄으로써 마음의 평화를 얻는다. 더 이상 감정을 소모하지 않고 나아갈 수 있다. 그래서 나는 지금도 날마다 내 마음의 주인이신 하나님과 함께 내 마음 돌보기를 게을리 하지 않는다. 부디 당신도 그러기를 바란다.

행복을 향한 나눔

나의 아버지는 어떤 분이었습니까?

아버지는 나의 자존감 형성에 어떤 영향을 미쳤습니까?

나는 어떤 사람에게 가장 많은 영향을 받았습니까?

Chapter 05 자기 사랑의 길을 가라

건강한 자아 존중감: 온유하고 안정된 심령

모든 엄마들은 자신의 자녀가 행복하게 살아가기를 바란다. 그런데 그 행복은 엄마가 얼마나 온유하고 안정된 심령을 가졌느냐에 달려 있다 해도 과언이 아니다. 무조건 참고 받아 준다는 의미가 아니다. 분노해야 할 때 분노하고, 슬퍼해야 할 때 슬퍼하고, 기뻐해야 할 때 온전히 기뻐해야 마음의 병이 생기지 않는다. 심리학자들은 감정 자체를 저금도 잘하고 인출도 잘해야 내면이 건강하다고 말한다.

건강한 사람은 과거를 드러낼 뿐 아니라 어그러진 자신을 이해하고 받아들인다. 그 다음 단계로, 비록 마음에 들지 않고 완전하지 않아도 용서하고 사랑한다. 그리고 더 나아가 그 모습 그대로 개방해서 관계를 맺는다. 있는 모습 그대로 이해 — 수용 — 개방의 단계로 나아가는 것, 이것이 흔히 말하는 '자아 존중감'(self-esteem)이다.

자존감
자존감이란 자아존중감(self-esteem)의 약자로 '가치'와 관련 있다. 다른 사람과 비교하여 우월감이나 열등감을 느끼는 것이 아니라 스스로 자신의 존재 가치를 인정하고 자신을 사랑할 수 있는 마음을 말한다.

자신감
자신감이란 '자신 있다', '할 수 있다'는 스스로에 대한 느낌이다. 자신감 있는 사람은 적극적이다.

• **자기 정체성**
'나는 누구인가?'에 대한 대답. 자신의 현재에 근거하여 본 미래에 대한 자기 인식.

결국 자아 존중감은 자신의 존재 가치를 스스로 어떻게 느끼고 받아들이느냐 하는 문제다. 이는 타인과의 관계뿐 아니라 생활 전반에 큰 영향을 미친다.

지나치게 자아 존중감이 낮으면 자신을 받아들이고 사랑할 줄 몰라서 자아실현을 이루기가 힘들다. 타인과의 관계에서도 지나치게 배려해서 혼자서 섭섭해하고 힘들어한다. 자아 존중감이 심각하게 낮으면 작은 실패에도 견디지 못하고 자포자기하거나 심지어 목숨을 포기하기도 한다.

반면 지나치게 자아 존중감이 높으면 비록 자기가 하고 싶은 것을 이뤄 낼 가능성은 높지만, 타인과 관계를 맺고 살아가기가 힘들다. 지나치게 자기중심적으로 사고하기 때문에, 자기가 하고 싶은 대로 말하고 행동해서 남에게 피해를 주거나 상처를 주기 쉽다.

자아 존중감은 보통 아동기에 형성된다. 따라서 아동기에 필요한 도움을 제대로 받지 못했거나 질책과 무시를 당한 사람은 건강한 자아 존중감을 갖기 힘들다. 교도소 사역을 해보면 재미있는 사실을 발견하게 된다. 교도소에서 만난 사람들은 자존감이 지나치게 높거나 낮게 나타난다는 사실이다. 자존감이 지나치게 낮은 분들은 살인죄나 살인미수로 들어온 분들이 많다. 반면에 경제사범으로 들어온 분들은 평점보다 자존감이 높다.

자존감이 지나치게 높았던 자매의 어머니가 면회를 와서 자매에게 한 말이 인상 깊었다. 보통 다른 엄마들은 "힘내라, 잘 견디라, 사랑한다"고 말하는데, 이 자매의 엄마는 "제발 부탁이니 형제들에게 폐 끼치지 말고 조용히 좀 살아라"고 했다. 자매가 자존감이 지나치게 높아서 주위 사람들에게 말로 상처를 주고 경제적인 손실까지 끼쳐서 하는 말이었다.

어떤 부모든, 비록 본인은 못났을망정 자녀만큼은 자아 존중감이 건강하고 긍정적이기를 바란다. 어쩌면 그래서 더 자녀 교육에 열을 올리는지도 모른다. 자신과 같은 어려움을 겪지 않기를 바라기 때문이다. 그런데 문득 돌아보면 신기하게도 그토록 싫어하던 방식대로 아이를 키우는 자신을 발견하게 된다. 부모 자신이 여전히 건강하지 않은 자존감을 갖고 있기 때문이다. 안타깝게도 부모의 자아 존중감은 아이에게 그대로 대물림된다.

따라서 내 자녀에게 건강한 자아 존중감을 심어 주고 싶다면, 엄마가 먼저 자신의 자아 존중감을 점검하고 건강하게 회복해야 한다. 앞에서 우리가 자신의 과거와 화해하고 하나님의 눈으로 과거를 재인식하는 과정을 거친 것도 자아 존중감을 회복하기 위한 과정이다.

대를 이어 거듭되는 자존감의 문제

우리 형제는 다들 공부를 잘했지만 낮은 자존감 때문에 어려움을 겪었다. 아버지는 끊임없이 외부 환경을 탓하고 비난하고 지적했다. 어머니는 나를 낳고도 다섯 동생을 더 낳으셨는데, 우리 12남매는 늘 아버지 눈에 안 찼다. 공부를 아무리 잘해도 인정을 못 받았다. 아버지는 우리를 칭찬해 주신 적이 없다. 끊임없이 사랑을 갈구해야 하는 우리 형제는 누가 표현한 적은 없지만 스스로 무가치하다고 느꼈다. 안타깝게도 자존감의 문제는 대를 이어 불행의 씨앗이 되었다.

나는 친하게 지내는 어느 가정을 볼 때마다 너무나 안타깝다. 그 집의 큰아들은 알아주는 수재였다. 하지만 낮은 자존감 때문에 평생 괴로워했다. 알코올 의존 성향이 지나쳐 교사직에서도 물러나야 했다. 그는 아들 셋에 딸 하나를 두었는데, 아들들도 아버지를 닮아 자존감이 매우 낮아서 현실 적응을 잘 하지 못하고 힘들게 살고 있다. 반면에 딸은 강하고 지나치게 자기중심적이어서 이혼 후 혼자서 자녀를 키우면서 자녀를 자기 마음대로 쥐고 흔들려 해서 자녀의 자존감이 낮았다. 사실 그녀의 자녀들은 미국의 명문대를 나올 만큼 공부를 잘했지만, 늘 주눅이 들어 있었고, 다른 사람과 관계를 잘 맺지 못했다.

아버지가 해결하지 못한 자존감의 문제가 대를 이어 자녀들에게 고통을 주고 있는 것이다. 우리 가족은 이제 그 가정의 불행의 고리를 끊기 위해 함께 눈물로 기도하며 돕고 있다.

교회에서 10년 넘게 딸과 갈등을 겪는다는 분을 만났다. 딸이 자신의 마음을 몰라준다며 눈물을 흘리는 그 엄마에게 어머니학교에 와 볼 것을 권했다. 그녀는 어머니학교에서 자신의 문제와 직면했고, 해결의 고리를 발견했다.

"나는 부족해도 딸은 세상에서 제일이어야 한다고 생각했어요. 그래서 부족함 없이 뒷받침한다는 것이… 모두 제 욕심이었습니다. 나는 딸에게 사랑을 전하기보다는 내 욕심껏 조종하려고만 했어요. 모든 문제가 나 스스로를 사랑하지 못하고 부족하다고 여긴 낮은 자존감에서 비롯되었다는 것을 알았어요. 내가 용납받지 못하고 살았으니, 딸을 있는 그대로 받아들이고 사랑할 줄 몰랐던 거죠. 이제라도 문제가 무엇인지 알게 되어 정말 기뻐요."

아이가 자신을 있는 그대로 인정하고 사랑하는 일은 부모의 태도에 달려 있다. 혹시 자신의 못난 자존감 때문에 자녀를 있는 그대로 보지 못하는가? 상상 속에서 엄친아, 엄친딸을 키우면서 끊임없이 내 아이와 비교하고 있지는 않은가?

'자기 사랑'의 길

싱가포르에서 두 아이를 키우는 엄마가 있었다. 큰딸은 뭔가 못마땅한 것이 있으면 화부터 내고, 작은딸은 온갖 애교를 부려 모든 상황을 자기가 유리한 쪽으로 바꿔 놓았다. 엄마는 아이들을 키우며 점점 더 자신감을 잃어 갔다.

어머니학교 첫날, 자신의 과거를 돌아보는 시간을 가졌다. 아버지의 권위가 없던 가정, 어머니의 과잉보호 속에서 자랐으나 칭찬보다는 지적이 난무했던 어린 시절. 그녀는 엄마에게서 사랑받는다는 느낌을 거의 받지 못했다. 늘 사랑받고 인정받으려 엄마 눈치를 보며 노력해야 했다. 그날 부모님께 편지 쓰기 숙제를 하며 그녀는 펑펑 울었다.

"어릴 적 꿈이 글 쓰는 사람이었다는 사실을 30년 만에 기억해 냈어요. 중학생 때였죠. 엄마에게 카드를 써서 드렸어요. 그때 카드를 받은 엄마는 무심코 '넌 무슨 카드를 초등학생처럼 쓰니?'라고 말씀하셨죠. 그 말이 가슴에 확 박혔어요. 내 소망을 무참히 깨 버린 한마디였죠. 그 뒤로는 학교 숙제나 간단한 이메일 말고는 한 번도 개인적인 글을 써 본 적이 없어요."

그녀는 이번에도 친정엄마에게 지적받을까 두려워 편지를 쓰고 싶지 않다고 했으나 용기를 내어 마음에 묻어 둔 감정들을 툭툭 털어 냈다. 잔뜩 웅크려 있던 내면이 조금씩 기지개를 펴기 시작한 것이다. 이제 그녀는 자신이 왜 그토록 무가치하게 느껴졌는지, 아이들과 남편에게 왜 그토록 냉소적이고 차갑게 대했는지 알게 되었다. 자신을 사랑할 줄 몰랐기에 늘 자신감이 없고 불안했던 것이다. 자신을 사랑하지 않고 소중하게 여기지 않는 사람은 다른 사람을 사랑하기가 정말 어렵다.

행복을 향한 나눔

아버지와 가졌던 좋은 경험과 나쁜 경험은 무엇입니까?

_____
_____

아버지가 당신에게 미친 영향은 어떤 것이 있습니까?

① 긍정적인 것

_____
_____

② 부정적인 것

_____
_____

과거를 치유하라

　과거를 덮으려고 하지 마십시오. 잊어버리는 것이 능사가 아닙니다. 그 과거 속으로 들어가서 깊은 기도의 시간을 가져 보십시오.

　먼저 어린 시절을 떠올려 보십시오. 그리고 어렸을 때 경험한 모든 사건들을 다시 생각해 내십시오. 부모로 인해 섭섭했던 일, 가슴 아팠던 일들을 생각해 내십시오. 그리고 그 현장에서 주님의 도우심을 구하십시오. "하나님, 제가 이 상황에서 너무 아팠어요. 고통스러웠어요"라고 말하십시오.

　그러나 그렇게 아팠던 그 순간에 머물러 있지 말고 하나님의 도우심을 통해 부모님을 용서하는 기도를 드리십시오. "어제나 오늘이나 동일하신 주님, 주님은 나의 아픈 과거의 상처까지도 치유할 수 있는 분임을 믿습니다"라고 고백하십시오. 감정적인 상처에서 자유하게 될 것입니다.

다음 성경 구절의
공란에 자기 이름을 넣어
큰 소리로 읽어 보십시오.

1. 요한복음 3:16 "하나님이 (   ) 이처럼 사랑하사 독생자를 주셨으니 이는 그를 믿는 자마다 멸망하지 않고 영생을 얻게 하려 하심이라"

2. 이사야 43:1-7 "(   )너를 창조하신 여호와께서 지금 말씀하시느니라 (   ) 너를 지으신 이가 말씀하시느니라 (   ) 두려워하지 말라
내가 (   )를 구속하였고 내가 (   )를 지명하여 불렀나니 (   )는 내 것이라 (   )가 물 가운데로 지날 때에 내가 (   )와 함께 할 것이라 강을 건널 때에 물이 (   )를 침몰하지 못할 것이며 (   )가 불 가운데로 지날 때에 타지도 아니할 것이요 불꽃이 (   )를 사르지도 못하리니
대저 나는 여호와 (   ) 하나님이요 이스라엘의 거룩한 이요 (   ) 구원자임이라 내가 애굽을 (   )의 속량물로, 구스와 스바를 (   )를 대신하여 주었노라
(   )가 내 눈에 보배롭고 존귀하며 내가 (   )를 사랑하였은즉 내가 (   ) 대신 사람들을 내어 주며 백성들이 (   ) 생명을 대신하리니
두려워하지 말라 내가 (   )와 함께 하여 (   ) 자손을 동쪽에서부터 오게 하며 서쪽에서부터 너를 모을 것이며 내가 북쪽에게 이르기를 내놓으라 남쪽에게 이르기를 가두어 두지 말라 내 아들들을 먼 곳에서 이끌며 내 딸들을 땅 끝에서 오게 하며 내 이름으로 불려지는 모든 자 곧 내가 내 영광을 위하여 창조한 자를 오게 하라 (   )를 내가 지었고 (   )를 내가 만들었느니라."

3. 베드로전서 2:9 "그러나 (   )는 택하신 족속이요 왕 같은 제사장들이요 거룩한 나라요 그의 소유가 된 백성이니 이는 (   )를 어두운 데서 불러내어 그의 기이한 빛에 들어가게 하신 이의 아름다운 덕을 선포하게 하려 하심이라."

나도 알고 남도 아는 나

조하리는 '마음의 창'(Johari's Window)이라는 도식을 통해 사람이 가진 마음의 창을 네 가지로 분류했다. 자신도 알고 타인도 아는 영역, 자신은 알지만 타인은 모르는 영역, 자신은 모르지만 타인은 아는 영역, 자신도 모르고 타인도 모르는(하나님만 아는) 영역 등이다.

조하리의 마음의 창
1. 공개적 영역 (Open Area)
2. 숨겨진 영역 (Hidden Area)
3. 맹목의 영역 (Blind Area)
4. 미지의 영역 (Unknown Area)

건강하고 개방적인 사람은 자신도 알고 타인도 아는 영역이 많다. 반면 자신은 알고 타인은 모르는 영역이 많은 사람은 폐쇄적이며, 자신은 모르고 타인은 아는 영역이 많은 사람은 맹목적이고 교만할 수 있다. 자신도 모르고 타인도 모르는 영역이 많은 사람은 자신에 대해 무지한 상태라 할 수 있다.

우리는 점차 다른 세 영역에 있는 것들을 개방(나도 알고 타인도 아는) 영역으로 옮겨 가야 한다. 못생기고 공부도 못하고 인기도 없고 말도 잘 못해도 그 모습 그대로를 인정하고 사랑하는 것이다. 신기하게도 그렇게 스스로 자신의 못난 점을 인정하는 순간, 우리는 열등감이나 수치심에서 조금씩 벗어날 수 있다. 물론 자신을 사랑하는 법을 어디에서 배운 적이 없으니 쉬운 일은 아니다. 하지만 그럴수록 십자가를 붙들고 용서와 치유의 기도를 드려야 한다.

자아 존중감을 회복해 가는 엄마들은 한결같이 "이제야 비로소 내 마음과 아이들의 마음이 보이기 시작했어요"라고 고백한다. 엄마이기 이전에 한 인격체로서 자신을 진단하고 돌보기 시작할 때 새로운 세상이 열리는 것이다.

 엄마는 아이의 거울이자 교과서다. 우리 아이가 건강하게 자라기를 바란다면 엄마가 먼저 건강하고 안정된 자아상을 회복해야 한다.

자존감 테스트

● 쿠퍼 스미스의 자존감을 알아보기 위한 질문

항 목	예	아니오
1. 나는 가끔 내가 아니었으면 하고 바란다.		
2. 나는 여러 사람 앞에서 얘기하기가 힘들다.		
3. 나는 고칠 게 너무 많다.		
4. 나는 큰 어려움 없이 마음을 결정할 수 있다.		
5. 다른 사람들은 나와 함께 있으면 좋아한다.		
6. 나는 집에서 쉽게 언짢아진다.		
7. 나는 새로운 것에 익숙해지기까지 많은 시간이 걸린다.		
8. 나는 친구들에게 인기가 있다.		
9. 우리 가족은 나에게 지나치게 많은 것을 기대한다.		
10. 우리 가족은 나의 감정을 대체로 배려한다.		
11. 나는 아주 쉽게 포기한다.		
12. 나는 있는 그대로 자신을 드러내기가 매우 어렵다.		
13. 나는 못났다.		
14. 다른 사람들은 대체로 나의 생각을 따라 주는 편이다.		
15. 나는 자신에 대해 낮은 평가를 한다.		
16. 나는 집을 나가고 싶을 때가 여러 번 있다.		
17. 나는 내가 한 일에 대해 가끔 언짢게 느낀다.		
18. 나는 다른 사람들보다 잘생기지 못했다.		
19. 나는 할 말이 있으면 대체로 하는 편이다.		
20. 우리 가족은 나를 이해한다.		
21. 다른 사람들은 나보다 더 사랑받는다.		
22. 나는 종종 우리 가족이 나를 밀어붙이는 것처럼 느낀다.		
23. 나는 가끔 내가 하고 있는 일에 대해 실망할 때가 있다.		
24. 나를 괴롭히는 일들은 별로 없다.		
25. 나는 다른 사람들이 기댈 만한 사람이 못 된다.		

· **바람직한 대답**   예 4, 5, 8, 10, 14, 19, 20, 24   아니오 1, 2, 3, 6, 7, 8, 9, 11, 12, 13, 15, 16, 17, 18, 21, 22, 23, 25
· 바람직한 대답과 일치한 개수가 많을수록 자존감이 좋다.

사랑하는 아버지께

화성 6기 ○○○

　오실 수도 없고, 가슴 저미게 보고 싶어도 볼 수 없고 만져 볼 수조차 없는 곳으로 가신 아버지, 아버지, 아버지! 너무나 보고 싶은 아버지…. 참으로 오랫동안 아버지란 말을 입에 올리지 않은 채 앞만 보고 살아왔는데, 어머니학교 숙제를 핑계 삼아 눈을 감고 한참을 생각해 보았습니다.

　어디서부터 아버지를 생각하고 어디서부터 아버지를 용서해야 할지… 생각해 보아도 답은 없고 하염없이 눈물만 나옵니다. 감히 자식이 부모를 용서한다니, 이 말조차 저의 마음을 무겁게 합니다. 부모님에 대한 예의가 아닌 것 같아서요. 아버지와 함께 살아온 시간이 17년밖에 되지 않아 지금은 너무 까마득한 아버지지만, 아버지께 처음이자 마지막으로 편지를 올려 드립니다.

　제가 어릴 때, 너무 오래전에 돌아가셔서 지금은 아버지를 잘 기억할 수조차 없게 되었지만 그래도 '아버지' 하면 아주 큰 산 같고 바다 같은 넓은 사랑이 생각납니다. 어려서 아버지의 사랑을 받으며 살아온 세월이 사무치도록 그립습니다. 하지만 지금 와서 생각하니 그때 아버지를 이해하지 못해 함부로 말하고 행동했던 것 지금은 세상에 계시지 않은 아버지께 용서를 빌고 싶습니다. 아버지 용서하여 주십시오.

저는 아버지의 사랑을 받고 살았지만 아버지가 엄마에게 한 행동들이 지금도 머리에서 떠나지 않아 많이 힘듭니다. 어렸을 때는 엄마가 무슨 잘못을 해서 아버지가 저러시나 보다고 생각했습니다. 그러나 철이 들어서는 아버지가 엄마에게 이기적으로 행동한다는 것을 알았습니다. 부모님의 잦은 다툼은 저로서는 너무 참기 힘들었고 창피했고 죽고 싶을 만큼 싫었습니다.

그때는 아버지를 이해하지 못해서 저런 아버지라면 차라리 없는 편이 좋겠다는 생각이 들어 매일 밤 잠자리에서 아버지가 죽기를 기도하고 또 기도했습니다. 아버지가 죽으면 우리 집은 참 행복한 가정이 될 수 있을 거라 생각했습니다. 그러던 중 아버지는 내 나이 열일곱 살 되던 해 봄에 정말 거짓말처럼 주무시다가 저희 곁을 떠나셨지요.

아버지… 그때는 제가 무슨 기도를 했는지, 정말 무슨 짓을 했는지 너무 무서웠습니다. 진심이 아니었는데 정말 아버지를 많이 사랑했는데… 저는 이후 아버지에 대한 사랑을 그리워하면서도 아버지가 돌아가신 것이 제 기도 때문인 것 같아 평생 멍에를 안고 살았습니다.

아버지, 용서해 주세요. 그리고 너무 많이 사랑하고 너무 많이 보고 싶습니다. 아버지가 그렇게 돌아가시고 나서 어린 마음에 이제 부모님이 다투지 않겠구나 하면서 아주 잠깐 좋았습니다. 그러나 그것도 며칠뿐, 아버지가 너무 보고 싶어졌습니다. 꿈속에서나마 아버지가 보고 싶어서 잠자리에서 아버지를 한참 생각하고 잠을 청하곤 했습니다. 하지만 이후 아버지와 풀어야 할 숙제를 풀지 못한 채 죄책감 때문에 아버지를 감히 생각하지 못하고 이 시간까지 살아왔습니다. 아버지를 생각하지 않는 것이 내가 살 수 있는 유일한 방법이라 생각했습니다. 하지만 이제 내 속에 꽁꽁 가둬 둔 아버지와의 기억을 내려놓고 싶습니다.

　아버지, 못난 이 딸을 용서해 주시고 지켜봐 주세요. 그동안 아이들이 외할아버지에 대해 물으면 말을 돌리곤 했는데 이젠 가벼운 마음으로 아이들에게 외할아버지가 엄마를 무척 사랑했다고 얘기해 주렵니다. 아버지 보고 싶습니다. 그리고 용서해 주세요.

　볼 수도 만져 볼 수도 없는 아버지… 사랑합니다. 사랑합니다.

2011년 6월 4일
못난 둘째 딸 ○○ 올림

Part 2

행복을 느낄 줄 아는
아내가 되는 길

부부 하나되기

네 번째 만남

결혼해서 가정을 이루는 첫걸음은 떠나는 것이다.
떠남은 결단이다. 한 몸을 이루기 위해,
연합을 위해 떠나야 한다.
부부의 삶이란 새것을 만들기 위해 옛것을 떠나는 삶이다.

Chapter 01 건강한 가정은 부부 중심이다

아들을 남편 삼은 엄마

아들만 바라보고 살아온 시어머니가 있었다. 착한 아들은 장가를 가서도 시골에 계신 부모님을 자주 찾아뵈며 열심히 효도했다. 그러다 회사 지원으로 미국에서 공부할 기회를 얻었다. 공부를 더하고 싶던 아들로서는 정말 놓치고 싶지 않은 기회였다. 그동안 알게 모르게 시어머니의 감시 속에서 살던 며느리에게도 기쁜 소식이었다. 문제는 시어머니였다.

행복을 향한 나눔

당신 부부는 언제, 어디서, 어떻게 만났습니까? 잠시 눈을 감고 생각해 보고, 기억할 수 있는 대로 상세하게 기록해 보십시오.

_____

● 예 : 우리 부부가 결혼한 날, 그날 날씨, 신혼여행 갈 때 입었던 옷 등.

당신은 결혼 전에 남편의 어떤 점을 좋아했습니까?

_____

미국으로 떠나기 며칠 전, 시어머니는 아들 집으로 올라와서는 이제 아들을 보고 싶어서 어쩌냐며 땅을 치며 울었다. 며느리가 민망할 정도였다. 그러더니 급기야 미국에 따라가겠다고 나섰다. 아들은 어떻게 해야 할지 모르겠다며 우리 부부에게 조언을 구했고, 우여곡절 끝에 아들과 어머니는 다행히 '곱게' 이별을 했다.

이 경우, 시어머니가 아들 내외를 따라가느냐 아니냐는 중요한 게 아니다. 문제는 지리적인 거리가 아니라 심리적인 거리다. 모자는 서로를 떠나보내지 못하고 있다. 자칫하면 더 큰 고부 갈등, 더 큰 부부 갈등, 나아가 더 큰 자녀 문제를 일으킬 소지가 다분하다. 아들은 결혼한 지 5~6년이 지난 시점에서야 '떠남'의 첫발을 내딛었다.

당시 그 시어머니를 만나 뵙고 우리 부부는 '역시나' 하고 무릎을 쳤다. 아들에게 지나치게 의존하는 엄마들은 대부분 부부 관계가 좋지 않다. 겉으로 드러나는 갈등이 없어도, 어떤 이유에서든 남편과 하나되기에 실패했거나 포기한 경우다. 그래서 자신도 모르게 아들을 의지하며 결핍감을 채우려 한다. 이 집의 시어머니 역시 아들을 남편 삼아 살아왔다. 별 문제 없어 보이는 아들도 실은 어머니에 대한 과도한 책임감에 시달렸다. 아들 부부가 연합하기 힘들었음은 자명한 일이다.

자녀가 결혼해서 아이들의 부모가 되었는데도 심리적으로

자녀를 떠나보내지 못하는 엄마들이 의외로 많다. 한 집에 살건 살지 않건, 자녀 부부의 문제에 해결자로 자청하고 나선다. 자녀 부부의 연합을 돕는 해결자라면 다행이지만, 대개 자신이 대리 배우자 삼던 아들이나 딸을 떠나보내기 싫어서 시시콜콜 간섭하는 경우가 많아 문제다.

자녀의 경우도 마찬가지다. 한 사람의 남편이나 아내가 되어서도, 한 아이의 엄마가 되어서도 여전히 부모에게서 독립하지 못하고 징징대는 아들과 딸이 많다. 특히 어려서부터 부모의 극진한 보살핌 속에서 자립심을 키우지 못한 젊은 부부들은 육아나 살림까지 부모에게 의존하려 든다. 심지어 자기 아이도 잘 안지 못해 소아과에 갈 때마다 친정엄마를 대동하는 엄마도 있다. 자녀를 떠나보내지 못하는 엄마 손에는 떠나지 못하는 아들 혹은 딸이 존재한다.

행복을 느끼지 못하는 아내들

그렇다면 앞에서 '너무나 사랑했던' 모자는 과연 행복했을까? 행복을 주관적인 판단에 맡긴다면, 그렇다고 대답할지도 모른다. 그러나 내 경험에 비추어 볼 때, 조금 왜곡된 행복, 그러니까 건강한 행복은 아니었다고 생각한다.

70~80대의 부부들이 대체로 그렇듯이, 우리 엄마 역시 아버지와 부부로서 애틋한 정을 나누지 못했다. 아버지는 바깥으로 돌며 집을 자주 비우셨고, 여자 문제도 여러 번 일으키셨다. 한번은 학교에서 돌아오니 우리 집 대문 앞에서 어느 아줌마가 대성통곡을 하고 있었다. 아버지가 유부남인 줄도 모르고 살림까지 차렸다가 연락이 없어 찾아왔다는 것이다.

엄마에게 아버지는 의지하거나 상의할 상대가 아니었다. 내 위로 언니 오빠들이 줄줄이 있었지만, 그들은 잘해야 본전인 '전처 자식'들이었다. 엄마는 오로지 당신이 낳은 첫딸인 나만 의지했다. 엄마는 완전히 나만 감싸고돌았고, 그에 부응하여 나는 엄마의 보호자 노릇을 자처했다.

나는 엄마의 사랑을 한 몸에 받았지만 행복하지 않았다. 아니 건강하지 않았다. 나는 엄마의 편애가 부담스러웠지만 그렇다고 그 사랑을 누구에게도 빼앗기고 싶지 않아 기꺼이 엄마의 충실한 '남편'이 되어 드렸다. 아빠에게 거세게 반항하는 것도, 새엄마에게 함부로 하는 언니 오빠를 상대하는 것도 모두 내 몫이었다. 그러나 엄마와의 지나친 애착 관계는 다른 사람들과의 관계에 좋지 않은 영향을 미쳤다.

하나되지 못한 부모님으로 인해 받은 상처는 고스란히 내가 꾸린 가정으로 투영되었다.

나는 결혼 후 정말 열심히 살았다. 집을 사고 불쌍한 친정 엄마에게 작은 상가도 하나 장만해 드렸다. 경제적으로도 안정되었고 아들 둘도 무럭무럭 자랐다. 모든 것이 평화롭게 흘러가는 듯했다. 그러나 겉으로만 그럴듯했지 속으로는 전혀 부부가 연합하지 못했다. 결혼 5년 만에 위기가 찾아왔다. 남편이 바깥으로 돌기 시작하더니 급기야 여자 문제를 일으켰고, 나는 억울하고 수치스러운 심정이 되었다. 늦게 들어오는 남편을 기다리다 술에 취해 잠들기 일쑤였다. 문제를 정면으로 바라보기가 두려워 오랜 시간 방황만 했다.

마음이 공허할수록 내가 매달릴 곳은 아이들뿐이었다. 엄마가 나를 남편 삼은 것처럼 나도 큰아들을 남편 삼아 별짓을 다 했다. '너무나 사랑했던' 아들과 나는 행복했을까? 사실 나는 여성으로서 정말 불행했다.

결국 이혼을 결심하고 큰아들에게 물었다.

"엄마하고 살래, 아빠하고 살래?"

나는 당연히 아들이 "엄마하고 살 거야"라고 답할 줄 알았다. 아들은 훌쩍대다가 작은 목소리로 "엄마, 나는 엄마도 필요하지만, 아빠도 필요해"라고 말했다. 나는 당시 내 사랑만으로도 아들이 얼마든지 훌륭하게 성장할 것이라고 믿었다. 하지만 훗날 아들은 그때 정말 힘들었다고 고백했다.

"자다 깨면 아빠는 안 계시고 엄마는 혼자 술 마시고, 아무것도 모르는 동생은 자고 있고…. 정말 무서웠어."

아무것도 모르는 줄 알았던 아들이 우리 부부 때문에 힘이 들었던 것이다.

부끄럽게도 아들의 한마디가 우리 부부를 살렸다. 두고두고 아들에게 고마운 일이다. 나는 남편에게 분명하게 처신할 것을 부탁했고, 시간이 걸리기는 했지만 결국 우리 부부는 화해의 물꼬를 텄다.

지금 당신의 아이도 부모의 갈등 때문에 힘들어하는지도 모른다. 현실을 헤치고 나가기도 벅찬 아이들에게 어른으로서 도움은 되지 못할망정 힘겨운 짐을 안겨 주고 있지는 않은가.

가정의 중심은 부부다

많은 엄마들이 아이를 가정의 최우선으로 둔다. 물론 그래야 하는 시기가 있다. 부모의 보호와 간섭이 절대적으로 필요해서 가정의 모든 것이 아이 중심으로 가야 할 때가 있다. 그러나 그런 와중에도 부부의 연합이 우선이다. 연합된 부부는 그런 시기조차 가뿐하게 넘겨 버릴 수 있는 힘이 있다. 부부관계가 견고하면 자녀들은 저절로 안정감 있게 성장한다.

그런데 남편을 육아에서 아예 배제하는 엄마들이 더러 있다. 아이 키우랴, 집안일 하랴, 너무 바쁘고 힘들다고 호소하는 엄마에게 "남편에게 도움을 요청하는 게 어떻겠냐"고 물었더니 대뜸 "그 사람이 뭘 안다고요? 아예 없는 게 도와주는 거예요"라고 대답했다. 더 묻지 않아도 그들 부부관계를 알 만했다.

육아를 도맡으려는 엄마들한테는 남편에 대한 불신과 상처가 내면에 숨어 있다. 문제는 이런 엄마들이 자녀를 자기가 만든 울타리에 가두고 마음대로 조종하는 위험한 모성을 발휘할 수 있다는 것이다. 앞에서 말한 시어머니처럼 부모가 연합하지 못하면, 훗날 자녀를 건강하게 떠나보낼 수 없게 된다. 그리고 그것은 또다시 자녀 부부가 연합하지 못하게 만든다.

왜곡된 모성은 아이에게 부정적인 아버지상을 심어 줄 가능성이 크다. 뒤에서도 살펴보겠지만 아버지상은 아이에게 굉장히 중요하다. 1차적으로 자녀는 육신의 아버지를 통해 하나님 아버지에 대한 기본상을 갖는다. 또한 아버지를 통해 사회성을 배운다. 아버지상이 부정적이면 하나님을 가까이 느끼기 어렵고, 또한 사회성을 잃어버리기 쉽다.

서로 사랑하고 하나된 부모 밑에서 아이는 안정감과 소속감을 느낀다. 건강한 자아상을 형성할 가능성 또한 매우 크다. 아빠가 엄마를 아끼고 존중하는 태도를 보일 때, 딸은 스스로 사랑받고 존중받는 여성상을 형성해 간다. 엄마가 아빠를 세워 주고 존경할 때 아들은 존경받는 남성상을 형성해 간다. 서로 사랑하며 연합하는 부모를 보고 자란 아이들은 행복한 결혼과 가정생활에 대한 기대를 갖게 된다.

당신은 남편과 어떤 모습으로 사랑을 나누며 살고 있는가? 혹시 아이에게 나타나는 불안과 무기력함은 부부관계의 문제 때문은 아닌가? 건강한 가정은 자녀가 아니라 부부가 중심인 가정이다. 부부가 연합할 때 가정이 세워지고, 그 가정에서 아이들이 건강하게 자란다. 부부관계에서 행복을 느낄 줄 아는 아내야말로 건강한 엄마가 될 수 있다.

🍵 행복을 향한 나눔

내 가정의 중심은 누구입니까? 부모, 부부 또는 자녀? 왜 그렇다고 생각합니까?

부부 연합은 떠남에서 시작된다

한 몸을 이루기 위해 떠나라

자녀의 결혼을 앞둔 한 어머니는 황혼 이혼을 꿈꾸고 있었다. 시어머니의 간섭도 힘들었지만, 시댁과 갈등할 때 남편이 한 번도 자기편을 들어 준 적이 없기 때문이다. "피는 바꿀 수 없지만 여자는 의복과 같아서 바꿔 입을 수도 있다"는 남편의 말은 거의 협박에 가까웠다. 그 어머니는 평생 그 말이 가슴에서 씻어지지 않는다며 눈물을 보였다.

"신혼여행 가면 침대에 여섯 명이 누워 있다"는 말이 있다. 신혼부부와 양가 부모님들이 함께 누워 있다는 것이다. 부부가 되었으나 아직 각자의 부모 품을 제대로 떠나지 못한 것을 두고 하는 말이다.

성경은 "남자가 부모를 떠나 그의 아내와 합하여 둘이 한 몸을 이룰지로다"(창 2:24)고 가르친다. 떠나는 것이 새로운 가정을 꾸리기 위한 첫걸음이다. 한 몸을 이루기 위해, 둘만의 새것을

● 창 2:24~25
"이러므로 남자가 부모를 떠나 그의 아내와 합하여 둘이 한 몸을 이룰지로다 아담과 그의 아내 두 사람이 벌거벗었으나 부끄러워하지 아니하니라."

● 결혼이란 한 남자와 한 여자를 하나님께서 짝지어 주신 사건이다.

만들기 위해 옛것을 떠나야 한다.

부모님을 모시고 사느니 마느니 하는 지리적인 문제를 두고 하는 얘기가 아니다. 심리적으로 부모를 떠나야 한다. 한국에는 정말 효자들이 많다. 특히 아들들은 엄마에 대한 연민이 많다. 아빠에게 당하고 살아온 엄마, 가계를 책임지신 엄마, 나를 위해 희생하신 엄마, 그 엄마에 대한 과도한 책임감에 시달린다. '며느리에게 시어머니는 남편의 전처'라는 우스갯소리가 있을 정도다. 그래서 실제로 상담해 보면 고부간의 갈등이 심각하다. '효'는 우리가 지켜야 할 귀한 정신이지만, 그동안 우리가 알고 있는 전통적인 효는 배우자를 희생시키는 효였다. 배우자 중 어느 한쪽이 눈물 흘리며 억지로 하는 효도라면 곤란하지 않겠는가. 성경적인 효는 '부부가 연합하여' 부모를 공경하는 것이다. 그럴 때 하나님도 기뻐하신다.

나는 보통 부모들에게 먼저 자녀 부부의 연합을 도와주라고 권한다. 여전히 보호막으로 자녀 곁에 있되 절대 간섭하지 말라고 권면한다. 성경은 "사람이 새로이 아내를 맞이하였으면 그를 군대로 내보내지 말 것이요 아무 직무도 그에게 맡기지 말 것이며 그는 일 년 동안 한가하게 집에 있으면서 그가 맞이한 아내를 즐겁게 할지니라"(신 24:5)고 가르치고 있다. 부부의 연합을 위해 주변에서도 도와야 한다는 뜻이다.

부모를 떠나는 것은 건축을 위해 땅을 고르는 일이다. 그 작업이 잘되어야 그 위에 '연합'이라는 주춧돌을 놓을 수 있다. 부부가 연합하지 못하면 대개의 경우 엄마는 자녀와 연합하고, 그러면 병적인 관계, 건강하지 못한 관계가 시작된다. 부모가 오히려 자녀의 건강한 성장과 성숙을 방해하고 그 역기능으로 성인 아이를 만들어 내는 것이다.

> **성인아이** Adult Child
> 어른이 되어서도 어린 시절의 유아기적 욕심, 집착, 이기심, 비교의식, 질투, 시샘 등의 심리로부터 병적으로 벗어나지 못한 사람.

원가족 문화에서 떠나라

전통적인 유교 가정에서 자란 남편이 있었다. 열렬한 연애 끝에 결혼을 했는데, 예상치 못한 부분에서 대판 싸움이 벌어졌다. 쓰레기 분리수거를 두고 팽팽하게 서로를 비난하고 나선 것이다.

남편 가정에서는 청소부터 빨래까지 집안일은 모두 여자 몫이었다. 쓰레기 분리수거 역시 아내 몫이었다. 하지만 아내의 아버지는 열심히 집안일을 돕는 분이셨다. 아무리 바빠도 일주일에 한 번 쓰레기 분리수거는 도맡아 하셨다. 남편은 '보기보다 지저분한' 아내에게 실망했고, 아내는 '실제 생활은 형편없는' 남편에게 실망했다.

이들 부부가 싸운 것은 어느 누구의 잘못이 아니다. 잘못한 것이 있다면 원가족 문화를 떠나지 못한 것뿐이다.

> **원가족**
> 나의 원래 가족, 즉 결혼을 했든 하지 않았든 부모와 나, 형제자매들이 나의 원가속이다.

우리 부부 역시 이 문제로 많이 다퉜다. 출장이 잦았던 남편은 오랜만에 집에 돌아오면 아이들과 농담 따먹기나 하며 지내기를 좋아했다. 나는 늘 그것이 불만이어서 남편을 타박했다.

"오랜만에 애들을 만났으면, 공부는 잘하고 있는지, 학교생활에 어려움은 없는지 좀 진중하게 대화를 해야지, 만날 시시껄렁한 농담이나 던지고 그래요?"

물론 그 속에는 그동안 내가 애들 때문에 얼마나 힘들었는지를 알아 달라는 호소가 섞여 있었다.

그런데 '유머'는 시댁의 문화였다. 남편의 형님들은 지금도 우리 애들을 만나면 "너희 아빠가 옛날에…" 하며 우스운 과거지사를 늘어놓으신다. 우리 며느리들이 "두 번만 더 들으면 백 번"이라고 말할 정도다.

정말이지 나는 처음에 시댁 식구들이 식사를 하며 우스갯소리를 하는 것을 보고 까무러치는 줄 알았다. 친정집은 식사 시간에 말을 하는 법이 없었다. "침 튄다. 밥 먹을 때는 말을 하지 마라. 얼른 먹고 일어나라"가 우리 집 식탁에서 듣는 말의 전부였다. 이것 또한 유머러스한 남편에게는 까무러칠 문화였다. 이렇게 다른 두 사람이 한 집에서 밥을 먹고 살았으니 어떻게 부딪치지 않겠는가.

음식 문화도 달랐다. 시댁 음식은 화려하고 싱겁다. 반면, 우리 친정 음식은 보기에 멋이 없고 짠 편이다. 처음에는 서로 음식 맛을 평가하는 데 조심했다. 조금 불만이 있어도 맛있다 칭찬했다. 그런데 점점 그게 무슨 음식이냐고 핀잔을 주기 시작했다.

사실 20년이 넘게 전혀 상관없는 삶을 살았으니 부부가 서로 다른 것은 당연하다. 다른 것을 인정하면 합의점을 찾을 수 있으나, 우리는 흔히 다름을 '옳고 그름'으로 받아들인다. '우리 집안(나)은 우월하고 너희 집안(너)은 열등하다'는 메시지를 무의식적으로 서로에게 전달한다. 그러니 싸움이 벌어질 수밖에 없다.

어머니학교 스태프 중 한 명은 결혼하고 수도꼭지 때문에 남편과 대판 싸웠다고 한다. 수도꼭지가 고장이 났는데 가장이라는 사람이 고쳐 볼 생각은 않고 "사람 부르면 되잖아" 했기 때문이다. 집에 문제가 생기면 척척 수리하시던 세심한 친정아버지 밑에서 자란 아내 눈에 남편은 집안일에 전혀 관심이 없는 사람으로 비친 것이다. 하지만 이 역시 누구의 잘못이 아니다. 서로 자란 환경과 문화가 다른 것뿐이다.

만약 호탕한 아버지 밑에서 자란 아내가 수도꼭지를 하루 종일 고치는 남편을 만났다면 어땠겠는가. 남들 눈에는 자상해 보일지 모르지만 아내 눈에는 답답해 보였을 것이다. "전문 기술자를 불러다 고치면 될 것을 몇 푼 아끼겠다고 그러느냐"며 남편을 '쪼잔한' 사람 취급했을지도 모른다.

두 사람의 것을 위해 내 것을 포기하는 것

> 하나됨을
> 방해하는 것
> 1. 상처
> 2. 문화의 차이
> 3. 사탄의 방해

우리 부부는 '최고의 밥상'에 대한 그림도 달랐다. 남편은 특별한 날이면 일부러 '나를 위해' 고급 레스토랑에 예약을 했다. 남편은 내가 엄청 감격하고 고마워하리라 기대했다. 처음에는 그런 반응을 보이기도 했지만, 나는 정말 하나도 감격스럽지 않았다. '아니, 이 사람은 왜 이렇게 돈을 함부로 쓰지?' 하는 생각뿐이었다. 시간이 지나고 내 속마음이 표출되자 서로 기분만 상할 뿐이었다. 남편은 나를 '분위기 없는 여자'라고 낙인찍어 버렸다.

그러다 우리가 접점을 찾아 마음을 연 것은 서로의 문화를 받아들이면서였다. 가난한 집안에서 고생하며 자란 내게는 절약이 미덕이라는 것을 남편은 이해했다. 또 나는 넉넉한 집안에서 적당히 소비를 즐기며 살아온 남편에게는 적당한 소비가 미덕이라는 것을 깨달았다. 우리는 서로의 지난 삶과 상처와 철학을 인정했다.

그 뒤로 갈등이 전혀 없었던 것은 아니다. 우리는 여전히 각자의 주장과 방식을 내세웠고 자신의 상처로 상대방을 할퀴었다. 하지만 전과 달리 상대방이 왜 그렇게 행동하는지를 알았기에 조금씩 더 이해했고 긍휼히 여기기 시작했다. 서로를 긍휼히 여기는 마음은 부부 사이에 그 어떤 뜨거운 사랑보다 중요한 감정이다. 덕분에 나는 남편을 통해 아버지 때문에 자리 잡은 왜곡된 남성상을, 남편은 나를 통해 어머니 때문에 자리 잡은 왜곡된 여성상을 조금씩 회복해 갔다.

내가 존경하는 어느 목사님 부부는 결혼 전에 서로에게 친구 리스트를 공개하는 시간을 가졌다고 한다. 그 친구들에 대해 이야기하다가, 혹시 상대방이 앞으로는 이 친구와는 깊이 교제하지 않는 것이 좋겠다고 권하면 서로 그 권고를 받아들였다. 그 목사님 부부는 진정한 떠남이 무엇인지를 아셨던 것 같다. 서로를 존중하면서 내 것만을 고집하지 않고 우리 두 사람의 것을 위해 나의 것을 포기하는 것, 이것이 떠남이다.

행복을 향한 나눔

당신의 결혼 전 원가족 문화의 특징은 무엇입니까?

_____

_____

아직까지 떠나지 못한 원가족 문화 때문에 부부 사이에 갈등하는 것은 무엇입니까?

_____

_____

부부 연합의 걸림돌 찾기

● ① 문제된 적이 없다 ② 약간 문제가 된다(어떤 경우에는 문제가 된다) ③ 정말 문제가 된다(늘 문제거리다)

항 목	①	②	③
1. 늘 배우자에게 양보해야 한다고 느낀다.			
2. 배우자와 함께 있으면 그의 성격 때문에 기가 죽어 자립적이지 못하게 된다.			
3. 결혼에 대해 다른 이상과 목적을 가지고 있어 서로의 눈을 직시할 수 없다.			
4. 배우자는 당신이 먼저 무슨 일(당신 자신이 기쁘고 보람된 일)을 시작하지 못하게 한다.			
5. 간혹 배우자가 왜 기분이 상했는지, 혹은 불만족스러운지 잘 모를 때가 있다.			
6. 두 사람 사이에 문제가 생기면 조용히 해결할 수 없다. 대화를 하면 곧 말다툼과 소동으로 끝난다.			
7. 문제라고 느끼기는 하지만 해결하거나 심층 대화를 할 수 없는 걸림돌이 있다.			
8. 때로 논쟁의 실제적 원인과 이유가 무엇인지 알기 어려운 때가 있다.			
9. 사소한 차이가 때로 큰 위기로 변한다.			
10. 어떤 목적을 이루기 위해 협력하기보다 서로 짓누르고 방해한다.			
소계) ③번에 체크한 숫자는?			
11. 양육과 관련해 각자가 집 안팎에서 맡은 일에 대해 서로 동의하지 않는다.			
12. 자녀 양육 문제에 있어 옳고 그른 것, 좋고 나쁜 것에 관해 서로 동의하지 않는다.			
13. 혹시 재혼한 경우라면, 전 배우자의 자녀를 양육하는 문제에 대해 견해가 다르다.			
14. 자녀들이 착한 일을 했을 때, 얼마나 자주 칭찬이나 보상을 해야 하는지에 대해 서로 견해가 다르다.			
15. 자녀 버릇 들이기(규율 잡기)와 체벌의 방법과 정도에 대한 의견이 다르다.			
16. 자녀들의 자유 시간 활용(캠프나 운동, 독서나 문화생활 등)에 대한 의견이 서로 다르다.			
17. 자녀들에게 무엇을 허락해야 하는지(즉 인간관계, 교회 출석, 부모의 자동차를 쓰는 것 등)와 어느 정도 허락해야 하는지에 대한 의견이 서로 다르다.			
18. 자녀 양육 문제에 관해 자녀들 앞에서 충돌한다.			
소계) ③번에 체크한 숫자는?			
19. 친척들이 자신의 자녀들을 다루는 문제에 대해 서로 견해가 다르다.			

항 목	①	②	③
20. 때로 친인척들이 가정을 잘 꾸려 나가려면, 혹은 자녀를 잘 양육하려면 이렇게 해야 한다고 개입한다.			
21. 친척 중에 문제를 일으키든지 온 집안을 뒤집어 놓는 사람이 있다.			
22. 부모가 당신의 배우자를 좋아하지 않는다.			
23. 부부 둘 다 부모에게 재정적으로 혹은 감정적으로 기댄다.			
24. 배우자가 계속 당신 집안을 비난하거나 경멸한다.			
25. 요청하지도 않았는데 친척들이 충고한다면서 부부 사이에 말썽을 일으킨다.			
소계) ③번에 체크한 숫자는?			
26. 부부간에 집 안팎에서의 역할 분담에 대한 견해가 다르다.			
27. 배우자가 당신의 옷차림에 대해 계속 부정적인 평, 즉 저속하다든지 단정치 못하다고 말한다.			
28. 배우자가 당신의 외모, 즉 몸무게나 얼굴, 머리 스타일에 대해 계속 비난한다.			
29. 배우자가 당신의 깔끔함이나 단정함을 인정하지 않는다.			
30. 배우자가 당신을 더 움직이게 만들거나 불편하게 만드는 일(더러운 옷을 바닥에 벗어 놓는다거나 돈만 있으면 써 버린다거나) 때문에 짜증이 난다.			
31. 배우자 간에 휴가의 장소와 방법에 대해 의견이 다르다.			
소계) ③번에 체크한 숫자는?			
32. 당신이나 배우자는 서로 의논하지 않고 돈을 쓴다.			
33. 매달 얼마를 쓰고 얼마를 저축해야 하는지 등 가계 계획에 대한 견해가 다르다.			
34. 당신은 배우자가 필수품보다 사치품에 돈을 너무 많이 쓴다고 생각한다.			
35. 당신은 수입에 비해 돈을 많이 써서 빚을 많이 지는 편이다.			
36. 당신은 물질적인 면(TV, 컴퓨터, 비디오 등)에 돈을 많이 쓰고 기부나 영적인 일에는 거의 돈을 쓰지 않는다.			
37. 배우자는 당신이 사치품엔 돈을 많이 쓰면서 필수품엔 거의 쓰지 않는다고 생각한다.			
소계) ③번에 체크한 숫자는?			
38. 다른 사람들이 같이 있을 때, 서로의 사랑을 표현하는 (어루만지거나 손을 잡거나 포옹하는 등) 태도에 대해 서로가 불만스럽다.			

항 목	①	②	③
39. 공공장소에서 가까이 앉는다거나 사랑하는 표시를 하는 빈도수에 대해 서로 불만이다.			
40. 당신이나 배우자는 혼외 관계나 예전에 행한 탈선행위를 떠벌리거나 은근히 마음에 두고 있다.			
41. 배우자가 당신의 친구들을 좋아하지 않는다.			
42. 아내(남편)는 자신이 낮 동안에 하는 일에 대해 남편(아내)이 전혀 무심하다고 느낀다.			
43. 아내(남편)는 남편(아내)이 자기 삶이나 직장에서 생긴 문제들을 자기와 나누지 않는다고 느낀다.			
소계) ③번에 체크한 숫자는?			
44. 세례나 교단과 같은 중요한 종교적 문제로 충돌한다.			
45. 당신 부부는 교회에 함께 가지 않는다.			
46. 부부간에 함께 기도를 하거나 경건의 시간을 갖지 않는다.			
47. 배우자가 당신의 종교적 확신을 업신여긴다.			
48. 배우자는 당신이 종교에 무관심하다고 비난한다.			
소계) ③번에 체크한 숫자는?			
총계) ③번 전체의 합산은?			

(다니엘 로우의 《사랑의 예술―결혼》 인용)

당신 부부의
결혼생활 걸림돌
점수

· 문제 해결과 결정(1~10)
  남편의 점수:
  아내의 점수:

· 자녀 양육(11~18)
  남편의 점수:
  아내의 점수:

· 친족 문제(19~25)
  남편의 점수:
  아내의 점수:

· 자기 관리, 외모(26~31)
  남편의 점수:
  아내의 점수:

· 경제적인 면(32~37)
  남편의 점수:
  아내의 점수:

· 친구 관계, 자아 성취(38~43)
  남편의 점수:
  아내의 점수:

· 종교(44~48)
  남편의 점수:
  아내의 점수:

※점수가 높은 부분이 연합의 걸림돌입니다.

다섯 번째 만남

부부가 하나되기 위해서는 서로 다름을 인정해야 한다.
가족 문화뿐 아니라, 성의 다름, 기질의 다름,
친밀감의 코드가 다름을 인정해야 한다.
그리고 나의 언어의 방식으로 표현하기보다는
상대방의 언어와 방식으로 표현하려는 노력이 필요하다.

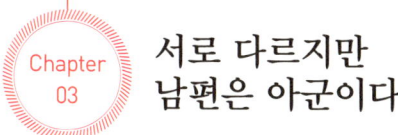

서로 다르지만 남편은 아군이다

왜 나는 불행한데 너는 행복한가

중년 부부를 위한 세미나에서 자기소개를 하는 시간에 있었던 일이다. 한 점잖은 신사가 인사를 했다.

"결혼한 지 16년 되었습니다. 우리는 사실 아무런 문제없이 잘 살고 있습니다. 오늘은 아내가 가자고 하여 서비스 차원에서 왔습니다."

그런데 뒤이어 아내가 이렇게 말했다.

"이 사람은 잘 지내고 있다고 하지만, 저는 지난 16년 동안 행복이 뭔지 모르고 살았어요. 늘 긴장 속에서 남남처럼 살아온 것 같아요. 이번 세미나를 통해 진정한 부부의 행복이 뭔지 알고 싶어요."

그날 그 부부는 대판 싸웠다. 남편은 많은 사람들 앞에서 아내가 왜 그런 말을 했는지 이해할 수 없었다. 자신이 바람을 피운 것도 아니고, 남들처럼 술 먹고 늦게 들어오는 것도 아닌데,

무슨 문제가 있다는지 아내를 이해할 수 없었다.

남편의 항변은 옳아 보였다. 매일 일찍 집에 와서 아내와 같이 저녁도 먹고, TV도 보면서, 흔히 말하는 '한눈 한 번 팔지 않고 오로지 아내만 바라보며' 생활했다. 그런데 아내는 왜 행복하지 않다는 것일까?

문제는 친밀감에 있었다. 남편은 집에 일찍 들어와서 아내와 함께 시간을 보내는 것만으로도 충분히 친밀감을 표현했다고 생각한다. 하지만 아내는 전혀 친밀감을 느끼지 못했고, 오히려 남편과 함께하는 시간이 괴로웠다. 같이 밥을 먹고 TV를 보는 내내 그들 사이에는 대화가 없었던 것이다.

보통 여자들은 자신의 감정과 생각을 나눌 때 친밀감을 느낀다. 아내에게는 "여보, 식사 준비하느라 힘들었지?", "오늘은 무슨 일 있었어?" 하는 관심 어린 말 한마디가 필요했다. 짧은 시간이라도 질 높은 대화, 감정과 느낌이 실린 풍부한 대화를 하고 싶었던 것이다.

소위 '신실하다'는 남편을 둔 아내들은 비슷한 고민을 토로한다. 교회 생활도 열심히 하고 기도도 열심히 하는 남편이지만 정작 아내인 자신과는 소통을 하지 않아 외롭고 힘들다고 한다. 서로 친밀감을 느끼고 표현하는 코드가 다르기 때문이다.

친밀감은 인간관계에서 아주 중요한 접착제다. 친밀감이 형성되면 관계가 좋은 것이고, 관계가 좋다는 것은 친밀감이 형성

되었다는 말이다.

욕구가 서로 다른 두 사람

　결국 인간이란 각자의 욕구가 채워져야 친밀감을 느끼고 사랑받는다고 느낀다. 하지만 사람마다 성장 배경에 따라 욕구와 스타일이 다르다.

　내 남편은 즐거움과 자유의 욕구가 많다. 한 곳에 붙들어 놓으면 못 견뎌 한다. 그래서 자꾸 밖으로 돌아다녀야 기운이 난다. 여행을 갈 때도 계획해서 정해진 대로 다니기보다는, 그때 기분과 상황에 따라 움직이는 것을 좋아한다. 하지만 나는 생존과 안정의 욕구가 크다. 나는 남편이 가만히 나만 쳐다보는 게 좋다. 모험을 하기보다는 정해진 계획대로 움직이는 게 좋다.

　여름휴가 때마다 나와 남편은 실랑이를 벌였다. 남편은 계획 없이 여행을 떠나는 것을 즐겼다. 가다가 피곤하면 쉬고, 중간에 계획을 바꿔 다른 곳으로 가기도 하고, 필요한 것은 그때마다 사서 쓰면 된다고 생각했다. 하지만 나는 달랐다. 출발 전부터 계획하고 준비해야 마음이 편했다. 정해진 스케줄이 있고 거기에 맞춰 움직이는 것을 좋아했다.

　결혼하고 여러 해 동안 남편과 함께 떠나는 여행은 내겐 스트레스였다. 여름휴가 몇 주 전부터 나는 "이번 휴가는 계획을 잘 세워 보자"고 거듭 당부했다. 하지만 "걱정하지 말라"는 답만 돌아올 뿐 남편은 변화가 없었다. 내가 보기에 남편은 '대책 없는 사람'이었고, 남편이 보기에 나는 '융통성 없는 사람'이었다.

그뿐인가. 남편은 친구 부부든 친척이든 다른 사람들과 함께하는 시간을 좋아했다. 여행이라도 갈라치면 버스라도 빌릴 기세였다. 처음에는 꾹 참고 다녔는데 나중에는 도저히 참을 수가 없었다. 나는 우리 가족끼리만 가는 여행이 아니면 같이 가지 않겠다고 엄포를 놓았다. 무슨 대단한 일도 아니고 즐기러 떠나는 여행에서 우리는 왜 매번 평행선을 달려야 했을까?

그만큼 에너지의 방향이 달랐던 것이다. 남편은 사람들을 만날수록 더욱 활기가 넘치는 외향적인 성격이다. 하지만 나는 사람들을 만날수록 에너지를 빼앗기고 힘들어하는 내향적인 성격이다. 그러니 남편을 따라 사람들과의 만남 속으로 들어가는 게 힘들었다.

나와 남편의 다른 점을 열거하라면 수십 가지도 나올 수 있다. 어느 부부든 마찬가지일 것이다. 남편과 아내는 다르다. 아니 남자와 여자라는 종자부터가 다르다. 존 그레이(John Gray)의 유명한 책 《화성에서 온 남자 금성에서 온 여자》처럼 남자와 여자는 서로 다른 행성에서 태어난 외계인처럼 근본적인 차이점이 있다. 그 차이점을 이해하고 받아들일 수 있어야 부부 갈등을 줄일 수 있다.

　배우자가 나처럼 생각하고 반응하리라는 기대는 착각이다. 어느 한쪽이 다른 한쪽을 닮아 가야 한다는 것도 잘못이다. 보통 결혼을 하면, 자신이 옳다고 생각하는 방향으로 상대방을 이끌려고 애를 쓴다. 또 결혼 초반에 주도권을 잡아야 한다고 생각한다. 하지만 부부 사이에 주도권 싸움은 의미가 없다. 남편은 정복해야 할 적군이 아니다. 내 마음에 안 든다고 남편을 고치려는 생각부터 버려야 한다. 절대 '안 변할' 것이다.

　변화는 서로의 차이를 인정하고 이해하는 데서부터 시작된다. 우리 역시 오랜 시간이 필요했지만, 지금은 서로의 차이를 즐긴다. 내가 여행 계획을 짜면 남편은 즉흥적인 제안으로 변화를 준다. 부부 동반 모임도 남편이 적당히 조절해 준다.

　부부가 하나되기 위해서는 서로 다름을 인정해야 한다. 가족 문화뿐 아니라, 성의 다름, 기질의 다름, 친밀감의 코드가 다름을 인정해야 한다. 나는 갈등이 많은 부부에게는 MBTI나 기질 검사 등을 함께 받아 보라고 권한다. 그리고 대화를 많이 나누라고 당부한다.

　날마다 살을 맞대고 사는 남편이고 아내지만 정작 그에 대해 얼마나 알고 있는가? 사랑이라 하면 보통 감정을 생각하는데, 사랑은 의지다. 사랑하기로 결단하는 것이다. 사랑을 유지하려면 나의 언어와 방식으로 표현하기보다는 상대방의 언어와 방

● 남편을 변화시키는 것은 하나님이 하실 일이고, 내가 할 일은 남편을 사랑하는 것이다.

식으로 표현하려고 노력해야 한다. 그렇다면 누가 먼저 할 것인가? 이번 장을 읽고도 남편을 다그치며 '아내의 언어와 방식'을 가르치려 들 것인가? 먼저 알게 된 당신부터 시작하라. 하나님을 더 사랑하는 당신이 먼저 시작하라. 내가 먼저 상대방의 욕구를 채워 줄 때, 내 필요가 채워지고 가정이 충만해진다.

행복을 향한 나눔

당신 부부의 문화적 차이는 무엇이라고 생각합니까?

___

___

___

___

남녀의 차이

- 차이

구 분	남	여
정체성	결과, 목표, 성취	관계, 과정
사랑	인정, 신뢰, 칭찬, 존경	염려, 배려, 관심, 사랑
대화	사실 보고, 비현실	느낌·감정 교류, 현실적

- 그 남자의 욕구, 그 여자의 갈망(윌라드 할리)

남	여
성적인 만족을 주는 아내	애정 표현하는 남편
여가 상대가 되어 주는 아내	말 상대해 주는 남편
깨끗하고 매력 있는 아내	정직, 투명하게 마음을 나누는 남편
내조, 집안 살림 잘하는 아내	경제적 필요를 공급해 주는 남편
칭찬해 주는 아내	자녀 교육에 관심 가져 주는 남편

- 부부, 심리학에게 길을 묻다(케빈 리먼)

남	여
존경	애정
필요한 존재	숨김없이 솔직한 대화
성적 충족감	가족에 대한 헌신

- 위의 남녀의 차이 중에서 당신 부부가 공감하는 것은 무엇입니까?

● 다음 도표의 항목을 자신에게 비추어 1~5(숫자가 높을수록 강한 긍정)의 범위에서 대답해 보십시오.

항목	①	②	③	④	⑤
1. 우리 부부는 함께 시간을 보낸다.					
2. 우리 부부는 함께 오락을 즐긴다.					
3. 우리 부부는 함께 활동하며 같은 취미를 갖고 있다.					
4. 우리 부부는 서로를 잘 알고 좋아한다.					
5. 우리 부부는 여러 가지 일들을 함께 이야기한다.					
6. 우리 부부는 서로를 신뢰하고 믿어 준다.					
7. 우리 부부는 어려울 때마다 서로에게 도움을 청한다.					
8. 우리 부부는 서로를 의지하고, 존중하며, 서로에게 충실하다.					
부부의 친밀도 점수 합계					

라인홀드 니버의 기도문

하나님, 나에게 허락하소서.

변할 수 없는 것을 그대로 용납할 수 있는 평안을,

변할 수 있는 것을 바꿀 수 있는 용기를,

그리고 이 두 가지를 구분해 낼 수 있는 지혜를.

 # 새롭게 관계 맺는 법을 배우라

접근과 호응의 상호작용

인생에서 중요한 단어를 하나 꼽자면 '관계'다. 사랑도 관계 위에서 싹이 튼다. 영성도 한마디로 말하면 관계다. 하나님과의 관계, 이웃과의 관계, 나와의 관계다. 인간이란 관계를 맺고 사는 존재다.

관계를 맺으려면 어떻게 해야 하는가? 다가가야 한다. 표현해야 한다. 누군가 내 강의를 듣고 "오늘 강의 정말 좋았어요" 하고 말해 주면 내 안에서 좋은 감정이 일어난다. 그러면 나도 "머리 스타일이 정말 잘 어울리세요" 하고 기분 좋은 반응을 하게 된다. 그러면 관계가 이루어진다.

그런데 누군가 내게 "그걸 강의라고 합니까? 도대체 어떻게 하라는 건가요?" 하고 말하면 나도 기분이 상해서 "그래요? 마음에 안 들면 그냥 돌아가세요" 하고 똑같이 부정적으로 반응하게 된다. 그러면 그 사람과는 관계가 맺어지지 않는다. 하지만 감정을 누르고 "조금만 기다려 보세요. 도움이 되실 거예요" 하고 부드럽게 반응하면 상대방은 마음이 누그러지면서 살짝 미안해할 것이다.

결국 관계가 깨졌다면 접근을 잘못했거나 반응을 잘못했거나, 둘 중 하나다. 부부관계 역시 마찬가지다. 남편과 힘들다면 관계에 뭔가 문제가 있는 것이다. 적절한 접근이나 반응이 이뤄지지 않은 것이다.

야근하고 늦게 들어온 남편에게 아내가 "왜 그렇게 만날 늦어?" 하고 대화의 첫 문을 열었다고 치자. 설령 일에 시달리는 남편을 걱정하는 마음이 있었다 하더라도 이런 식으로 말해선 그 마음이 전달되기 어렵다. 그러면 보통 "내가 놀다 와?" 하고 짜증스런 답이 돌아오게 된다. 심지어 남편이 "집안 꼴이 이게 뭐야?" 하는 핀잔까지 얹어 답을 주면 심각한 감정싸움으로 번지게 된다.

하지만 이때 남편이 아내의 부정적인 접근에도 불구하고 언짢은 감정을 누르고 "걱정 많이 했구나. 요즘 일이 많아. 미안해" 하고 반응하면 아내는 미안하고 안쓰러운 마음이 커질 것이다.

물론 접근이 좋다고 반응이 무조건 좋은 것은 아니다. 아내가 "많이 피곤하지요? 더운 물 받아 놨어요" 하고 친절하게 남편을 맞이해도 남편이 "나 좀 내버려 둘래? 내가 알아서 할게"

하고 부정적으로 반응할 수 있다.

이 한 장면을 두고 사랑이 식었다는 식으로 확대 해석하면 곤란하지만, 사실 부부 싸움의 대부분은 이런 사소한 것에서 시작된다. 미국 워싱턴대학의 심리학 교수 존 가트맨(John Gottman)은 "부부 문제 중 69%는 풀리지 않는 영속적인 문제"라고 말했다. 새로운 사람과 살아 봤자 마찬가지로 69%는 서로 안 맞는다는 것이다. 부부간에 갈등이 있다는 것은 지극히 정상이라는 말이다. 따라서 갈등을 어떻게 푸느냐, 즉 부부 싸움을 얼마나 '잘' 하느냐에 부부관계가 달려 있는 셈이다.

좋은 부부관계를 위해서는 우선 나와 남편이 모두 죄인임을 알아야 한다. 우리는 완전한 사람이 아니다. 내 안에도 상처와 공허함이 있고, 상대방도 마찬가지다. 그것을 이해하고 상대방을 바라보며 기도해야 한다. 우리는 크리스천으로서 늘 하나님께 달려가야 한다. 그리고 동시에 관계를 잘 맺으려고 노력해야 한다.

관계를 좋게 하는 대화의 기술

접근과 반응이라는 상호작용에 가장 크게 영향을 주는 것 중 하나가 '대화'다. 짧은 시간 함께하더라도 '대화'가 질적으로 좋으면 관계는 돈독해진다. 하지만 오랜 시간 함께하더라도 '대화'가 질적으로 낮으면 서로에 대한 만족도가 낮아질 수밖에 없다. 부부관계도 마찬가지다.

나는 대화가 서툰 사람이다. 남편의 이야기를 끝까지 듣지 않고 무슨 말인지 알겠다는 식으로 말을 끊어 버린 적도 많았다. 상대방으로서는 미치고 팔짝 뛸 노릇이다. 남편이 무얼 물어도 과정을 잘 설명하지 못하고 결론만 말한다. 한번은 늦게 들어온 남편이 즐겨 보던 드라마의 전개 과정을 물었다. 나는 "누구누구가 죽었어요" 하고 결론만 이야기했다. 남편은 "그게 다야?" 하고 황당해했다. 그럴 때 "보통 여자들은 조잘조잘 과정을 잘도 설명한다는데…" 하고 남편이 불평하면 바로 싸움으로 가는 것이다.

대화 때문에 많이 갈등하던 우리는 '비폭력 대화'라는 것을 알게 되면서 큰 도움을 받았다. 비폭력 대화를 개발한 마셜 로젠버그(Marshall Rosenburg)는 상대방과 서로 마음을 주고받는 관계를 만들기 위한 네 가지 단계를 소개한다. 바로 관찰, 느낌, 욕구, 부탁이다. 이때 자기 공감, 솔직한 자기표현, 공감으로 듣기가 뒷받침되어야 한다.

그의 이론에 따르면, 우리가 감정이 상하고 갈등하는 원인은 어떤 행위에 있는 것이 아니라, 우리의 욕구가 충족되지 못한 데 있다. 따라서 서로 욕구가 드러나게 해주고, 들어주는 것만으로도 만족을 느낄 수 있다. 대화에서 내가 화가 나는 이유는 상대방의 행위보다는 내 욕구가 충족되지 않았기 때문이라는 말이다. 따라서 우리는 먼저 자신의 느낌과 욕구를 파악하고 존중할 수 있어야 한다. 그런 다음, 상대방의 느낌과 욕구를 이해해야 한다. 그럴 때 상대방은 받아들여지는 느낌을 받는다.

특히 아내들은 보통 감정을 넣어서 말을 하는데, 남편들은 절대 말 속에 숨은 감정을 읽지 못하기 때문에 말 자체를 사실로 받아들인다. 이때 아내가 서운해서 극단적인 단어를 사용해 감정을 폭발하면 관계가 어려워진다. 남편과 대화를 할 때는 사실에 기반해서 감정을 전달해야 한다.

밤 11시가 넘어서야 집에 들어오는 남편이 있다. 그는 결혼 전에 12시 전에만 들어오면 되는 환경에서 자랐다. 그에게 귀가 시간은 12시가 기준이었다. 그런데 딸만 있는 집안에서 자란 아내는 9시가 통금 시간이었다. 그러니 아내 입장에서 남편은 날마다 너무 늦는 것이다. 이럴 때 "당신은 왜 만날 늦어?" 하는 아내의 타박은 순전히 아내 기준에 의한 판단이다. 이렇게 말해 보라. "당신이 11시 반에 들어오니까(사실 관찰), 나는 늦게 왔다고 느껴져(느낌). 나는 9시가 넘어가면 마음이 불안해(욕구). 무슨 일이 있는 건 아닌가 마음을 졸였거든. 앞으로는 한 시간만 앞당겨서 10시까지 들어와 주면 안 될까(부탁)?"

사실에 기반해서 감정을 전달하는 것이다. 절대 옳고 그름의

●
남: 마음속에 말을 담아 놓는다.
여: 말 속에 감정을 숨겨 놓는다.

I Message
"나는 이렇게 느껴요"라고 말한다.
1. 자기 감정을 표현한다.
2. '당신'이라는 표현을 쓰지 않는다.

판단이 들어가면 안 된다. 판단이 들어가면 상대방을 정죄하게 되고, 그러면 감정이 상하게 된다.

'허구한 날, 한 번도, 도대체, 왜'라는 말을 자신도 모르게 입에 달고 사는 사람이 있다. 이런 말은 관계에 전혀 도움이 안 된다. 존 가트맨 박사는 35년간 3,000쌍의 부부를 연구한 결과, 부부 대화 패턴이 부정적인 부부가 이혼으로 가는 확률이 94%나 되었다고 한다. 상대방을 비판하고 경멸하는 말은 부부관계를 깨뜨리고 악화시킨다.

대화에 어려움이 있다면 관련 책들을 찾아 공부하며 스스로를 점검하라. 그러나 이때 무엇보다 변화의 주체는 '나'다. 어떤 이론에 맞춰 상대방을 조종하거나 가르치려 들면 오히려 관계가 악화될 수 있음을 꼭 기억하기 바란다.

새롭게 접근하라

어머니학교에서는 '남편에게 편지 쓰기', '남편이 사랑스러운 이유 20가지', '남편 발 닦아 주기' 등을 숙제로 내준다. 왜 그럴까? 남편에게 새롭게 접근해 보라는 의도다. 많은 엄마들이 쑥스러워하는 숙제지만 모두들 하고 나면 만족스러워한다. 남편에게 편지를 쓰면서 속마음을 전달해 보고, 남편이 사랑스러운 이유를 적으며 새록새록 남편의 좋은 점들을 생각해 낼 수 있다.

남편과 대화하기가 싫다는 40대 엄마를 만났다. 그동안 남편의 혈기와 부정적인 언어 표현 때문에 의도적으로 남편과의 대화를 피했다. 제발 그러지 말라고 울고불고 애원해 봤지만 남편은 점점 더 거칠어지기만 했다.

그녀는 어머니학교를 수료한 뒤 남편에게 다른 방법으로 접근하기로 마음먹었다. 그동안 자신만큼 남편도 상처를 많이 받았다는 것을 알았다고도 했다. 남편에게 진지하게 "당신을 위해 내가 변하겠다"고 편지를 썼다. 그리고 남편의 반응이 어떠하든지 자신이 즐겁고 행복한 표현을 하면서 살겠다고 다짐했다. 이러한 긍정적인 태도가 남편 앞에서 자신의 습관이 되기를, 본능적 반응이 되기를 바랐다.

몇 주 뒤에 만난 그녀의 얼굴에는 화색이 돌았다. 남편의 억양이 달라졌다는 것이다. 마침 그날 터키로 출장 간 남편한테서 전화가 왔는데, 말투가 참 따뜻했다고 했다.

현명한 아내가 되고 싶다면, 남편의 약점을 지적하기 전에 장점을 찾아 칭찬해 보라. 존 가트만 박사는 긍정적 감정과 부정적 감정이 5:1의 비율로 표현되어야 한다고 말했다. 그에 따르면, 평소에 긍정적 감정이 많이 쌓여 있으면 부정적 감정이 생기더라도 이를 긍정적 감정이 밀물처럼 씻을 수 있다. 이를 두고 '긍정적 감정의 밀물 현상'이라고 한다.

• 존 가트만 박사는 긍정적 감정과 부정적 감정이 5:1의 비율로 표현되어야 한다고 했다.

그는 사랑하는 사람 간에 공유하는 사랑 감정의 총량을 '정서 통장'이라고 표현했다. 정서 통장이 넉넉할 때는 자신감과 인내심, 너그러움과 희망, 기쁨을 느끼지만, 반대로 정서 통장이 빈곤하면 쉽게 짜증이 나고 화가 나며 적개심, 불안, 우울증, 절망 등을 느낀다. 잘못을 지적하거나 성격의 결함을 비난하고 책임을 전가하고 무시하는 말이나 행동은 정서 통장을 마이너스로 만들 뿐이다.

당신 부부의 정서 통장은 어떤 상태인가? 날마다 가계부를 쓰며 재정 통장을 불려 나가려 애쓰듯이, 정서 통장에 잔고가 떨어지지 않고 풍성해지도록 노력해야 할 것이다.

🍵 *행복을 향한 나눔*

내가 남편과 대화할 때 가장 많이 쓰는 말은 무엇입니까?

① 부정적인 말 중에서

_____
_____

② 긍정적인 말 중에서

_____
_____

당신 부부의 정서 통장은 현재 몇 점쯤 된다고 생각합니까?

_____
_____

존 포웰 (John Powell)은

피상적이고 상투적인 잡담에서 깊은 인격적 대화에 이르기까지
커뮤니케이션에도 5가지 단계의 수준이 있다고 말합니다.

1단계 : 상투적인 대화(인사말, 의미 없는 말)
"안녕하세요?", "건강은 어떠세요?", "식사하셨어요?"
이러한 상투적인 대화에서는 결코 내면의 인격을 나 누지 못합니다.
대화의 당사자들은 자기 방어의 벽 뒤에서 안전하게 자기의 내면을 지킵니다.

2단계 : 정보 교환과 남의 이야기를 하는 수준
"지금 몇 시쯤 됐습니까?", "그 사람은 말이죠…."
마치 저녁 9시 뉴스를 전하는 것같이 사실이나 소문, 험담을 이야기하지만
자신의 느낌은 이야기하지 않습니다.

3단계 : 자기 생각과 판단을 나누는 수준
"제 생각에 그 사람은 착한 사람인 것 같아요."
진정한 커뮤니케이션은 바로 이 수준에서부터 시작됩니다.
이 수준에서는 자신의 생각과 결정들을 이야기하는 위험을 택하기 시작합니다.

4단계 : 자기감정과 느낌을 나누는 수준
마음속에 있는 감정과 느낌들을 상대방에게 드러냅니다.
이 수준에서부터 친밀한 대화가 시작됩니다.

5단계 : 완전한 정서적, 인격적 대화 수준
"당신의 섬기는 모습이 너무나 아름답습니다."
진정으로 깊은 인격 관계는 완전한 열림과 솔직함에 기초합니다.
이 단계는 매우 어렵습니다. 완전히 자기 내면을 열어 솔직하게 자기를
드러냈을 때 거절당할 위험이 있기 때문입니다.
그러나 관계가 성장하려면 열림과 솔직함은 필수입니다.

☕ 행복을 향한 나눔

당신 부부는 주로 어떤 수준의 대화를 나눕니까? 그 이유는 무엇이라고 생각합니까?

_____
_____

● 남편이 사랑스러운 이유 20가지를 쓰십시오.

1. _____
2. _____
3. _____
4. _____
5. _____
6. _____
7. _____
8. _____
9. _____
10. _____
11. _____
12. _____
13. _____
14. _____
15. _____
16. _____
17. _____
18. _____
19. _____
20. _____

나의 반쪽 나의 콩깍지

북부 20기 ○○○

1. 이른 아침 미처 잠에서 헤어나지 못하는 각시 손을 잡아끌며 아침밥 달라는 당신 참~ 사랑스럽습니다.

2. 라면 하나도 꼭 함께 먹자는 당신, 그렇게라도 아침 안 먹는 각시의 아침을 챙기려는 당신의 마음이 사랑스럽습니다.

3. 아침 준비하는 저에게 상큼한 얼굴로 다가와선 "각시야 사랑해~쪽~" 하고 엉덩이 두드려 주는 당신이 사랑스럽습니다.

4. 어느 화이트데이에 섹시한 빨간 T팬티를 사탕 속에 숨겨 선물한 당신의 부끄럽고 용기 있는 사랑을 모르고 바꿔버린 (그것도 당신을 앞장 세워서 많이 미안해) 각시를 타박하던 당신이 참 사랑스럽습니다.

5. 약주 한잔 거하게 한 날엔 꼭 전화해서 "예쁜 각시야~ 나 사랑하면 빨리 와줘~"라고 말하는 당신이 사랑스럽습니다.

6. 퇴근길에 전화해서 "애들 있어? 뭐 먹고 싶은 거 있어?"라고 물어보는 당신이 사랑스럽습니다.

7. 어느 날 뽀글뽀글 라면 머리가 된 각시 머리가 적응이 안 되어 눈길 한번 마주치면 호탕하게 웃어 버리는 당신의 백만 불짜리 미소가 사랑스럽습니다.

8. 피곤에 지쳐 코 골며 자다가도 "각시 팔베개 해줘~"하면 언제든지 "오케이" 해 주는 당신이 사랑스럽습니다.

9. 문수봉 바위 탈 때 서툰 각시가 행여나 실수할까 봐 큰 소리로 "그래 그래 거기 거기. 우리 각시 잘했어!" 하며 꼭 안아 주던 당신이 사랑스럽습니다.

10. 사랑하는 당신! 힘차게 뿜어내는 방귀 소리가 너무 사랑스럽습니다.

여섯 번째 만남

하나님은 아내들을 '돕는 배필'로 부르셨다.
여기서 '돕다'는 단어는 헬라어로 '에쩨르'다.
구약에서 하나님이 인간을 도울 때 사용한 단어다.
돕는 배필로서 남편을 격려하고 선한 동기를 심어 주라.
남편을 가정의 제사장으로 인정하고 세워 주라.

아내의 존경이 남편을 만든다

남편을 가정의 제사장으로 세우라

성경은 아내에게 남편을 존경하라고 말한다.

"너희도 각각 자기의 아내 사랑하기를 자신같이 하고 아내도 자기 남편을 존경하라"(엡 5:33).

그런데 이것은 권면 정도가 아니라 반드시 해야 하는 '명령'이다. 영어 성경을 보면, "the wife must respect her husband"라고 하여 'must'라는 단어가 앞에 붙어 있다.

"성경은 아내들이 완전한 남편이나 경건한 남편을 존경해야 한다고 말하지 않는다. 남편이라면 아무 조건 없이 마땅히 존경받아야 한다고 말한다. …당신의 남편도 남편이기에 마땅히 존경받아야 한다. 당신은 그의 판단에 동의하지 않을 수 있고, 그의 일처리 방식에 반대할 수 있다. 그러나 성경에 따르면, 그의 지위만으로도 당신은 그에게 마땅히 존경을 보여야 한다"(게리 토마스,《부부학교》).

나는 남편을 존경하라는 이야기를 들을 때마다 아브라함 가정이 가장 먼저 떠오른다. 믿음의 조상 아브라함보다 사실 그의 돕는 배필 사라에게서 깊은 감동을 느낀다. 사라는 세상적인 눈으로 보자면 불행한 여인일 수 있다. 아브라함은 그녀의 미모 때문에 자신이 피해를 당할까 봐 '누이동생'이라고 속이고 그녀를 다른 남자에게 보내기까지 했다. 그런 수모를 당하면서도 사라는 남편에게 순종했고 심지어 남편에게 '주'(my Lord)라고 칭하였다.

"오직 마음에 숨은 사람을 온유하고 안정한 심령의 썩지 아니할 것으로 하라 이는 하나님 앞에 값진 것이니라 전에 하나님께 소망을 두었던 거룩한 부녀들도 이와 같이 자기 남편에게 순종함으로 자기를 단장하였나니 사라가 아브라함을 주라 칭하여 순종한 것같이 너희는 선을 행하고 아무 두려운 일에도 놀라지 아니하면 그의 딸이 된 것이니라"(벧전 3:4-6).

사라의 믿음은 어디서 나온 것일까? 아브라함을 보면 절대 가능하지 않았을 것이다. 사라는 분명 주께 소망을 둔 여인이었다. 그녀는 하나님이 하나님이심을 알았다.

당신의 남편이 아브라함보다는 낫지 않은가? 적어도 누군가에게 위협을 당하거나 집에 차압이 들어온다고 해서 당신을 "내 누이동생이니 데려가시오" 하지는 않을 테니 말이다.

사라의 믿음과 존경과 순종으로 말미암아 아브라함은 비로소 한 집안의 제사장이 되었다. 당신의 남편도 마찬가지다. 당신이 높이고 세워 주면 그는 온전히 한 집안의 제사장으로 서 갈 것이다.

남편들의 소원, 밥과 성

남편들이 아내에게 원하는 것 세 가지가 있다고 한다. 그중 하나가 '따뜻한 밥'이다. 사람에게는 엄마의 음식을 그리워하는 마음이 있다. 실제로 엄마의 독특한 음식을 기억하는 사람은 위기가 닥쳤을 때 그 음식 덕분에 극복할 힘을 얻는다는 재미난 연구 결과도 있다.

또 하나는 '안식'이다. 남성에게 안식은 '성'의 문제다. 노골적으로 드러나지 않지만 많은 부부가 이 문제로 갈등한다. 분명한 것은 남자와 여자가 다르다는 것이다. 단적으로 표현하자면, 일반적으로 남자는 '성을 위해서 관계를 맺는 존재'이고 여자는 '관계를 위해서 성을 맺는 존재'다. 보통 여자는 마음이 닫히면 몸도 닫힌다. 그런데 남자는 몸이 거부당하면 마음도 닫힌다.

> ● 남자는 성을 위해서 관계를 맺는 존재다. 그러나 여자는 관계를 위해 성을 맺는 존재다.
> 여자는 마음이 닫히면 몸도 닫힌다. 그런데 남자는 몸이 거부당하면 마음도 닫힌다.

● 나는 당신이 필요하기 때문에 당신을 사랑하는 것이 아니라. 당신을 사랑하기 때문에 당신이 필요합니다.

매사에 반찬이 짜네 어쩌네, 살림을 잘하네 못하네 하며 아내 행동에 트집을 잡는 남편이 있었다. 아내는 도대체 무엇이 문제인지 모르겠다며 상담을 요청했다. 내가 "남편과 성생활은 어떠세요?" 하고 물었더니 아내는 얼른 대답하지 못했다. 이들 부부는 바로 '성' 때문에 부부관계에 틈이 벌어지고 있었다. 아내는 '밝히는' 남편이 싫었고, 아내에게 거절당한 남편은 자신을 '무시하는' 아내가 싫었다. 아내들이 도저히 이해할 수 없을 정도로 남편들에게 성은 매우 중요하다.

한두 번의 거절과 무시로 성관계를 포기하고 사는 부부들이 늘고 있다. 이혼하는 부부의 80% 이상이 섹스리스(sexless)를 경험했다고 하니 성 문제는 참으로 심각하다. 세상은 고개를 살짝만 돌려도 사방이 유혹거리다. 컴퓨터만 켜도 성 욕구를 해결할 수 있다. 하지만 아내가 아닌 다른 통로로 성 욕구를 해결할 때 남자들은 수치심을 느낀다. 성관계를 거부하는 아내들 역시 오랜 시간 접촉이 없으면 공허함에 시달린다. 사랑에는 접촉이 반드시 필요하다. 때때로 서로의 차이를 인정하고 솔직하게 이야기를 나눠 보자. 비로소 부부에게만 허락된 성의 아름다움과 기쁨을 나누고 즐길 수 있을 것이다. 부부간에는 적절한 성생활이 필요하다. 행복한 부부는 우정의 요소와 성의 요소가 모두 있어야 한다. 배우자와 원만하게 성생활을 하는 사람이 스트레스도 덜 받고, 건강하며 오래 산다는 연구 결과는 수없이 반복돼 왔다.

밥과 성보다 앞선 문제, 아내의 인정과 존경

남편이 아내에게 원하는 것 중 가장 중요한 것은 바로 '존경'이다. 어떤 권사님은 "남자는 평생 한 여자에게 인정받기를 원하는데, 결혼 전엔 엄마였고, 결혼 후엔 아내다"고 재미나게 표현했다.

남성은 오로지 하나, 이 여자가 나를 존경하는가에 따라 삶의 태도가 달라진다고 하니, 성경에서 "남편을 존경하라"고 말한 것은 우연이 아니다. 이미 하나님은 남성을 그런 존재로 만드셨다. 남편들은 밥 먹고 자는 것보다 아내가 자신을 인정해 주지 않으면 괴로워한다. 자존심은 그에게 생명과도 같다. 그러나 아내들은 마치 나 아니면 누가 널 가르치겠느냐 하는 사명감을 가지고 달려든다.

● 남자는 평생 한 여자에게 인정받기를 원하는데, 결혼 전엔 엄마고, 결혼 후엔 아내다.

서로 남편 흉을 보는 30~40대 엄마들에게 "남편을 존경하라"고 충고하면, 대뜸 "에이, 그건 권사님처럼 정말 괜찮은 남편을 두신 분이나 해당되는 이야기지요. 우리 남편은 정말이지 존경할 구석이 없다니까요" 하고 말한다. 특히 어머니학교에서 '남편이 존경스러운 이유 20가지'를 써 오라고 하면 대략난감의 표정을 짓는다.

● 존경할 만한 부분을 찾아 존경하는 것이 바로 아내의 사명이요 영성이다.

하지만 엄마들의 착각이다. 훌륭해 보이는 목사님, 장로님, 집사님… 모두 누군가에게는 평범한 남편일 뿐이다. 아버지학교 수장이라는 이유로 남들이 훌륭하게 보는 내 남편은 '아내의 사명'이라는 주제로 가끔 강의를 한다. 그때마다 남편은 "존경할 만한 부분을 찾아 존경하는 것이 바로 아내의 사명이요 영성"이라고 말한다.

남편이 즐겨 말하는 예화가 있다. 어느 아내가 주차를 끝낸 남편을 향해 "와, 당신은 정말 주차를 잘해! 후진하는 모습이 정말 멋져" 하고 감탄하자 남편이 "내가 후진으로 부산까지 갈 수 있어!" 하며 우쭐대더란다.

게리 토마스는 이렇게 말했다. "남자들은 칭찬에 살아난다. 누가 칭찬해 주면 그 사람의 긍정적인 평가를 그대로 지속시키고 싶어진다. 아내에게 존중받는 기분을 우리는 정말 좋아한다. 아내의 칭찬을 듣거나 대단해하는 눈빛을 보는 것보다 더 진한 감동은 없다. 그것을 계속 얻을 수만 있다면 모든 남자들은 땅끝까지라도 갈 것이다."

• "남자들은 칭찬에 살아난다. 아내의 칭찬을 듣거나 대단해하는 눈빛을 보는 것보다 더 진한 감동은 없다. 그것을 계속 얻을 수만 있다면 남자들은 땅끝까지라도 갈 것이다."
—게리 토마스

남편과 아내의 평행선

10여 년 전, 남편과 강의를 하러 지방에 간 적이 있다. 지금은 내비게이션 덕분에 초행길도 헤맬 일이 거의 없다. 그러나 당시에는 지도를 보고 안내받은 대로 찾아가는 수밖에 없었다. 시간을 넉넉히 두고 출발했는데도, 도착지를 코앞에 두고 헤매기 시작했다. 초조해진 내가 물었다.

"여보, 차를 세우고 물어보는 게 어때요?"

남편은 대체 무슨 여유인지 "표지판 있는데 뭘 물어봐요?" 하고 계속 달렸다. 내가 지도를 찾아가며 "좌회전인 것 같아요" 하면 직진을 하고, "직진인데요" 하면 좌회전을 했다. 꼭 청개구리 같았다.

그날 우리는 3시간 반이면 간다는 길을 5시간이나 걸려 도착했다. 그것도 내가 차를 억지로 세워서 밖에 나가 사람들에게 물어서 겨우 찾을 수 있었다. 강의를 앞두고 마음이 상해서 얼마나 씩씩댔는지 모른다. 왜 남자들은 물어보는 걸 싫어할까?

나중에 남편의 속마음을 듣고 나는 깜짝 놀랐다. 내 딴엔 남편을 도우려고 지도를 찾아 가며 안내한 건데, 남편은 자존심이 상했다는 것이다. 내 조언과 충고가 마치 자신을 믿지 못하는 것 같아 기분이 나빴단다.

아내들은 자신이 힘들어하는 부분을 이해하고 거들어 줄 때 사랑을 느낀다. 그래서 남편 일에도 염려하고 관심을 가져 준다. 그러나 남편은 아내가 요청하지도 않은 조언이나 충고를 하면 자신을 무시하고 불신한다고 느낀다. 거들어 주는 대신 잘한다고 인정해 줄 때, 잘할 것이라고 믿어 줄 때 남자들은 사랑을 느낀다.

●
남편은 요청하지도 않은 조언이나 충고를 아내가 하면 자신을 무시하고 불신한다고 느낀다. 거들어 주는 대신 잘한다고 인정해 줄 때, 잘할 것이라고 믿을 때 사랑을 느낀다.
그러므로 아내들이여, 남편에게 존경과 인정의 눈빛을 날려 주라.
남편들은 아내의 그 한마디에 천하를 얻은 듯이 행복해할 것이다.

육아든 설거지든 청소든 가전제품 수리든, 남편이 도와주기를 바란다면 '알아서 하게 내버려두어야' 한다. 좋은 마음으로 조언하는 것은 아내가 가장 많이 저지르는 '실수'다. 남편들은 잘했다는 말을 들을 때, 자기가 그 일에 필요하다는 느낌을 가질 때 기꺼운 마음으로 일에 임한다.

자, 이제부터 주차장에 들어선 남편에게 "저기 빈자리 있다"며 손가락질하지 말자. 다만 멋지게 주차를 끝낸 남편에게 "우리 남편 주차 끝내주게 잘한다"라고 존경과 인정의 눈빛을 날려라. 남편들은 아내의 그 한마디에 천하를 얻은 듯이 행복해할 것이다.

그러려니 넘어가 주는 지혜가 필요하다

여성들은 '돌봄'이 사랑의 코드다. 염려하고 배려해 주면 사랑받는다고 느낀다. 남성들이 연애할 때는 그 코드를 잘 맞춰 준다. 춥다고 하면 옷도 벗어 주고, 배고프다고 하면 맛난 것을 사 주고, 데리러 오고 데려다 주며 잘 돌봐 준다. 거기에 "우리 오빠 최고!"라고 칭찬하고 인정해 주면 더 잘한다.

남편도 연애할 때는 하늘의 별도 따다 준다고 했다. "내가 너의 아빠, 남편, 친구가 되어 줄게" 했다. 그런데 결혼하고 나면 아내가 느끼기에 남편은 돌변한다. 신혼부부들이 자주 싸우는 이유를 들어 보면, 아내의 일방적인 원망일 경우가 많다. 그때마다 나는 "전형적인 남자와 결혼하셨네요"라고 답해 준다. 남성은 공격적이고 성취 지향적이다. 남성에게 결혼은 과업이다. 그래서 결혼하고 나면 더 이상 1차 과업, 즉 아내 돌보기에 신경 쓰지 않는다. 그때부터 남성은 2차 과업, 즉 일을 향해 나아간다.

아내들이 남성의 뇌를 이해할 필요가 있다. 게리 토마스는 《부부학교》에서 이 부분을 잘 설명하고 있다. 책에 따르면, 남성의 뇌는 유대감을 형성하는 화학물질, 즉 옥시토신이 여성의 뇌보다 적다. 따라서 자신의 관심사를 말로 잘 표현하지 못하며, 유대를 형성하는 데 더 오래 걸린다. 남편들은 목욕탕에 가서도 친구를 사귀는 아내, 수다 떠느라고 늦게 들어오는 아내를 이해 못한다. 또한 여성보다 감정을 진정시키는 세로토닌 분비가 적다. 그래서 남성이 여성보다 충동적으로 행동하기 쉽다.

남녀의 뇌에 대해 흥미로운 연구 결과들이 많다. 신경학적 연구 결과들을 보면, 복잡한 정서적 데이터를 처리하는 데 남성들이 여성들보다 최고 7시간이 더 걸릴 수 있다. 여성들이 성적으로 준비하는 데 시간이 걸리듯이 대부분의 남성들이 감정적으로 준비되는 데 시간이 걸린다는 말이다. 아내가 채근하면 남편들은 겁에 질린다. 궁지에 몰리거나 비난받는다고 느끼면 딴청을 부리고 대화를 피해 버린다. 그것이 남성의 전형적인 행동이다. 신비한 일이지만, 하나님이 그렇게 만드셨다.

따라서 아내들은 남편을 공격하지 않으면서 문제를 제기하고 소통하는 법을 배워야 한다. 게리 토마스는 이렇게 말한다.

"아내들은 대개 자기가 남편을 꼭 이해해야만 하는 것처럼 느낀다. 남편의 어떤 점들은 사리에 맞지 않으며 앞으로도 계속 그럴 수 있음을 아내들은 받아들이지 못한다. 때로 당신은 '남자란 원래 그렇구나' 하고 그냥 받아들여야 한다. 그리고 거기에 맞추어 그를 사랑해야 한다."

여성이 결혼하는 이유에 대한 재미난 이야기가 있다. 첫째, 여성이 결혼하는 이유는 분별력을 상실했기 때문이다. 둘째, 여성이 이혼하는 이유는 인내력을 상실했기 때문이다. 셋째, 여성이 재혼하는 이유는 기억력을 상실했기 때문이다.

분명한 것은, 하나님이 여성을 남성보다 훨씬 더 섬세하게 만드셨다는 사실이다. 적절하게 잊어버릴 수 있는 능력까지 주셨으니 얼마나 다행인가.

아내들이여, 남편을 100% 이해하려 들지 말라. 남녀의 뇌가 기능하는 방식이 다르다. 그 사실을 받아들이면 결혼생활이 훨씬 유익할 것이다.

남편을 너무 자신의 통제 아래에 두려 하지 말라. 그에게 시간과 공간을 주라. 그에게 초점을 맞추고, 그가 지금 인생에서 어떤 시간을 보내고 있는지 잘 살펴서 다가가라. 우리는 환경에 따라 관계 맺는 법을 계속 배워야 한다. 처음 결혼했을 때, 아이가 태어났을 때, 맞벌이할 때, 전업 주부가 되었을 때, 남편이 사추기에 들어섰을 때, 노년에 들어섰을 때 등 새로운 환경이 주어질 때마다 남편과 새로운 관계를 맺어야 한다.

하나님은 부부를 인생의 가장 중요한 파트너로 계획하셨다. 부부는 인생길을 함께 걸어가는 동반자이자 동역자다. 남녀가 친구로 만나 연인으로 발전하다 남편과 아내가 된다. 그러다 자녀를 낳으면 부모가 되지만 결국 자녀들은 떠나고 부부만 남게 된다. 남편은 당신과 영적인 연합, 정서적인 연합, 성적인 연합을 이룰 수 있는 단 하나의 존재다.

남편을 새로운 눈으로 바라보라. 집에서는 부족한 남편이더라도 밖에서는 흠 잡을 데 없이 훌륭하다고 인정받는 남편일 수 있다. 때때로 남편을 바라보는 자신의 눈을 재조정할 줄 알아야 한다. 그는 '당신의 남편이기에 마땅히 존경받아야 한다.'

행복을 향한 나눔

남편을 존경할 만한 점 세 가지를 적어 보십시오.

_____

_____

_____

남편의 기를 살려라

김성묵(두란노 아버지학교 본부장)

세계적인 경제공황으로 인해 경제 사정이 점점 나빠지고 있습니다. 경제 사정이 어려워지면 가장 힘들어하는 사람은 가장인 아버지입니다. 아버지는 돈을 많이 벌든 못 벌든, 또 아내가 함께 직장을 다니든 아니든, 최종적인 가족 부양의 책임이 본인에게 있다고 생각합니다. 미국의 어느 가정사역자가 조사한 바에 의하면 아내가 알아주었으면 하는 남편의 다섯 가지 바람은 다음과 같습니다.

첫째, 아내를 얼마나 사랑하고 있는지 아내가 알아주길 바란다. 둘째, 아내 자신을 가꾸는 데 더 많은 노력을 해주기 바란다. 셋째, 둘만 있을 때나 여럿이 함께 있을 때나 나를 더욱 존중해 주길 바란다. 넷째, 더 많은 성관계를 원한다. 다섯째, 아내와 가족을 부양해야 하는 나의 짐을 이해해 주길 바란다.

●
남편이 아내에게 바라는 다섯 가지
1. 아내를 얼마나 사랑하고 있는지 아내가 알아주길 바란다.
2. 아내 자신을 가꾸는 데 더 많은 노력을 해주기 바란다.
3. 둘만 있을 때나 여럿이 함께 있을 때나 나를 더욱 존중해 주길 바란다.
4. 더 많은 성관계를 원한다.
5. 아내와 가족을 부양해야 하는 나의 짐을 이해해 주길 바란다.

아마 극심한 경제적 어려움을 겪고 있는 요즘 아버지들의 가장 큰 바람은 다섯 번째일지도 모릅니다. '내가 얼마나 힘든지 아내나 가족이 좀 이해해 주었으면 좋겠다.' 이것이 이 시대를 살아가는 아버지들의 솔직한 심정일 것입니다. 남자들이 가장 두려워하는 것은 실패에 대한 두려움이고 여자들이 가장 두려워하는 것은 버림받는 것에 대한 두려움이라고 합니다. 따라서 아내는 끊임없이 남편에게 사랑을 확인받고 싶어 하고 남편은 아내로부터 인정받고, 존중받고, 칭찬받고 싶어 합니다.

요즘 아버지들의 어깨가 점점 더 무거워지고 있습니다. 당신의 남편은 언제 회복될지 모르는 경제 상황에서 실직에 대한 두려움, 실패에 대한 두려움으로 괴로워하고 있을지도 모릅니다. 치열한 삶의 현장, 격렬한 경쟁 속에서 살아남기 위해 몸부림치며 극도의 긴장감 속에서 살고 있는지도 모릅니다. 하루도 편할 날이 없는 스트레스, 과로, 그로 인한 피로감, 40대 이후에 찾아오는 외로움으로 아버지들의 어깨는 점점 더 힘이 빠지고, 그래서 고개가 더 숙여지는지도 모릅니다.

특별히 40대 이후의 아버지라면 중년기 정체성의 문제로 영적·심리적으로 어려운 시기를 지나고 있을 것입니다. '과연 나는 누구인가?', '내가 무엇을 위해 살아왔는가?', '앞으로 어떻게 살아가야 하나?' 스스로 잘나가는 남들과 비교하며 열등감과 좌절감을 느낄 수 있습니다. 40대는 심

●
남편의 기를 살려라
1. 집안 분위기를 따뜻하게 만들어라.
2. 생명의 언어를 사용하라.
3. 성생활에 대해 섬세하게 배려하라.

리적으로도 사회적으로도 매우 어려운 시기입니다. 더구나 이때는 대부분의 자녀들이 사춘기를 지나거나 대학 입시 또는 취직의 문제로 고통스러워할 때라 가정적으로도 어려움을 겪게 됩니다. 이때 절대적으로 필요한 것이 가정의 안정입니다. 아내의 사랑과 자녀들의 지지가 절대적으로 필요한 것입니다. 아버지들의 기를 살려 줘야 합니다. 아버지들의 기를 살려 주기 위해서 다음 몇 가지를 제안합니다.

첫째, 집안 분위기를 따뜻하게 만들어야 합니다. 온 가족이 미소로 아버지를 맞이하면 좋을 것입니다. 가끔은 마치 개선장군이라도 맞이하듯 환영하면 좋을 것입니다. 가구를 바꿔 보는 등 집안 분위기도 바꿔 보고 '우리는 아버지를 환영하고 있습니다'라는 분위기를 느낄 수 있도록 신경을 써야 합니다. '아빠, 사랑합니다'는 글을 써서 붙이는 것도 좋을 것입니다. 일주일에 한 번 아니면 최소 한 달에 한 번은 아버지의 날을 만들어 온 가족이 함께 모여 축하하는 날을 만들어 보는 것도 좋습니다. 아버지가 좋아하는 음식을 만들고 아버지를 축하해 주는 그런 시간을 갖는 것입니다.

둘째, 생명의 언어를 사용하십시오. 아버지가 출근할 때 따뜻한 격려를 보내 주십시오. 아버지보다 먼저 나가는 자녀들은 '아빠, 힘내세요', '아빠, 사랑해요'라는 쪽지를 아버지의 옷에 넣어 두면 어떨까요? 아버지는 그 쪽지를 보고 천군만마보다 더 큰 힘을 얻을 것입니다. 아버지에게 문자 메시지나 이메일을 보내 주는 것도 좋습니다. 짧은 글로 아버지를 격려하고 아버지에게 사랑을 고백하는 것입니다. '아버지, 사랑합니다', '아버지, 존경합니다', '아버지, 힘드시지요? 우리가 있잖아요. 힘내세요', '여보 사랑해요', '여보 고마워요', '여보 힘내세요. 우린 당신이 있어 행복해요.'

남편을 칭찬하는 말을 하루에 한 번 이상 합니다. 남자는 나이가 들면 아이가 된다고 합니다. 아이에게 필요한 것은 칭찬입니다. 아이는 칭찬하면 끝 가는 데를 모르고 달려갑니다. 어려운 시기를 지나는 아버지에게, 남편에게 필요한 것은 칭찬과 격려, 인정이라는 것을 기억하십시오.

'난 당신만 있으면 돼요', '난 당신을 믿어요', '당신은 역시 솜씨가 있어요', '그러니까 내가 당신을 택했지요', '당신을 택한 게 내 인생 최고의 선택이에요', '당신 정말 완벽해요', '우리 아빠 최고야!', 아빠는 정말 멋져!', '역시 우리 아빠는 달라!', '난 아빠 딸이라는 게 자랑스러워요.' 늦게 들어오거나 어쩌다 술을 마시고 들어온 날도 짜증이나 바가지 대신, '여보 난 당신 건강 상할까 봐 그것이 걱정됐어요', '힘드셨지요?'라고 말해 주십시오. 손을 꼬옥 잡아 주면서 '힘내세요'라고 말해 주십시오.

만일 직장을 잃었거나 실패를 경험했다면 따뜻한 위로와 격려를 해주십시오. '당신은 다시 일어설 수 있어요', '난 당신을 믿어요.' 생명의 언어는 생명을 살리는 말입니다. 어려운 때일수록 생명의 언어를 사용해야 합니다.

셋째, 성생활에 대한 섬세한 배려가 필요합니다. 중년 남성의 특징 중 하나는 지독한 외로움을 느낀다는 것입니다. 아내와의 성생활이 만족스러우면 남편은 '나를 온전히 받아 주는 나 아닌 다른 사람이 있구나' 하는 큰 위로를 받게 됩니다. 이와 달리 아내가 성생활을 거부한다면 남편은 거절감 때문에 더 큰 외로움을 느끼게 됩니다. 이때 성적인 유혹이 찾아오면 무너지기 쉽습니다. 이와 반대로 지독한 스트레스로 인해 성생활이 제대로 되지 않는 남편인 경우, 성적 정체성 때문에 큰 좌절감에 빠질 수 있습니다. 이때 아내의 따뜻한 이해와 도움이 필요합니다. 함께 솔직히 이야기하고 병원을 찾아간다든지 전문가의 도움을 얻도록 하는 것입니다. "오늘 밤 침실에서 일어난 일은 다음 날 사무실에서 어떤 기분으로 일하게 되는지를 좌우한다"는 말이 있습니다.

외국에서 열린 아버지학교에서 있었던 일입니다. 마지막 날 아내들이 초청되어 왔는데 한 아내가 남편에게 쓴 편지를 읽었습니다.

"여보, 난 이 땅이 전혀 낯설지가 않아요. 당신과 함께 있기 때문이에요. 나는 상황이 아무리 어려워도 전혀 고통스럽지 않아요. 당신이 내 곁에 있기 때문이에요. 하나님께서 우리와 함께 계세요. 여보, 우린 일어설 수 있어요. 난 당신을 믿어요…."

이민 후 겨우 살 만해졌을 때 남편의 사업이 실패해 다시 낯선 도시로 이사해야 했지만, 아내는 슬픔 중에도 눈물을 참고 남편에게 환한 미소를 보내고 있었습니다. 남편은 아내의 손을 꼭 잡고 눈물을 흘렸습니다. 아버지가 살면 가정이 삽니다.

행복을 향한 나눔

남편의 기를 살리는 나만의 방법이 있다면 무엇입니까?

남편의 기 살리기 ①

아침 밥상은 남편의 힘!

본부 ○○○

저는 남편의 기를 살리기 위해 아침밥을 꼭 먹여 보냅니다. 처음에는 친정엄마 말씀을 따른 것인데 저희 아들 녀석 둘이 어려서부터 허약해서 더욱 아침밥을 거를 수 없게 되었습니다. 이제는 가족이 모두 바빠서 아침에만 겨우 얼굴을 볼 수 있으니 더욱 아침을 소홀히 할 수가 없지요. 그래서 저희 집 아침 메뉴는 삼겹살, 닭백숙, 갈비구이, 각종 고기로스… 후후, 파스타를 식탁에 올리지 않은 것이 다행이죠?

저희 집 '아침 밥상 문화'는 남편의 자랑거리입니다. 새신랑들 앞이나 새벽 모임에서 늘 자랑을 한다고 합니다. 휴~ 이렇게 남편이 좋아하고, 아들이 좋아하니 저희 집 아침 밥상은 앞으로도 계속 쭈~~욱 계속되어야 할 것 같습니다.

남편의 기 살리기②
매일 아침 기 살리기, 코스로 대령이요~

본부 ○○○

저의 남편 기 살리기는 주로 매일 아침 시간에 이루어집니다. 매일 아침 출근 때마다 코스로 나가지요. 새벽 기도 때 울 아버지께 당신 아들 기를 팍팍 살려 달라고 떼를 씁니다. 그리고 집에 오면 인삼주스를 준비하죠. 요즘엔 겨울이라 찬 것을 싫어해서 마시기 좋은 온도로 데워 둡니다.

그리고 남편의 기상 시간, 애교 작렬 아침 인사가 두 번째 기 살리기로 나가고, 세 번째 먹기 좋게 데운 인삼주스가 국악 가락과 함께 나갑니다. 네 번째 아침 밥상. 남편이 세상에서 제일 좋아하는 더덕구이로 식사를 맛나게 할 때, 저는 현관에 쭈그려 앉아 남편의 구두를 닦습니다. 마음과 정성을 다해 반짝반짝 윤이 나게. 이 정도면 남편 기 살리기, 거의 작렬 아닌가요?

울 남편 반응이요? 별 반응 없습니다. 다만 밝은 얼굴로 나를 보며 한마디하죠. "어서 쉬어~." 그 말 속에 모든 고마움의 표현이 함축되어 있지요. 근데요, 밖에 나가서는 아침마다 인삼주스 마신다고 자랑하나 봐요. 그러면 사람들이 부러운 얼굴을 하고는 아휴, 그런 대접을 받고 사니 얼마나 행복하시냐고 한대요. 표현 못하는 울 남편 어쩌게요? 그저 웃지요~.

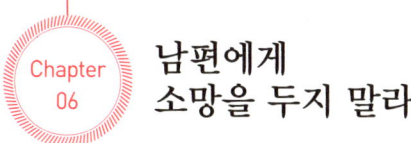

남편에게 소망을 두지 말라

가르치고 조종하려는 아내의 속마음

사랑은 상대방의 욕구와 필요에 맞춰야 하는데, 그러기가 쉽지 않다. 나도 오랜 시간 내 방식과 내 욕구대로 사랑했다.

결혼할 때 나는 학교 교사였다. 내 나름대로 '좋은 아내'가 되기 위해 열심히 살림하면서 맞벌이를 했다. 남편과 갈등이 심해지자 '내가 온전히 내조에 매달리지 않아서' 그런가 싶어 결국 직장까지 그만두고 헌신적으로 내조했다. 남편이 간경화로 아파서 입원했을 때는 날마다 정성껏 음식을 해다 나르며 간병했다.

그런데 내게 돌아온 남편의 반응은 황당했다. 부부관계가 악화되었을 때 남편에게 들은 말은, "당신은 내 이상형이 아니오. 당신 만나서 내가 잘된 게 없소"였다.

연애할 때는 내 아버지요 친구가 되어 주겠다던 사람이 이제 와서 이상형이 아니라니, 기가 막혔다. 나는 분노가 폭발했다.

"내가 당신의 이상형이 아닌지는 몰라도 이럴 수는 없어요. 내가 당신에게 얼마나 최선을 다했는데요!"

그러자 남편은 이렇게 말했다.

"그게 나를 위한 최선이었소? 당신 방식의 최선이었지. 내게 맞춘 것은 없잖소."

그때는 정말 남편이 괘씸했다. '내가 그렇게 잘해 줬는데 감히 당신이?' 하는 억울함이 내 안에 가득했다. 그런데 남편 말이 맞았다. 나는 남편을 위해서가 아니라, 나를 위해서 남편에게 헌신했다. 남편을 조종하려는 마음이 근본에 깔려 있었다.

동반의존이라는 개념이 있다. 알코올중독자 남편을 둔 아내는 남편을 지나치게 보살피려 든다. 남편이 술을 먹으면 잔소리를 해대면서도 술을 안 먹으면 불안해한다. 남편이 사고를 쳐야 아내가 힘을 발휘하고 그럴 때에야 안도감을 느낀다. 서로 병자가 되어 가는 것이다. 지나친 희생도 결국 병이다.

바라는 배필이 된 아내

남편을 조종하려는 마음의 뿌리를 찾아 들어가 보면 죄성이 자리하고 있다. 인간은 한순간의 불순종으로 인해 하나님과의 교제가 끊어졌다. 온전한 사랑을 하고 싶어도 그 능력을 상실했다. 예수 그리스도의 십자가를 통해 우리는 죄인의 신분은 벗었으나 여전히 우리 안에는 죄를 짓는 성향이 존재한다.

우리 안의 죄성은 커다란 구멍을 만들었다. 공허감이라는 구멍이다. 이 공허감은 오직 하나님과의 관계를 통해서만 채워질 수 있다. 다른 관계를 통해서는 채워지지 않는다. 하지만 아내는 가장 가까운 사이인 남편을 통해 이 공허감을 채우고 싶어 한다. 남편을 하나님 삼는 것이다. 아내는 남편에게 경제적인 공급뿐 아니라 정서적인 공급도 무제한으로 제공해 주기를 바란다. 어느덧 아내는 '바라는 배필'이 되어 버렸다.

욕심은 끝이 없어서 남편이 아무리 경제력 있어도, 아무리 자상해도 다른 사람들이 "정말 좋으시겠어요" 하고 칭찬하면 "한번 살아 보세요" 하며 불평한다. 채우고 채워도 공허감이 사라지지 않기 때문이다.

바라고 바라다 아내는 남편을 슬슬 가르치기 시작한다. 조종하려 드는 것이다. 경제권을 쥐기 위해서, 내 욕구를 충족하기 위해서 남편에게 이래라 저래라 가르친다. 그렇다고 공허감이 채워질까? 아니다. 결국 아내는 남편과 하나되기를 포기한다. 포기도 죄의 결과다.

●
죄의 결과 =
돕는 배필 ▶ 바라는 배필 ▶ 가르치는 배필 ▶ 포기한 배필

죄의 결과 = 돕는 배필 ▶ 바라는 배필 ▶ 가르치는 배필
▶ 포기한 배필

놀랍게도 우리의 이런 죄된 속성은 태초부터 시작되었다. 성경은 이렇게 말한다.

"또 여자에게 이르시되 내가 네게 임신하는 고통을 크게 더하리니 네가 수고하고 자식을 낳을 것이며 너는 남편을 원하고 남편은 너를 다스릴 것이니라 하시고"(창 3:16).

죄의 결과로 여성은 '남편을 원하고 바라는' 아내가 되어 버렸다. 남편의 지배 속에서 그에게 의존해야만 하는 존재가 되었다.

돕는 배필로의 부르심 회복

그렇다면 어디서부터 시작해야 할까? 하나님이 부르신 자리를 확인할 필요가 있다. 우리가 가정이라는 하나님의 계획 아래 들어와 있다면 이 말씀을 다시 한 번 기억해야 한다.

"여호와 하나님이 이르시되 사람이 혼자 사는 것이 좋지 아니하니 내가 그를 위하여 돕는 배필을 지으리라 하시니라"(창 2:18).

하나님은 아내를 '돕는 배필'로 부르셨다. 남편을 '돕는' 것이 아내의 역할(doing)이자 자리(being)다. 그런데 여기에도 오해가 있다. '돕는 자'라고 표현하니 조연인 것 같다. 있어도 되고 없어도 되는 존재인 것 같다. 하지만 결코 그렇지 않다. 여기서 '돕다'는 단어는 헬라어로 '에쩨르'다. '에쩨르'는 구약에서 하나님이 인간을 도울 때 사용한 단어다. 구약을 보라.

> "하나의 이름은 엘리에셀이라 이는 내 아버지의 하나님이 나를 도우사 바로의 칼에서 구원하셨다 함이더라"(출 18:4).

> "여호와께서 여기까지 우리를 도우셨다 하고 그 이름을 에벤에셀이라 하니라"(삼상 7:12).

> "여호와께서 내 편이 되사 나를 돕는 자들 중에 계시니 그러므로 나를 미워하는 자들에게 보응하시는 것을 내가 보리로다"(시 118:7).

하나님이 모세를 수동적으로 도우셨는가? 다윗의 삶에서 하나님은 조연이신가? 그분은 우리 인생을 이끄시는 주권자시다. 이처럼 남편을 '돕는' 아내의 역할도 결정적이다. 남편을 살리기도 하고 죽이기도 할 수 있는 자리다.

● '돕다'는 헬라어로 '에쩨르'다. '에쩨르'는 구약에서 하나님이 인간을 도울 때 사용한 단어다.

하지만 세상은 계속 여자는 남자보다 못하다는 거짓 메시지로 우리를 속인다. 여자는 남자보다 결코 수준이 낮은 존재가 아니다. 하나님은 여자도 온전히 하나님의 성품과 형상을 닮은 존재로 만드셨다.

> "하나님이 자기 형상 곧 하나님의 형상대로 사람을 창조하시되 남자와 여자를 창조하시고 하나님이 그들에게 복을 주시며 하나님이 그들에게 이르시되 생육하고 번성하여 땅에 충만하라, 땅을 정복하라, 바다의 물고기와 하늘의 새와 땅에 움직이는 모든 생물을 다스리라 하시니라"(창 1:27-28).

남자와 여자는 모두 하나님의 형상대로 창조된 존재(being)다. 하나님은 남자와 여자를 똑같이 만들지는 않았지만 '동등하게' 만드셨다.

게리 토마스는 《부부학교》에서 "창조의 순서를 보면 여자가 절정이다! 모든 창조는 갈수록 더 정교해지다가 마침내 여자가 등장한다"면서 재미나게 표현하자면 "남자는 흙으로 지었으니 '토기'요, 여자는 (아담의) 뼈로 지었으니 '본차이나'이다. 어느 것이 더 귀한가? 토기와 본차이나는 가격이 천지 차이다. 여자가 남자보다 훨씬 고가품이다"고 했다. 그는 또 "남자들이 알아서 할 테니, 여자들은 얌전히 옆에 앉아 응원이나 하라고 하지 않으셨다. 반대로, 하나님이 인류에게 이 땅을 다스리고 정복하고 관리하라고 주신 명령을 처음부터 여자도 함께 받았다. 여자는 공동 통치자다"고 했다. 세상을 다스리라는 명령은 남자뿐 아니라 여자에게도 주셨다. 남자 혼자서는 그 역할을 해낼 수가 없다.

우리는 하나님이 부르신 '돕는 배필'로 살아가기 위해 날마다 기도로 하나님 앞에 나아가야 한다. 이제 더 이상 남편에게 바라지 말자. 기대를 채워 주지 않는다고 원망하지 말자. 다만, 당신 앞에 놓인 상황에서 오늘 하루 남편을 어떻게 도와야 할지 하나님께 지혜를 구하자.

행복을 향한 나눔

당신은 지금까지 돕는 배필이었습니까, 바라는 배필이었습니까?

_____
_____

당신이 돕는 배필로서 가정에서 할 구체적인 역할을 써 보십시오.

_____
_____

하나님께 소망을 두라

많은 아내가 '돕는 배필'이 되지 못하고 남편에게 '바라는 배필'이 되는 것은 영적인 정체성을 잃어버렸기 때문이다. 자기 삶의 성패를 오로지 남편에게 두고 있기 때문이다. 게리 토마스는 《부부학교》에서 유진 피터슨(Eugene H. Peterson)이 《메시지》에 옮긴 고린도전서 7장의 한 대목을 인용하면서 이렇게 말했다.

"'네가 어디 다른 곳에 또는 다른 사람과 함께 있었으면 하고 바라지 말라. 지금 네가 있는 그곳이 하나님이 너를 두신 자리다. 바로 거기서 살고 순종하고 사랑하고 믿으라. 네 삶을 규정짓는 것은 하나님이지 네 결혼 여부가 아니다'(고전 7:17). 마지막 문장을 들었는가? 당신의 삶을 규정짓는 것은 하나님이지 당신의 결혼 여부가 아니다. 당신의 삶을 규정짓는 것은 하나님인가? 그럴수록 당신은 더 성공적으로 남편의 마음을 움직일 수 있다."

그는 결혼생활에서 경건한 변화의 주역이 되려면, 하나님과의 관계에 기초하여 자신을 규정짓는 자존감이 꼭 필요하다고 강조한다. 우리는 하나님과의 관계 속에서 자신을 발견해야 한다. 남편을 피난처로 삼아 봤자 소망이 없다. 성경은 하나님이 우리의 피난처임을 분명하게 말씀하고 있다.

40대 후반의 한 아내는 어머니학교를 통해 남편을 미워하고 무시하고 못마땅하게 여기던 지난날을 회개했다.

"내가 아픈 것도 남편 탓, 아이들이 잘못되는 것도 남편 탓이라고 생각했어요. 남편의 성실함은 쪼잔함으로, 검소함은 짠돌

이로, 순한 성품은 답답함으로 받아들였어요. 왜 그렇게 왜곡되어 있었는지…. 남편을 아버지 삼았기 때문인 것 같아요. 남편을 내 인생을 역전시켜 줄 존재로 여겼던 거죠. 하지만 그 기대가 이뤄지지 않으니 미워하고 분노했어요."

남편을 미워하고 헐뜯는 마음 이면에는 남편을 향한 강한 의존감이 존재한다. 많은 아내들이 이처럼 남편을 피난처 삼는다. 남편에게서 소망을 찾으려 하고 자신의 존재감을 찾으려 한다. 그래서 지나치게 남편의 능력에 의존하고 남편이 자신을 대하는 태도에서만 만족감을 찾으려 한다. 그래서 지나치게 헌신하다가도 한번 실망할 일을 만나면 무서운 배신감과 분노를 표출한다.

그러나 성경은 분명하게 말한다.

"너희 믿음과 소망이 하나님께 있게 하셨느니라"(벧전 1:21).

남편은 하나님이 아니다. 나와 똑같이 타락한 인간이다.

"당신의 미래는 한 타락한 남자에게가 아니라 하나님께 달려 있다. 당신의 안전은 남편의 월급이 아니라 창조주의 자상하신 섭리에 있다. 당신이 한 인간으로서 받는 수용은 남편이 청혼했을 때가 아니라 하나님이 당신을 입양하셨을 때 확실해졌다. 당신이 정말 남편을 사랑하고 남편에게 동기를 심어 주고 영향을 미치고 싶다면, 그 첫걸음은 하나님과 연결되는(그리고 계속 연결된 상태로 있는) 것이다. 당신의 피난처, 안전, 위로, 힘, 소망을 그분 안에서 찾으라"(게리 토마스,《부부학교》).

남편을 가정의 제사장으로 세워라

성경은 분명하게 가정의 질서를 언급한다.

"나는 너희가 알기를 원하노니 각 남자의 머리는 그리스도요 여자의 머리는 남자요 그리스도의 머리는 하나님이시라"(고전 11:3).

이것은 누가 잘나고 못나고의 문제가 아니라 하나님이 계획하신 가정의 질서다. 이 질서를 무시하지 않고 인정하며 순복하는 것이 돕는 배필의 사명이다. 남편은 우리 가정의 제사장이다. 아내는 남편이 가정에서 제사장으로 잘 설 수 있도록 '도와줄' 책임이 있다.

아내들이여, 여자를 남자보다 못한 존재라고 속삭이는 거짓 속삭임, 여자 인생은 남자에게 달려 있다는 세상의 잣대에 속지 말자. 하나님이 창조하신 본연의 신분을 우리의 영원한 신분증으로 삼자. 남편은 당신과 함께 이 불완전한 세상에서 가정을 세워 나갈 파트너일 뿐이다.

이제 소망은 하나님께 두고, 당신은 돕는 배필로서 남편을 격려하고 선한 동기를 심어 주라. 남편을 가정의 제사장으로 인정하고 세워 주라. 그것이 하나님이 계획하신 창조 질서를 회복시키는 아내의 자리다.

● 남편을 가정의 제사장으로 인정하고 세워 주라. 그것이 하나님이 계획하신 아내의 자리다.

행복을 향한 나눔

당신이 가장 힘들어하는 남편의 성격 중 바뀌었으면 하는 것은 무엇입니까?

_____
_____

남편을 가정의 제사장으로 세워 주기 위해 어떻게 하기를 원합니까?

_____
_____

돕는 배필 연습하기

서남 13기 ○○○

돕는 배필이라? 내가 과연 나의 남편을 도왔나? 의구심이 들었다. 천만에. 오히려 나를 돕지 않거나 나를 이해하지 않으면 안 되게 뇌구조를 변경한 뒤라 이 점을 고치기가 어려울 것 같았다. 그리고 아내의 사명에 대해 이야기할 때 남자들의 욕구를 보고 깜짝 놀랐다.

성적인 만족을 주는 아내: 헐! 우리 부부는 나이 차이가 좀 나서 이 부분은 랜덤이다.
여가 상대가 되어 주는 아내: 신혼 초에는 볼링, 테니스 등을 함께 즐겼는데 아이들 교육과 씨름하는 시기에는 소홀했던 것 같다.
깨끗하고 매력이 있는 아내: 이건 좀 평균은 넘는 것 같고.
내조, 살림을 잘하는 아내: 이것도… 평균은 넘을 것 같다.
마지막으로 칭찬해 주는 아내: 미쳐! 나는 욕바가지로 하는 아내다. 미안한 마음이다.

하지만 우리 조원들에게는 나의 남편을 존경하는 마음이 있다고 포장해 놓아서 그런 줄로 알고 있다.

　4주 차인 지난 밤 11시 45분에 남편이 "비빔국수가 먹고 싶네!" 했다. 어머니학교 입학하기 전에는 "주무셔~ 살쪄!" 했는데 슬그머니 부엌으로 가서 물을 끓이기 시작했다. 이렇게 순종하는 아내, 남편을 진심으로 돕고 존경하는 아내를 연습해 보았다.

 ● 남편에게 정성껏 편지를 써 보기 바랍니다.

사랑하는 당신께

싱가포르 7기 ○○○

당신을 알게 된 지 28년. 함께 가족을 이루며 산 것이 18년하고도 반년이 넘어가고 있네요. 우리는 세월의 흐름을 따라 갓 스물의 청년에서 무르익은 중년에 놓여 있고, 우리의 두 아이는 어느새 십대의 사춘기 청소년들, 우리 인생의 반을 훨씬 넘는 시간을 살고 있네요. 처음 만난 그 학창 시절이 오래전 같지 않고 결혼하여 함께한 시간 또한 그리 오래지 않은 것 같은데, 세월은 어쩌면 이렇게 빨리 흐르는 걸까요?

우리에게 남은 날들이 그리 길지 않을 수 있다는 생각에 정말 시간을 아끼며 또 소중히 여기며 살아야겠다는 생각이 다시금 드네요. 오랜 세월 한결같이 늘 친구로, 동반자로 내 곁에 있어 줘서 고마워요. 그리고 책임감 있는 아빠로서 묵묵히 살아 줘서 고마워요. 당신이 편하게 느껴질 때도 있었고, 어렵게 느껴지거나 당신의 강한 성격 탓에 위축될 때도 있었지만 요즘 들어선 당신도 많이 바뀐 듯싶어요(여전히 한결같은 것도 많지만). 그래서인가요? 당신을 그저 푸근한 마음으로 보듬고 싶은 생각이 많이 드네요. 당신도 혹 눈치챘는지 몰라.

여보! 우리가 가는 길이 험하고 거칠고 또 언제 해결될지 모르는 숙제도 안고 있지만 우리 힘내며 살아요. 좀 더 나이 들면 가장 좋은 게 부부라잖아요. 우린 다정한 노후를 보낼 수 있을 거예요. 힘들고 어려울 때 그 상한 맘으로 인해 서로 날카롭게 가시를 드러내면 가족은 어디에 마음을 둘지 몰라 피폐해질 수밖에 없고, 전 그것이 인생에서 최악이라고 생각해요. 그러니 정말이지 힘든 때일수록 서로 보듬고 다독여 주며 살아요. 꼭!

그리고 우리가 지금까지 신앙생활을 제대로 하지 못했는데, 이제라도 함께 찾도록 해요. 난 당신의 도움이 필요해요. 여보, 도와줘요. 늦었지만 난 흔들리지 않는 부모, 나침반 같은 부모가 되고 싶어요. 지금까지 나름대로 바르게 살려 노력했지만, 전 순간순간 등대를 찾지 못한 채 바다를 표류하는 배 같다는 생각을 하곤 했어요. 그래서인지 제겐 자신감도 없고 담대함도 없어요.

당신은 어떤가요? 당신은 일 속에서 존재감을 확실히 느끼며 살았을지 모르지만, 이제 인생의 후반기인 만큼 우리 좀 더 겸허하게 인생에 대해 깊이 성찰하며 살아요. 그리고 우리 아들이 자기 일 알아서 잘해 내리라 믿고 많이 격려하고 기다려 줍시다. 우리 딸은 나름대로 하고 싶은 일이 있으니 정신적으로나 물질적으로나 최대한 밀어 주어요. 다소 인생이 거칠지 모르지만 신은 나겠지요. 여보 말은 안 했지만 항상 고마워요~.

● 한결같이 당신을 사랑하는 당신의 아내가

잠언 31:10~31을
읽으십시오.

¹⁰누가 현숙한 여인을 찾아 얻겠느냐 그의 값은 진주보다 더 하니라 ¹¹그런 자의 남편의 마음은 그를 믿나니 산업이 핍절하지 아니하겠으며 ¹²그런 자는 살아 있는 동안에 그의 남편에게 선을 행하고 악을 행하지 아니하느니라 ¹³그는 양털과 삼을 구하여 부지런히 손으로 일하며 ¹⁴상인의 배와 같아서 먼 데서 양식을 가져 오며 ¹⁵밤이 새기 전에 일어나서 자기 집안 사람들에게 음식을 나누어 주며 여종들에게 일을 정하여 맡기며 ¹⁶밭을 살펴보고 사며 자기의 손으로 번 것을 가지고 포도원을 일구며 ¹⁷힘 있게 허리를 묶으며 자기의 팔을 강하게 하며 ¹⁸자기의 장사가 잘 되는 줄을 깨닫고 밤에 등불을 끄지 아니하며 ¹⁹손으로 솜뭉치를 들고 손가락으로 가락을 잡으며 ²⁰그는 곤고한 자에게 손을 펴며 궁핍한 자를 위하여 손을 내밀며 ²¹자기 집 사람들은 다 홍색 옷을 입었으므로 눈이 와도 그는 자기 집 사람들을 위하여 염려하지 아니하며 ²²그는 자기를 위하여 아름다운 이불을 지으며 세마포와 자색 옷을 입으며 ²³그의 남편은 그 땅의 장로들과 함께 성문에 앉으며 사람들의 인정을 받으며 ²⁴그는 베로 옷을 지어 팔며 띠를 만들어 상인들에게 맡기며 ²⁵능력과 존귀로 옷을 삼고 후일을 웃으며 ²⁶입을 열어 지혜를 베풀며 그의 혀로 인애의 법을 말하며 ²⁷자기의 집안일을 보살피고 게을리 얻은 양식을 먹지 아니하나니 ²⁸그의 자식들은 일어나 감사하며 그의 남편은 칭찬하기를 ²⁹덕행 있는 여자가 많으나 그대는 모든 여자보다 뛰어나다 하느니라 ³⁰고운 것도 거짓되고 아름다운 것도 헛되나 오직 여호와를 경외하는 여자는 칭찬을 받을 것이라 ³¹그 손의 열매가 그에게로 돌아갈 것이요 그 행한 일로 말미암아 성문에서 칭찬을 받으리라

묵상과 기도

우리 여성을 돕는 배필로 세워 주신 하나님 아버지,

하나님은 제게 귀한 남편을 주셨지만

제 안의 죄성과 상처로 인해 남편을 온전히 사랑하지 못했습니다.

뿐만 아니라 남편으로부터 모든 것을 채우려 했고

돕는 배필이기보다는 바라는 배필로 살아왔습니다.

하나님은 남편과 아내인 저를 다르게 창조하셨는데

저는 그것을 인정하지 않고 남편을 제 마음에 들게 바꾸려고 했습니다.

그래서 저는 너무 지쳤고 만족이 없으며 상처가 많습니다.

하나님 아버지, 이제는 하나님의 뜻을 따라

돕는 배필로 남편을 온전히 사랑하기를 원합니다.

하나님께 소망을 두고 남편을 가정의 제사장으로

세워 갈 수 있도록 지혜를 주십시오.

이제 남편과 함께 행복한 가정을 꾸리고

멋지게 나이 들면서 성장해 가게 하소서.

예수님의 이름으로 기도합니다. 아멘.

 Part 3

건강한 사랑을 베푸는
엄마가 되는 길

경건한 자녀 양육하기

일곱 번째 만남

성경은 우리를 구원에 이르게 할 뿐 아니라,
의로 교육하기에도 유익하게 한다.
따라서 성경을 묵상하며 그 속에서 자녀를 사랑하고
훈계하는 지침을 찾아야 한다.
이제부터 성경에 근거하여 자녀를 양육하고
사랑하는 법을 배워 보자.

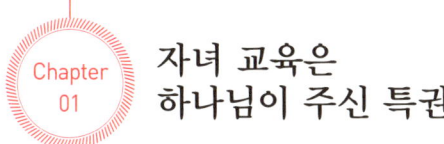

자녀 교육은 하나님이 주신 특권

"나한테 엄마라고 하지 마"

마냥 삶이 버겁기만 하다는 30대 엄마를 만났다. 남들보다 조금 일찍 결혼을 했고 급작스럽게 부모가 되었다. 아내로서, 엄마로서 전혀 준비가 안 된 상태에서 엄마 노릇은 당황스럽고 무거운 짐이었다. 남들은 자연스럽게 엄마가 되는 것 같은데, 그녀는 도통 엄마 노릇에 익숙해지지 않았다. 아이들이 커 갈수록 책임감은 더해 갔고 그럴수록 그녀의 행동은 엇나갔다.

"아이들이요? 짐이죠. 물론 키우다 보면 기쁠 때도 있죠. 하지만… 그 아이들이 내 삶으로 비집고 들어올수록 내가 없어지는 것 같아요. '엄마, 엄마' 하며 보채는 아이 목소리가 가장 듣기 싫어요."

'엄마'라는 소리가 꼭 '난 당신이 책임질 짐이라고요!'라고 말하는 것만 같다고 했다. 순간순간 올라오는 감정을 참지 못하고 아이들에게 소리를 질렀다.

"나한테 엄마라고 하지 마!"

아이들은 마치 "우린 짐이 아니에요"라고 항변하듯 더 매달렸다. 절대적인 의존 대상인 엄마로부터 거절당한 아이들은 얼마나 상처를 받았을까. 엄마 역시 아이들에게 소리 지르고 나면 이내 '나는 엄마 자격이 없다'라는 절망감에 시달렸다.

이 엄마 이야기를 들으며 마음이 참 아팠다. 하나님이 주신 태의 열매를 떼어 내고 싶은 혹으로 여기다니…. 아이를 키우는 일이 힘들긴 하지만 그런 만큼 즐겁고 기쁜 일이건만, 그 엄마에게서는 즐거움의 기운을 찾기 힘들었다.

의외로 많은 엄마들이 '엄마'라는 자리를 버겁게 생각한다. 그녀들에게 자녀는 무거운 짐일 뿐이다. 엄마가 감당해야 할 육아의 몫이 크기 때문이기도 하겠고, 과연 이 아이를 경제적 정서적으로 잘 뒷받침해 줄 수 있을까 하는 불안감 때문이기도 하다.

옛날에는 엄마들이 오히려 아이들이 자라는 것을 보며 생활고를 잊었다. 아이들은 팍팍한 생활에 웃음을 가져다주는 보물이자 재산이었다. 물론 요즘 엄마들이 느끼는 육아에 대한 부담감은 옛날 엄마들보다 더 무거울 수 있다. 옛날에는 엄마들이 김매는 밭에다 어린 아기를 풀어 놔도 잘 컸다. 아이들 곁에 할머니, 이모, 고모뿐 아니라 마을 어르신들도 있었다. 하지만 요즘은 오로지 엄마에게 육아가 맡겨진다. 친척들과는 뿔뿔이 흩어져 살고, 이웃사촌이라는 말도 무색한 시대이며, 날마다 학교에서 만나는 선생님들과는 예전처럼 친밀한 관계를 갖지 못한다.

엄마들은 '과연 우리 부모만큼 이 아이를 키울 수 있을까', '내 신랑만큼이라도 키워 낼 수 있을까' 하며 스스로 의구심을 갖는다. 거기에 날로 치열해지는 교육열까지 가세하니 더 부담스럽다. 너도나도 좋은 옷 입히고 좋은 학교에 보내고 과외를 시키는 것을 자식 자랑이라고 떠들어 대니, 경제적인 후원을 하지 못할까 봐 더 조바심을 낸다.

나는 엄마들에게 제발 10년 후를 걱정하지 말라고 당부한다. 엄마들이 하는 걱정의 대부분은 당장 일어나지 않는 일들이다. 돌쟁이 아기를 안고서 "영어 교육을 어떻게 시켜야 할까요?" 걱정한다. 유치원생 아이를 돌보며 "좋은 대학에 가야 할 텐데 어쩌지?" 하고 근심한다. 그 걱정과 근심의 무게가 얼마나 무거운지, 당장 눈앞에 주어진 행복과 즐거움을 모두 놓치고 만다. 얼마나 안타까운 현실인가.

사랑하는 아이를 위해 지금 내가 무엇인가를 할 수 있다는 것, 그것이 바로 엄마들에게 주어진 행복이다. 엄마라서 희생하는 게 아니라 엄마라서 더 행복할 수 있는 것이다. 하나님은 그 즐거움을 엄마들에게 주셨다. 신의진 소아정신과 교수는 "먼저 즐거워하고 나중에 힘들라"고 충고하기도 한다.

"아이가 밥알을 흘리면 짜증 내지 말고 혼자서 숟가락을 쥐고 움직이는 모습을 경이롭게 바라보라. 아이가 떼를 쓸 때는 버룻 잡는다고 혼내려고만 들지 말고, 아이를 번쩍 들고 놀이터에 나가 그네 타고 깔깔거리면서 신나게 놀아라"(신의진, 《나는 아이보다 나를 더 사랑한다》).

어디 그뿐인가. 우리는 아이를 낳아 키우며 하나님의 사랑을 경험하기도 하고 베풀기도 한다. 때때로 생명의 신비를 경험하기도 하고, 아이가 자람과 동시에 우리 자신도 성숙하고 발전한다. 아이를 키우며 하나님의 마음을 조금이나마 알아 간다는 것은 정말 크나큰 특권이다.

땅에 충만하고 번성하라

하나님은 말씀으로 수십억 명을 창조하실 수 있는 분이지만, 우리의 태를 통해 지금도 소중한 생명을 이 땅에 태어나게 하신다. 이 얼마나 영광스러운 일인가. 그것은 하나님이 주신 신비한 특권이다. 어머니학교에서는 자녀가 몇 명인지 묻고는 서로 "하나님을 도우셔서 O명을 창조하셨네요. 참 잘하셨습니다" 하고 인사를 한다. 우리 모두가 하나님의 창조 사역의 중요한 동역자인 것이다.

40대 중반의 한 스태프가 찾아와서 "본부장님, 기도 좀 해주세요" 했다. 그녀는 중3, 중1의 두 딸을 가진 엄마였다. 그녀는 뜻하지 않게 들어선 셋째 때문에 노산이라 힘들지 않을까, 아이는 이상이 없을까 염려하고 있었다. 아이 둘은 벌써 컸고, 남편의 사업도 힘든 상태였다. 셋째가 들어서서 한편으론 기뻤지만 경제적인 문제를 생각하면 고민스러웠다. 그녀는 강의가 끝난 뒤 하나님이 주신 선물이니 모든 염려를 그분께 맡기겠다며 기도를 부탁했다. 우리가 뭐라고 기도했겠는가? "이 아이를 지켜 주시고 보호해 주시고, 아이가 이 가정의 축복의 통로가 되게 해 주세요"라고 기도했다.

놀랍게도 3년 반 지나서 다른 교회에서 그녀를 다시 만났다. 우리 스태프들을 찾아와 "저, 기억하시겠어요?" 하고 묻는데 그 옆에 아이가 있었다. 우리는 단번에 그분을 기억했다. 그분은 아이가 너무 사랑스럽다며 감사의 고백을 했다.

"어머니학교 강의를 안 들었다면 복덩이를 짐 덩어리로 여겼을 텐데… 얼마나 다행인지 몰라요. 요즘 저희 가정에 생명력이 넘치거든요. 남편은 아이를 보면서 '내가 어떻게든지 열심히 살아야겠다'는 의욕을 가지고 일하고 있고, 그래서인지 남편의 사업도 잘 풀리고 있어요. 또 누나들은 방과 후면 바로 집으로 달려올 만큼 남동생이 태어난 걸 너무 기뻐해요. 집안에 생기가 돌아요. 이 아이가 없었으면 어쩔 뻔했나 싶어요."

하나님은 우리에게 "땅에 충만하고 번성하라"고 명령하셨다. 생명은 하나님이 주신 특권이다. 말라기 2장 15절에서 "경건

> 생명은 하나님이 주신 특권이다.
> "경건한 자손을 얻고자 하심이라"(말 2:15).

한 자손을 얻고자 하심이라"고 말씀하셨다. 그런데 우리 사회는 갈수록 출산을 꺼린다. 여성이 사회로 진출하기 때문에, 가정의 경제적 여건 때문에 아이를 포기하는 가정이 늘고 있다. 하지만 하나님의 생각은 인간의 생각과 다르다. 자녀는 삶의 성장 동력이며 희망 동력이다.

물론 어떤 이유인지는 몰라도 자녀가 없는 분들이 있다. 어머니학교에도 간혹 자녀가 없는 분들이 오신다. 다음은 어머니학교를 개설하기 위해 오신 개설 팀장님의 고백이다.

"어머니학교를 교회에서 개설한다기에 불임인 나와는 아무런 상관이 없는 프로그램이려니 했다. 그런데 목사님께서 내게 개설팀장을 맡기셨다. 한동안 머리가 복잡해서 '예'라는 대답을 나중에야 했다. 어머니학교에 참석한 것도 하나님이 내게 특별한 말씀을 하실 것 같다는 기대 때문이었다. 그런데 어머니학교를 수료한 후 생각이 달라졌다. 어머니란 단어가 나와 아무 상관이 없다고 생각했는데 꼭 내 몸에서 낳지 않아도 영적 자녀도 자식이고, 내 자신도 어머니라고 생각하게 되었다. 어머니란 단어의 의미가 얼마나 귀하고 감동이 되던지….

'주님 제가 어머니입니다. 주님 제가 열방의 어머니입니다. 앞으로는 상대방을 배려하며 노력을 필요로 하는 귀한 어머니 역할을 하려고 합니다.'"

아이를 낳지 못해도 우리는 경건한 자녀를 낳을 수 있다.

'어머니'라는 자리는 사랑을 흘려보내는 특권과 사명을 가진 자리다. 우리는 모두 사랑을 흘려보내야 하는 '열국의 어미'들이다. 세상에는 우리가 사랑해야 할 생명이 얼마나 많은지 모른다. 사랑한 만큼 그 인생이 커질 것이다.

가정에 대한 하나님의 계획

두 아이가 장성하여 우리 곁을 떠나 가정을 이루고 사는 지금, 나는 셋째, 넷째 자녀의 결혼 소식을 전하는 친구들이 정말 부럽다.

내가 아이를 낳아 기르던 30~40년 전만 해도 나라에서 '산아 제한' 정책을 폈다. 여러 형제들 사이에서 복닥대며 살아온 우리 세대만 해도 '딸, 아들 구별 말고 둘만 낳아 잘 기르자'는 가슴에 와 닿는 구호였다. 그런데 어떤 이유에서든 '둘만 낳으라'는 국가의 말 대신 "땅에 충만하고 번성하라"는 성경의 가르침을 따라 셋, 넷까지 낳은 친구들이 정말 부럽다. 지금 생각해 보면, 나라의 정책을 따른 것이 오히려 비애국적인 행동이 되어 버렸다.

현재 우리나라의 출산율은 세계에서 하위권에 속한다. 2010년 출산율이 1.23명에 그쳐 홍콩(1.07명), 싱가포르(1.11명), 대만

(1.15명) 같은 일부 아시아 국가를 빼면 가장 낮다고 한다.

지금도 이슬람권은 7~8명씩 아기를 낳는다. 이들은 결혼과 다출산 등 어떤 방식으로든 이슬람 인구를 늘려 이슬람 왕국을 건설하려고 한다. 선교 전문가들은 이슬람이 강하게 성장하는 것은 바로 '다산' 현상 때문이라고 입을 모은다.

우리는 자녀 출산과 양육을 하나님의 시각에서 바라볼 필요가 있다. 마더와이즈(mother wise) 사역을 하는 드니스 글렌은 그의 책《지혜》에서 이렇게 말한다.

"하나님은 남편과 내가 주 예수님의 생명으로 충만해지기를 바라신다. 하나님이 우리에게 자녀를 주신 목적은 이 땅에 그분의 생명을 담는 그릇이 더욱 많아지게 하려는 것이다. 그분은 하늘나라의 진리를 전할 가족을 찾고 계신다. 데이비드와 나 두 사람만으로는 그리스도를 위해 이 세상에 단지 어느 정도 영향을 미칠 뿐이다. 그러나 우리 자녀와 그들의 배우자와 손자 손녀들이 함께 그 일에 참여할 때, 하나님 나라를 확장시킬 사람이 더욱 많아진다. 이것이 각 가정에 대한 하나님의 계획이다."

생명을 보호하고 키우는 그 귀한 일에 나와 당신이 쓰임받고 있다. 부디, 하나님이 당신에게 주신 특권을 소홀히 여기지 않기를 바란다. 할머니가 되어 버린 내게도 셋째, 넷째를 낳아 키우는 엄마들이 대견하고 예뻐 보이는데, 하나님은 오죽하실까. 내가 낳아 키우는 아이는 내 소유가 아니라 다음 세대를 이끌 하나님의 일꾼이다.

    엄마들이여, 아이를 바라보며 당장 닥치지 않은 미래에 대한 걱정은 접어 두고, 지금 이 순간 허락하신 기쁨과 즐거움을 누리기 바란다. 또한 자녀 양육의 귀한 특권과 사명을 잊지 말기 바란다.

 행복을 향한 나눔

당신은 엄마로서 그동안 책임감과 특권 중 어느 쪽이 더 강했습니까?

_____

_____

 ## 마땅히 가르칠 것을 가르치라

사람 바로 세우기

아이들은 스스로 자란다고 하지만 낙관은 금물이다. 하나님의 선하신 계획이 있지만 그 계획을 무너뜨리려는 사탄의 공격 또한 거센 곳이 자녀 교육 부문이다. 그래서 자녀 교육은 절대로 만만한 일이 아니다.

간혹 자신이 보고 배운 것이 전부인 줄 알고 아이를 방치하거나 쥐 잡듯이 잡는 경우가 있다. 특히 자녀 교육이라 하면, 아이들의 버릇을 바로잡고 공부를 시키는 것으로 생각하는 엄마들이 있다. 자녀 교육은 그 이상의 것이다. 아이들은 그 어떤 학습보다 부모와의 상호작용을 통해 가장 많은 것을 배운다. 따라서 자녀 교육의 가장 기본 토대는 부모와 서로 감정을 나누고 기뻐하며 사랑하는 것이다.

간혹 자녀 교육을 일종의 애완동물 기르기처럼 여기는 경우도 있다. 그러나 아이는 부모의 만족을 위해서 존재하는 것이 아니라 엄연히 우리 다음의 역사를 써 나갈 역사적 인간이다. 고든 맥도날드(Gordon McDonald)는 가정에서 이뤄지는 교육을 '사람 바로 세우기'라고 표현했다.

"아내와 나는 그 작업을 '사람 바로 세우기'라고 부른다. 하나님께서 아이들을 지으신 애초 목적대로 자랄 수 있는 환경을 만들어 줌으로써 궁극적으로 하나님께 영광을 돌릴 수 있는 놀라운 기회, 이것은 부모의 만족을 위한 것이 아니라 인간을 존중하기에 행하는 것이다. 타인의 성장과 발전을 위해 온 정성을 다하는 행위를 말하는 것이다. 물론 그것을 하기 가장 좋은 곳은 가정이다"(고든 맥도날드, 《가정 엿보기》).

그렇다면 사람을 바로 세우기 위해 우리는 어떻게 해야 할까? 이제부터 성경에 근거하여 자녀를 양육하고 사랑하는 법을 배워 보자. 성경은 우리를 구원에 이르게 할 뿐 아니라, 의로 교육하기에도 유익하다. 따라서 성경을 묵상하며 그 속에서 자녀를 사랑하고 훈계하는 지침을 찾아야 한다.

질서의 하나님을 가르치라

하나님은 우리에게 자녀 양육을 의탁하셨다. 우리는 하나님의 자녀를 사랑하고 훈련시켜 하나님이 쓰시고자 할 때 내어 드리는 청지기다. 그래서 부모는 하나님의 권위를 대신하여 진정한 권위를 가지고 자녀를 양육해야 한다. 성경은 "마땅히 행할 길을 아이에게 가르치라 그리하면 늙어도 그것을 떠나지 아니하리라"(잠 22:6)고 말한다.

그렇다면 아이들에게 가르쳐야 할 '마땅히 행할 길'은 무엇일까? 나는 우선 '질서의 하나님'을 가르치라고 당부한다. 흔히 가정에서부터 사회성을 배운다고 하는데, 사회성이란 무엇인가? 나는 사회를 유지하는 질서를 배우는 것이라고 생각한다. 자녀에게 하나님이 정하신 질서, 곧 권위를 가르쳐야 한다.

자녀는 어릴 때부터 부모의 권위를 경험해야 한다. 그리고 부모의 권위에 순종하도록 가르침을 받아야 한다. 부모 공경과 순종을 배운 자녀는 나중에 하나님 아버지를 공경하고 순종할 줄 아는 복된 자녀가 된다. 성경은 "자녀들아 주 안에서 너희 부모에게 순종하라 이것이 옳으니라 네 아버지와 어머니를 공경하라 이것은 약속이 있는 첫 계명이니 이로써 네가 잘되고 땅에서 장수하리라"(엡 6:1-3)고 말한다.

이것은 "내가 부모니까 넌 무조건 순종해야 해" 하는 권위주의와는 다르다. 하나님은 우리에게 자유의지를 주셨다. 우리의 인격을 존중하신다는 의미다. 하나님과의 관계도 그렇고 부모와의 관계도 강요나 억압으로는 진정한 사랑의 관계를 맺을 수 없다. 자녀 양육에 있어 자녀의 인격과 자유의지를 존중하는 것

마땅히 가르칠 것
1. 하나님이 '너'를 창조한 창조주이심을 가르친다.
2. 가정의 질서를 통해 부모의 권위를 가르친다.

가족 체계 순위
1. 부부
2. 부모
3. 자녀

은 기본 전제다. 따라서 자녀에게 분노와 좌절감을 주고 있다면 양육 태도를 돌아봐야 한다.

성경은 부모들에게 "아비들아 너희 자녀를 노엽게 하지 말고 오직 주의 교훈과 훈계로 양육하라"(엡 6:4)고 당부한다. 성경적 훈계는 자녀에게 부모의 사랑과 함께 마음의 안정을 경험하게 한다.

오늘날의 문제 중 하나는 아이들이 가정에서 권위를 배우지 못한다는 것이다. 스승이나 부모의 권위를 인정하지 않고 무시한다. 아이들의 탈선과 범죄를 목격하고서야 뒤늦게 후회의 눈물을 흘린다. '사랑'한다는 핑계로 부모로서 역할하지 못했기 때문이다. 자녀에게 쩔쩔매며 "안 돼"라고 말하지 못한다면 당신은 지금 부모로서 자녀 교육의 책임을 유기하고 있는 것이다.

하나님의 사랑은 너그러우면서도 공의롭다. 하나님은 우리를 한없이 사랑하시면서 동시에 우리의 죄와 허물의 값을 다 치르셨다. 우리 역시 자녀들에게 따스한 사랑을 표현하고 전달하는 동시에 때로는 단호한 태도로 안 되는 것은 안 된다고 바르게 훈계해야 한다. 우리가 하나님의 권위에 순종하듯이 우리 역시 건강한 권위를 가지고 자녀를 양육해야 한다. 성경적 부모는 하나님의 거룩과 공의와 진리를 대신하여 자녀를 인도하는 것이다. 참된 권위를 경험한 아이들이 건강하고 바르게 성장한다.

●
"부모 여러분, 손을 써야 합니다. 빨리 손을 써야 합니다. 마귀가 우리의 자녀들에게 죄를 가르치기 전에 먼저 우리가 그들에게 하나님의 의를 가르쳐야 합니다."
— 구세군 창설자 윌리엄 부스

부부가 한뜻으로 훈계하라

자녀를 훈육할 때 특히 주의할 것이 있다. 부모가 한목소리를 내야 한다는 것이다. 어떤 일을 허용하고 통제할 때 엄마와 아빠가 다른 이야기를 하고, 할머니와 엄마가 다르게 가르치면, 아이는 혼란을 느낀다. 서로 의견이 언제나 같을 수는 없지만, 자녀 앞에서만큼은 두 목소리를 내지 않도록 주의해야 한다.

가령, 아빠가 자녀를 훈계하는데 엄마가 나서서 아이를 감싸고돌거나 엄마가 허용하지 않던 일을 아빠가 너무 쉽게 허용하면 아이는 옳고 그름을 판단하지 못하게 된다. 조부모가 자녀를 돌볼 경우에도 부모와 의견 충돌이 일어날 수 있다. 자기와 의견이 달라도 아이 앞에서는 조부모의 의견을 존중하는 것이 좋다. 그 자리에서 의견을 바로잡으려 들면 마음만 상하고 권위만 떨어뜨릴 수 있다. 의견을 바로잡으려면 아이가 없는 자리에서 조용히 훈육의 기준을 말씀드리고, 협조를 부탁해야 한다.

통제와 허용의 그래프

자녀 교육의 전문가인 이기복 교수가 강조하는 것이 있다. 바로 사랑과 훈계의 균형이다.

"사랑 없는 훈계는 자녀에게 상처와 분노를 가져다주는 반면에, 훈계 없는 사랑은 자녀를 그릇된 길로 가도록 해서 결국 자녀를 망치고 맙니다. 부모로서 내가 사랑과 훈계 중 어느 하나에 치우쳤는가를 점검해 볼 필요가 있습니다. 만일 이제껏 사랑만으로 자녀를 키워 왔다면 지금부터는 엄격한 훈계를 회복해야 합니다. 또 이제껏 훈계에만 치우쳐 있었다면 따스한 사랑의 마음을 하나님께 구하십시오."(이기복,《성경적 부모 교실》).

자녀의 나이가 어릴수록 허용의 폭이 좁아야 한다. 어린 시절에 부모의 권위와 그에 대한 순종을 배워야 한다. 그리고 커 갈수록 아이에게 허용과 선택의 폭을 넓혀 줘야 한다. 그런데 정반대의 양육 태도를 가진 부모들이 많다. 어렸을 때는 하고 싶은 대로 하게 놔두다가 갑자기 사춘기가 넘어가면 통제하기 시작하는 것이다.

1. 방임적 Abandoned
부모가 사랑도, 훈계도 전혀 주지 못한 경우.

2. 허용주의
(방임주의, Permissive)
훈계 없이 사랑만 주는 경우, 자녀는 이기적이고 책임감 없는 사람으로 자란다.

3. 권위주의 Authoritarian
부모가 자녀에게 따뜻한 사랑과 격려는 주지 않고 훈계만 하는 경우, 자녀는 위축되고 두려움이 많으며 자신감이 없고, 열등감, 분노를 갖게 된다.

4. 진정한 권위 Authoritative
부모가 가져야 할 바람직한 태도로 사랑과 권위가 모두 균형 있게 전달되는 경우다.

어린 시절에 지나친 허용은 위험하다. 그런 환경에서 자란 아이들은 건강하지 않다. 자기가 하나님인 줄 안다. 그러다 사춘기 때쯤 갑자기 통제를 받으면 분노가 폭발한다. 부모를 무시하고 함부로 행동하는 배은망덕한 사건의 대부분이, 부모가 방임형에서 갑자기 통제형으로 양육 태도를 바꿀 때 나타난다.

어렸을 때는 되는 것과 안 되는 것을 분명하게 가르치는 것이 중요하다. 아이가 스스로 본격적으로 자기 인생을 살아야 할 때부터는 허용의 폭을 넓혀야 한다. 사춘기 때는 마치 벤치에서 작전 타임을 불러 조언과 충고를 하는 코치와 같은 역할을 할 수 있을 뿐이다. 그러다가 독립의 단계에 들어서면 부모와 자녀의 관계는 선후배 혹은 친구와 같은 새로운 단계로 발전한다. 부모는 결국 자녀에게 항구가 되어야 한다. 배가 항구에 정착해 있을 때는 필요한 것들을 적절하게 공급해 주다가 어느 순간 떠나보내야 하는 것이다.

'대상관계 이론'에 따르면 사람은 36개월 이전에 모든 성격이 형성된다고 한다. 속담에도 '세 살 버릇 여든까지 간다'는 말이 있듯이 허용과 통제를 균형 있게 잘 사용해야 한다. 따스하게 사랑하되 바르게 훈계하며 자녀를 양육해야 한다. 그렇게 양육받은 아이가 건강하고 바르게 자란다.

• '대상관계 이론'에 따르면 사람은 36개월 이전에 모든 성격이 형성된다고 한다.

• "교육은 온유의 교실에서만 가능하다."
-페스탈로치

행복을 향한 나눔

어린 시절 부모님에게서 훈계받은 특별한 기억이 있다면 서로 나눠 보십시오.

_____

_____

자녀 교육에 대한 어떤 기준이나 철학이 있다면 서로 나눠 보십시오.

_____

_____

자녀를 훈계할 때 남편과 아내 중 누가 합니까? 또 어떤 방법으로 합니까?

_____

_____

Chapter 03 나는 어떤 유형의 엄마인가

권력형 엄마

"내 모습을 돌아보니, 엄마가 아니라 아이들의 매니저로 살고 있더라고요. 아이들 스케줄 관리는 기본이고, 해야 할 일을 정해 줘요. 내가 원하는 스케줄을 짜 놓고 아이들에게 '다 너희를 위한 거다' 으름장을 놓으며 움직이게 했죠. 심부름을 시켜 본 적이 없어요. 오히려 온갖 시중을 다 들어 줬죠."

어머니학교에서 만난 한 엄마의 고백이다. 헬리콥터처럼 항상 아이 주위를 맴돌며 모든 것을 챙겨 주는 '헬리콥터맘'이었던 것이다.

이런 유형의 엄마는 자녀의 삶을 자신이 계획해 줘야 한다는 착각에 빠져 아이의 일거수일투족을 훈계하고 지도하고 평가한다. 엄마의 울타리 안에 꽁꽁 가두어 엄마만을 의지하게 만든다. 심지어 대학에 진학한 자녀의 강의 스케줄을 짜고, 회사 이력서까지 챙겨서 넣어 주는 엄마들도 있다. 심지어 군대에 간 아들을 만나러 아침마다 면회를 가는 엄마도 있다.

이런 권력형 엄마의 품에서 자란 아이는 자기 인생을 스스로 살아가는 법을 배우지 못한다. 독립심과 책임감을 키울 수가 없다. 사회생활 능력이 떨어지는 것은 물론이다. 무슨 행동이든 엄마에게 잘잘못을 평가받으니 자신감도 없고 스스로는 아무것도 못한다고 생각한다.

사랑이라는 이름으로 자식이 다 컸는데도 아이 스스로 하지 못하게 누르는 것은 집착이다. 언제까지 엄마가 지시하고 명령할 수 있겠는가? 지금 당장은 아이를 위하는 것 같지만 결국 내 아이를 망치는 지름길이 될지도 모른다. 이제부터라도 아이가 스스로 원하는 것을 찾아가도록 엄마가 먼저 뒤로 한 발짝 물러나야 한다.

다섯 가지 유형의 엄마
1. 권력형 엄마
 · 과잉보호를 할 수 있다.
 · '너는 무능력하다'는 메시지를 준다.
2. 희생형 엄마
 · 아이에게 죄책감을 심어 준다.
3. 자기도취형 엄마
 · 완벽주의 형이다.
 · 아이가 자존감이 낮을 수 있다.
 · '너는 무가치하다'는 메시지를 준다.
4. 애정결핍형 엄마
 · 전문직 여성들이 많다.
 · 소아우울증에 시달리는 아이가 많다.
5. 온유하고 안정된 엄마
 · 좋은 어머니의 특징이다.

희생형 엄마

희생형 엄마들 역시 아이를 위해 할 수 있는 모든 것을 다한다. 보통 권력형 엄마처럼 군림하는 데 실패한 경우 희생형으로 전환한다. 이런 유형의 엄마들은 '자기 상실감'을 경험하기 쉽다. 자기 자신을 돌보지 않고 아이에게 매달리다 보니, 어느 사이 심한 허전함에 시달린다. 또한 은연중에 '내가 너를 위해 희생하고 있다'는 메시지를 주어, 자녀로 하여금 죄책감과 부담감에 시달리게 만든다. 그래서 나이에 걸맞지 않게 과도한 책임감을 느낀다.

특히 결혼을 하고 나서 문제가 불거지는 경우가 많다. 아들을 장가보내고 나서 "우리 아들이 나한테 이러면 안 되지" 하며 우는 엄마들이 있다. 아들 뒷바라지하느라 등골이 휘었는데, 결혼하더니 돌변했다고 하소연하는 것이다.

신혼부부반에서 만난 어떤 새신랑은 아내가 장모님만 오시면 설거지도 안 하고 이상하게 군다고 했다. 둘이 지낼 때는 요리도 잘하고 이야기도 잘하는데, 장모님만 오시면 전혀 다른 사람이 된다는 것이다. 알고 보니 아내는 친정엄마에 대해 묘한 죄책감을 가지고 있었다. 자기를 위해 고생한 엄마에게 자기 혼자만 행복해하는 모습을 보이기가 미안하다고 했다. 집에서는 잘하다가도 시어머니 앞에만 서면 아내를 타박하는 남편들도 있다. 아내에게 잘해 주는 게 엄마한테 미안하기 때문이다. 결국 희생형 엄마가 자녀 부부의 연합을 망가뜨리는 꼴이다.

이 유형의 엄마들은 자기를 위한 시간과 여유를 가질 필요가 있다. 자녀 교육은 평생토록 하는 역할이 아니다. 언젠가 자녀는 우리 품을 떠난다. 떠나보냄을 준비하는 것 역시 엄마의 몫이다.

자기도취형 엄마

자기도취형 엄마들은 보통 지나친 완벽주의자이며 자존심이 굉장히 강하다. 다른 사람들이 보기엔 아주 우아한 엄마다. 외부의 시선에 너무 민감해서, 아이가 다른 사람에게 피해를 주거나 듣기 싫은 소리를 들으면 못 참고 과민 반응을 보인다. 아이의 행동 하나하나에 주의를 줄 정도로 예민하다. 어쩌다 아이가 실수를 하면 그냥 넘어가지 못하고 마음에 들게 행동할 때까지 들볶는다.

이 유형의 엄마들은 자녀가 어지간히 공부를 잘해도 눈에 차지 않는다. 엄마 자신이 고학력자나 전문직 종사자들인 경우가 많아 아이들을 무시하기 일쑤다. 엄마 스스로 성취욕이 강해서 아이들의 작은 성공에 만족해하지 않는다. 모르는 사이에 아이들은 끊임없이 무가치하다는 메시지를 받을 수밖에 없다. 아이들은 존재 자체로 받아들여지고 인정받아야 하는데, 늘 행동과 결과로 평가받으니 주눅이 들고 급기야 분노로 폭발하게 되는 것이다.

뉴저지에서 만난 엄마는 세 살배기 아이에게 화를 참지 못했다. 자기도 모르게 분노가 폭발하여 때린 적도 있다고 했다. 자존감 테스트를 해보니 -40이 나왔다. 그런데 그 엄마의 부모님은 매우 훌륭하다는 평판을 듣는 분들이었다. 늘 단정한 옷차림에 붓글씨와 다도가 취미인 점잖은 분들이었다. 경제적으로도 넉넉했다.

그녀는 고고한 엄마 아빠의 명성에 폐를 끼치지 않으려고 종종거리며 살아야 했다. 거기에 자기보다 잘난 언니 둘까지 있었으니 그녀가 인정받기 위해 넘어야 할 산이 너무 많았다. 지나친 압박감과 좌절감에 시달리던 그녀에게 유일하게 만만한 대상은 세 살짜리 자기 아이였다. 아이에게 걸핏하면 분노를 폭발하는 이유였다.

엄마가 사회적으로 평판이 좋거나 성공한 경우, 아이들이 자기도 모르게 압박감에 시달리지 않는지 잘 살펴야 한다.

애정결핍형 엄마

애정결핍형 엄마는 지나치게 성취욕이 강한 타입으로 아이를 걸림돌로 여긴다. 보통 집안에서 충분한 사랑을 받지 못하고 자란 탓에, 부모에게 혹은 사회로부터 인정받기 위해 악착같이 살아온 엄마들이 많다. 엄마가 되고서도 온통 자기 몸을 치장하거나 무언가를 성취하는 것에만 관심을 둔다. 이들에게 아이는 무거운 짐이요, 떼 내고 싶은 혹이다. 육아를 회피하기 위해 직장으로 피하기 일쑤고 어쩔 수 없이 아이를 돌볼 때도 무관심으로 일관한다.

우리 며느리 동료 중에도 주말 근무를 자청하는 엄마가 있다. 주말이면 어쩔 수 없이 애를 봐야 하는 현실에서 도피하고 싶기 때문이다. 이런 유형의 엄마 밑에서 자란 아이들 마음에는 엄마의 자리가 점점 없어진다. 제대로 된 훈육을 받기도 힘들다. 아이는 안전하고 충분한 보살핌을 받지 못한 탓에 감정이 메마르고 관계를 잘 맺지 못한다. 또한 공격적인 성향을 갖기 쉽다.

온유하고 안정된 엄마

좋은 엄마는 자녀를 있는 그대로 용납하고, 자녀의 마음을 잘 읽어 준다. 특히 자녀의 감정에 공감하고 반응하며 지지해 준다. 아이 마음을 읽고 공감을 잘하는 엄마는 아무리 급하고 화가 나더라도 일단은 전후 사정을 살펴보려고 노력한다. 아이가 실수하거나 실패하면 잘잘못을 따지기 전에 아이가 속상해하지는 않는지 아이 마음을 먼저 살핀다.

부모가 아이 마음을 잘 읽고 반응해 주면 아이는 자신이 사랑받을 만한 가치가 있다고 여겨 자존감이 높아진다. 자라면서 이를 토대로 또래나 대인 관계에서 공감 능력을 발휘한다. 다른 사람의 말에 귀 기울일 줄 알고 마음을 헤아리는 사람이 된다.

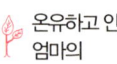

온유하고 안정된 엄마의 10가지 특징
1. 안전감, 안정감
2. 일관성 있는
3. 예측 가능한
4. 달래 주는
5. 품어 주는
6. 용납하는
7. 반응하는
8. 자극을 주는
9. 지지하는(칭찬)
10. 공감 능력이 있는(마음을 읽어 주는 것)

또한 좋은 엄마는 자녀를 늘 지지해 주고, 때로는 도전을 준다. 권위와 사랑을 균형 있게 사용하며 일관성 있게 아이를 대한다. 좋은 엄마는 아이를 있는 그대로 받아들이되 좀 더 발전하도록 돕는다. 그리고 무엇보다 조건 없는 하나님의 사랑을 간접 경험하는 통로가 된다.

당신은 어떤 유형의 엄마인가? 아이에게 문제가 생겼을 때 아이를 탓하기 전에 먼저 내 양육 태도에 문제가 있는 것은 아닌지 돌아보기 바란다. 엄마의 작은 변화가 해결점의 시작일 수 있다.

🍵 *행복을 향한 나눔*

위의 다섯 가지 유형 중에서 당신의 어머니는 어떤 유형의 어머니입니까?

_____
_____

나는 내 자녀에게 어떤 유형의 어머니로 비치고 있습니까?

_____
_____

묵상과 기도

사랑스런 자녀를 선물로 주신 하나님 아버지,

하나님께서는 우리 가정에 귀한 자녀를 선물로 주셨지만

하나님의 뜻을 따라 마땅히 가르쳐야 할 것을 가르치지 못했습니다.

주의 교양과 훈계로 가르치기보다

오히려 세상적인 방법으로 나의 욕심을 채우려 했습니다.

이런 나의 잘못된 사랑이 자녀에게

얼마나 큰 아픔을 줬는지 알게 되었습니다.

하나님 이제는 온유하고 안정된 심령의 어머니가 되어

자녀를 위한 축복의 통로가 되기를 원합니다.

우리에게 믿음과 지혜를 주셔서 하나님이 선물로 주신 자녀들을

하나님의 뜻을 따라 바르게 양육하게 하소서.

예수님의 이름으로 기도드립니다. 아멘.

여덟 번째 만남

잘못된 사랑을 받은 자녀는 늘 사랑에 목마르고,
자기 자신을 사랑할 줄 모르며,
하나님의 사랑에 대해서도 확신하지 못한다.
자녀는 부모에게서 무조건 사랑받는다는 확신이 있어야 한다.
부모가 변함없이 자신을 사랑한다는 믿음에 조금도
흔들림이 없어야 한다. 그런 조건 없는 사랑을 경험한
사람일수록 더 크게 성장하고 회복된다.

Chapter 04 잘못된 사랑이 자녀를 망친다

사랑이라는 이름으로

심리학자 매슬로(Abraham H. Maslow)의 이론에 따르면, 인간은 우선 가장 강하고 급한 욕구가 충족되어야 그 다음 상위 욕구가 순차적으로 생겨난다. 이를 자녀 교육에 적용하면 다음과 같다.

첫 번째 단계, 자녀는 부모에게서 음식과 물과 잠과 피부 접촉 등 생리적 욕구를 충족받아야 한다.

두 번째 단계, 생리적 욕구가 채워지면 비로소 위험으로부터 보호받고자 하는 안전과 질서와 안정성에 대한 욕구가 생겨난다.

세 번째 단계, 안전 욕구가 채워지면 사랑과 소속감에 대한 욕구가 생겨난다. 누군가에게 사랑받고 싶고 소속되고 싶은 욕구가 생기는 것이다.

네 번째 단계, 사랑과 소속에 대한 욕구가 충족되면 자신이 좀 더 가치 있는 존재로서 존중받으며 살고 싶은 자기가치감의 욕구가 생겨난다.

다섯 번째 단계, 자기가치감의 욕구가 충족되면 그 다음 자아실현의 욕구가 생겨난다. 자아실현의 욕구는 더욱 성장하고 싶은 욕구와 동기다. 이런 사람은 누군가 강요해서가 아니라, 능동적으로 자신을 더욱 발전시키려는 성장의 동기를 갖는다.

자녀가 행복한 삶을 살기 원한다면 부모로서 조건 없는 사랑과 가치감, 그리고 소속감과 같은 기본 욕구를 충분히 주어야 한다. 기본 욕구를 충분히 공급받은 자녀는 자신을 사랑할 줄 알고 그 사랑으로 다른 사람을 사랑할 줄 안다. 또한 스스로 노력하여 자신을 성장 발전시킨다.

그러나 사랑받지 못한 자녀는 늘 사랑에 목마르고, 자기 자신을 사랑할 줄 모른다. 다른 사람을 사랑하는 것에도 어려움을 겪으며 하나님의 사랑에 대해서도 확신하지 못한다.

많은 부모들이 자녀를 사랑한다고 생각하지만, 사랑에는 건강한 사랑과 잘못된 사랑이 있다. 애착이나 집착, 조종과 통제는 사랑이 아니다. 소유나 지배도 마찬가지다. 건강한 사랑은 상대방을 성장시키고 발전시킨다.

스캇 펙(Scott Peck)은 《아직도 가야 할 길》에서 "사랑은 자기 자신이나 또는 타인의 정신적인 성장을 도와줄 목적으로 자신을 확대시켜 나가려는 의지이며, 행위로 표현되는 만큼만 사랑이다"라고 했다. 또한 성 토마스(Saint Thomas)는 "사랑은 사랑하는 사람에게 가장 좋은 일과 선한 일들이 일어나도록 할 수 있는 모든 일을 합리적으로 다 해주는 것이다"고 말했다.

가족을 향한 당신의 사랑이 건강했는지는 당신의 남편과 아이들이 증명해 줄 것이다. 남편이 당신을 만나 성장했는가? 자녀들이 당신 덕분에 날마다 성장하고 있는가?

잘못된 사랑 1: 과잉보호 사랑

어떤 꼬마가 장난감으로 모형 집을 만들려고 한다. 그때 엄마가 옆에서 "혼자 집을 만들려고 하는구나! 옳지. 와, 잘했네" 하며 도와주고 격려해 준다. 그러면 아이는 '아, 나도 할 수 있구나' 하는 자신감을 갖는다. 그런 작은 성공의 경험을 통해 아이는 배우고 발전한다. "장난감 집도 혼자 만들었구나!" 하고 칭찬해 주고 격려해 주면 "나도 할 수 있어요" 하는 자신감 넘치는 아이로 자란다.

그런데 또 다른 엄마는 아이가 장난감 집을 만들려고 애쓰는 것을 못 본다. 그래서 옆에서 실수하지 않도록 조립해 주고 다 만들어 준다. 아이가 글짓기 숙제를 하고 있으면 엄마가 나서서 "이 문장은 이렇게 써야지, 아니 이건 문맥이 안 맞잖아" 해서 결국 엄마가 숙제를 다해 준다. 이것이 과잉보호 사랑의 전형이다.

지나친 희생과 보호는 아이를 망친다. 과잉보호를 받고 자란 아이는 스스로를 나약하고 무기력한 존재라고 느낀다. 때로 부모가 자신을 믿지 못한다고 생각한다. 인생은 어차피 실수와 어려움을 통해 배우는 것인데, 과잉보호는 부모가 그런 성장의 기회조차 빼앗아 가는 것이다. 화초도 자꾸 건드리면 시들어 버린다. 과잉보호는 아이를 자라지 못하게 한다.

자녀를 사랑한다면, 온실 속에서 키우지 말고 실수와 실패의 기회도 주어야 한다. 자녀가 평탄하고 안이한 길로 가기보다는 고난에 직면해서 이기는 길을 가도록 강하게 양육해야 한다.

무거운 물건도 들게 하고, 방학이면 배낭 메고 산에도 오르게 하고, 교회에서 멀리 봉사도 다녀오게 하라. 십대를 그렇게 보낸 아이들은 절대 다른 길로 빠지지 않는다. 스스로 어려운 과제를 해결할 수 있도록 격려하면 절대 게임이나 오락에 빠지지 않는다. 교회나 NGO 단체를 통해 아프리카나 동남아시아에 비전 여행을 다녀오게 하라. 아이들에게 삶의 의미와 보람과 목적을 찾을 기회를 주라.

우리는 자녀를 20년 동안 맡아서 키우다가 성인이 되면 하나님께서 쓰시도록 내어 드려야 한다. 당신의 자녀들은 당신의 소유가 아니라 하나님의 일꾼이다.

잘못된 사랑 2: 완벽주의 사랑

아이들이 나름대로 무언가를 해냈을 때, 잘한 것은 극소화시키고 못한 것은 극대화시키는 부모들이 있다. 그것이 완벽주의 사랑이다.

"엄마, 수학 문제 다 풀었어요."

아이가 자랑스럽게 방문을 열었다. 완벽주의 엄마 눈에는 뭐만 보일까? 미처 풀지 못한 다른 문제가 보인다.

"아니 이걸 문제라고 푼 거야? 이쪽 페이지는 건너뛰고 안 풀었잖아. 왜 한문은 안 했어?"

이런 일이 반복되면 아이는 '나는 항상 이 모양이구나' 하고 스스로 포기할 수밖에 없다. 도저히 자기 능력으로는 엄마의 기대에 못 미친다고 생각하기 때문이다.

"겨우 구구단을 다 외운 아이에게 '어떻게 이 어려운 구구단을 다 외웠니?' 칭찬해 주기보다 '6단을 그렇게 버벅대면 어떻게 해?' 하고 지적하는 엄마, 자기 딴에는 예쁘게 차려입고 외출하려는 아이에게 '그게 무슨 옷이냐? 머리도 안 빗었잖아' 하고 타박하는 엄마, 수학 시험에서 1등한 아이를 앉혀 놓고는 '지금 1등이 중요한 게 아니야. 고3까지 잘해야 한다'고 요구하는 엄마, 영어 100점 맞았다고 기뻐하는 아이에게 '이번 시험이 쉬웠구나? 100점이 몇 명이나 되는데?' 해서 들뜬 아이의 흥에 찬물을 끼얹는 엄마, 피아노 대회에서 멋지게 연주하고 내려오는 아이에게 '두 번째, 세 번째 줄에서 박자 틀렸다'며 지적부터 하는 엄마….

'21번 마디 코드 음정 나간 것 알아? 여기 업다운이야, 다운업이야? 다운업이지? 안 지켜! 비브라토 길게 뽑아야 하는데 왜 넓적하게 짚어서 안 해! 너 그 포지션이 3도가 맞아? 왜 한 번에 딱 못 짚어! A선에서 G선 옮길 때 아예 나 올라가요, 하고 광고를 해라. 광고를!'

이제 막 무대에서 내려온 아이에게 총알처럼 잔소리를 내뿜었던 것이 생각나서 울음으로 실신하기 일보 직전이었다. 어쭙잖은 완벽주의자이자 건방진 신앙인, 이것이 나의 진정한 모습이다."

위 고백은 어머니학교를 수료한 어느 엄마의 고백이다. 이 중에 당신의 모습이 있지 않은가? 아이에게 사랑이라는 이름으로 완벽을 요구하고 있는 건 아닌지 돌아봐야 한다.

완벽주의 엄마는 어떤 일에든지 "더욱 잘해야 한다", "최선을 다해야 해", "조금만 더 잘하면 좋겠어" 하고 끊임없이 요구한다. 격려와 인정은 아주 슬쩍 하고 "그건 잘했다, 그런데…"라고 후렴 부분을 강조한다.

그런 부모 밑에서 자란 자녀는 부모의 만족과 인정, 칭찬과 격려에 굶주려 있다. 처음에는 최선을 다해 부모의 기대에 다다르려고 노력한다. 하지만 점점 힘에 겨워 결국 '나는 안 돼. 부모님을 기쁘게 해 드리는 것은 불가능해' 하고 자포자기한다. 때로 분노를 느끼기도 한다.

어머니학교에서 만난 한 집사님이 딸아이가 보낸 편지를 보여 주었다.

"사랑하는 엄마, 엄마에게 늘 감사드려요. 요즘 엄마 얼굴이 많이 달라진 것 같아요. 그래서 엄마와 편하게 전화할 수 있어 참 좋아요.

사랑하는 엄마, 제가 대학교 다닐 때 학교 근처 식당으로 찾아와 갑자기 제 발을 씻겨 주겠다고 했을 때 정말 당황스러우면서도 한편으론 기뻤어요. 고등학교 2학년 때 뚱뚱한 제 몸매가 무척이나 싫었는데… 통닭을 먹고 있는 저한테 엄마는 밖에서 들어오자마자 '저러니 뚱뚱하지…' 하며 잔소리를 하셨어요. 그래서 제가 화가 나서 제 방으로 문을 '꽝' 닫고 들어가자 '문 열어!' 하며 소리소리 질렀지요. 제가 문을 안 열자 엄마는 결국 망치를 가져와서 문을 열고는 저를 야단쳤어요.

저는 그때 '엄마가 믿는 하나님을 절대로 믿지 않을 거야. 고등학교만 졸업하면 기숙사가 딸린 학교에 가서 엄마와 헤어져 살리라' 결심했어요. 그리고 마음의 문을 닫았어요.

이런 저한테 엄마는 세족식을 해야 한다며 세 번씩이나 찾아와 제 앞에 무릎을 꿇었죠. 그때 나는 집에서도 엄마 보기 싫어 일부러 도망쳐 왔는데 이곳까지 와서 왜 귀찮게 하냐고 울부짖

었죠. 그러자 엄마는 제 발을 씻기면서 미안했던 일들, 고마웠던 일들을 이야기했고, 그때 제 안에 있던 모든 미움이 떠나갔어요.

어렸을 땐 늘 저를 못마땅하게 여기는 엄마를 기쁘게 해드리려고 노력했지만 그때마다 엄마의 싸늘한 시선만 확인할 뿐이었죠. 그것이 얼마나 아프던지, 엄마한테 사랑받기 어렵겠다고 생각했어요.

그런데 늘 당당하던 엄마가 눈물을 흘리며 제게 미안하다고 했을 때, '엄마가 나를 이렇게 사랑하고 있구나' 하는 걸 느꼈고, 엄마 마음을 알겠더라고요. 이제 저도 노력할게요. 엄마 사랑해요. 이제 엄마의 근심 걱정덩어리가 아니라 자랑스러운 딸이 되도록 노력할게요.

엄마 사랑해요. 엄마의 큰딸 드림."

이 딸은 그 후로 대학을 졸업한 뒤 해외에서 공부하고 있다. 가끔 전화해서 안부를 묻는 딸을 자랑하는 집사님의 얼굴이 행복해 보였다.

참사랑: 무조건적인 사랑

자녀는 부모의 칭찬을 먹고 자란다. 특히 사춘기 자녀들에게 아버지의 격려와 칭찬은 대단한 힘을 발휘한다. "자랑스럽다, 우리 딸"이라는 한마디가 자녀를 변화시키는 것이다.

아버지학교에서 '우리 자녀가 사랑스러운 이유 20가지'를 써 오라고 했더니 어떤 아버지가 "자랑스러운 구석이 있어야 쓰지요" 했다. 사춘기가 한창이라 반항심이 하늘을 찌른다며 오히려 하소연을 했다. 그래도 한번 써 보라고 하자 하는 수 없이 펜을 들더니 순식간에 20개를 넘겼다.

"1번 건강하니까, 2번 밥 잘 먹어서, 3번 명랑해서, 4번 아빠가 집에 들어갈 때 문 열어 줘서, 5번 콧노래 부를 때, 6번 뒤뚱뒤뚱 걸어가는 뒷모습이 귀여워서…."

집에 가서 작성한 카드를 딸아이에게 주면서 "네가 내 딸이라서 자랑스럽다"고 말했다. 딸아이는 조금 놀란 눈치더니 그 뒤로 조금씩 태도가 바뀌기 시작했다는 것이다.

그것이 우리의 사랑법이다. 사랑스러워서 사랑하는 게 아니라 사랑스럽다고 하면 사랑스러운 자녀가 되는 것이다. 자랑스럽다고 하면 자랑스러운 자녀가 되는 것이다. 이 말을 듣고도 "나는 우리 아이가 자랑스럽기는 하지만…" 하고 자꾸 단서가 붙으면 완벽주의 부모일 가능성이 크다. 자녀가 얼굴이 못났더라도, 성적이 좀 떨어지더라도, 덤벙대고 장난꾸러기여도 "무조건 난 네가 자랑스러워"라고 말할 수 있으면 다행이다. 당신은 준비가 되어 있다.

드니스 글렌은 그의 책《지혜》에서 이렇게 말했다.

"엄마가 자녀에게 줄 수 있는 세 가지 큰 선물은 조건 없는 사랑의 '담요'와 훈육의 '회초리'와 하나님의 말씀인 생명의 '떡'이다. 이런 선물들은 평생에 걸쳐 자녀들에게 남을 것이다. 아이는 당신이 언제까지나 무조건 사랑해 주기를 바랄 것이다. 사랑을 받은 자녀는 부모의 훈육을 받아들일 수 있다. 훈육을 받은 자녀는 하나님의 말씀을 받아들일 수 있다."

절대적인 사랑만큼 자녀들의 영혼에 필수적인 영양분은 없다. 하나님은 오늘 아침 나를 보며 어떤 마음이셨을까? "이런 점은 괜찮은데, 이런 건 좀 맘에 안 든다"고 하셨을까? 그렇지 않다. 지금도 하나님은 당신을 보며 기쁨을 이기지 못하신다. 사랑스러워서 어쩔 줄 모르신다. 하나님의 눈으로, 하나님의 마음으로 자녀를 바라보게 되길 바란다.

> "엄마가 자녀에게 줄 수 있는 세 가지 큰 선물은 조건 없는 사랑의 '담요'와 훈육의 '회초리'와 하나님의 말씀인 생명의 '떡'이다.
> —드니스 글렌

🍚 행복을 향한 나눔

자녀를 지나치게 훈계했거나 또는 훈계해야 할 때 훈계하지 않아서 후회하는 것이 있다면 함께 나눠 보십시오.

● 자신에게 해당되는 항목에 ∨체크하세요.

항 목	체크
1. 나는 자녀의 말을 집중해서 듣는다.	
2. 나는 머릿속으로 다음 할 말을 생각하지 않는다.	
3. 나는 자녀가 충분히 자신을 표현하도록 인내심을 가지고 기다려 준다.	
4. 나는 중간에 자녀의 말을 끊거나 가로채지 않는다.	
5. 나는 자녀의 말이 이해되지 않을 때 다시 묻고, 확인한다.	
6. 나는 자녀가 말할 때, 하던 일을 멈추고 시선을 맞춘다.	
7. 나는 자녀의 말에 적극적으로 반응하고 맞장구쳐 준다.	
8. 나는 자녀가 표현이 부족해도 진정한 의도와 마음을 파악하려고 애쓴다.	
9. 나는 자녀가 유치한 말을 해도 웃지 않는다.	
10. 나의 자녀는 마음이 답답할 때 나에게 마음을 털어놓는다.	
점수	

(※ 총 100점 만점 중에서 체크한 항목 개수×10점이 점수입니다.)

Chapter 05 자녀를 자랑스러워하라

"나는 네가 너무 좋아!"

내가 참 좋아하는 엄마가 있다. 그분에게는 늘 성적이 상위권인 딸과 중간 정도 유지하는 아들이 있다. 어느 날 문득, 그녀는 자신이 너무 성적에 연연해하는 것 같다고 생각했다. 늘 상위권을 유지하는 딸에게는 크게 잔소리할 일이 없는데, 성적이 오르락내리락하는 아들한테는 자꾸 잔소리를 하게 되는 것이다. 성적이 올라도 만족스럽지 않고, 떨어지면 떨어지는 대로 닦달했다. 그녀는 어머니학교에서 배운 대로 태도를 바꿔 보기로 마음먹었다. 중학생인 아들이 중간고사를 망쳤다고 속상해하기에 아들을 불러 앉히고 말했다.

"우리 아들, 수고했네. 성적이 떨어질 때도 있고 오를 때도 있는 거지. 길게 봐야지. 엄마가 너 공부 잘해서 사랑했나? 공부를 잘하든 못하든 엄마는 널 사랑해."

아들이 '이 말을 믿어, 말어?' 하는 표정으로 엄마를 쳐다봤다. 문제는 그 다음이었다. 기말고사 성적이 좀 올랐으면 좋았으련만, 더 떨어졌다. 성적표를 보는 순간, 속에서 부글부글 끓어올랐다. 마음을 가다듬고 웃으며 일부러 더 다정하게 말했다.

"우리 아들, 성적이 더 떨어졌네? 아이고, 그래도 사랑해. 엄마한테는 네가 최고야."

이왕 마음먹었으니 제대로 해보자 싶어 그때부터 아들이 실수를 해도 '그래도 엄마가 사랑한다'는 메시지를 주었다. 그러자 다음 학기에는 더 떨어진 성적표를 자랑스럽게 들고 나타났다.

"엄마! 성적표 나왔어요. 근데 저 시험 못 봤다고 야단치지 마세요. 우리 반 평균보다 1점씩이나 높아요."

자신 있게 말하는 아들 녀석을 보면서 속으로는 '뻔뻔하기도 하지. 시험 전날에도 9시부터 자고, 수학은 눈으로 문제를 풀고, 공부하라면 공부할 게 없다고 큰소리치더니…' 하며 퍼부어 댈 말이 들끓었다. 순간, 그녀는 무조건 격려하고 칭찬하는 것이 아이를 망치는 건 아닌지 불안했다. 하지만 일단 어머니학교에서 배운 대로 하기로 마음먹었다. 이렇게 아들 녀석은 중학교 3년 내내 성적과는 너무 자유로운 영혼으로 당당하게 지냈다. 그러면서도 컴퓨터 게임을 할 때는 놀라운 집중력을 발휘했다. 그녀는 아들이 10분만 책상에 앉아 있어도 "한 과목만 너무 열심히 하지 말고 골고루 열심히 해야지" 하고 그보다 더 오래 앉아 있으면 "아휴 울 아들 큰 결심했네! 넌 근성이 있으니까 잘할 거야"라고 격려했다.

아들 친구들은 성적이 떨어지면 집에 들어가기 싫어 PC방으로, 노래방으로 전전한다고 했다. 하지만 아들은 '성적이 떨어져도 우리 엄마는 나를 사랑해. 나를 자랑스러워해' 하는 강한 확신을 가지고 있었다. 그녀도 성적이 떨어졌다고 실망하고 방황하지 않고 엄마에게 달려와 준 아들에게 고마워했다. 이젠 정말 진심으로 아들을 끌어안고 "어떡하지. 나는 네가 너무 좋아!"라고 말해 주었다. 인내는 쓰고 그 열매는 달다고 했던가. 아들은 고등학교에 입학한 뒤 스스로 자기 할 일을 찾아서 열심히 공부하게 되었다.

자녀에게 주어야 할 참사랑은 조건 없는 사랑이다. 자녀의 성적이나 외모, 조건과 상관없이 존재 자체를 그대로 소중히 여기며 사랑하는 것이다. 자녀가 사랑스럽지 않은 상황에서도 사랑하는 것이다. 자녀 자체를 기뻐하며 행복해하는 것이다.

우리는 조건부 사랑에 너무 익숙해 있다. 공부 잘하면 칭찬받고, 유능하면 그 대가를 보상받고, 외모가 뛰어나면 사랑받는 것이 세상의 문화다. 이런 세상 문화에서 우리도 모르게 자녀에게조차 조건부 사랑을 하게 되는 것이다. 공부를 잘해야 칭찬해 주고, 성적이 올라야 용돈을 주고, 조금 못났다 싶은 자녀는 남들 앞에서도 부끄러워한다.

하지만 자녀는 부모에게서 무조건 사랑받는다는 확신이 있어야 한다. 내가 공부를 못해도, 얼굴이 못생겼어도, 실수를 해도 부모가 변함없이 자신을 사랑한다는 믿음에 조금도 흔들림이 없어야 한다. 그런 조건 없는 사랑을 경험한 사람일수록 강한 동기부여를 받아 더 크게 성장하고 회복된다.

건강한 자아상

부모의 참된 사랑을 통해 자녀가 얻는 가장 큰 선물은 건강한 자아상이다. 위에서 말한 그 엄마의 아들을 직접 본 적이 있다. 어찌나 밝고 긍정적인지 누가 봐도 그 아이의 자아상은 건강했다. 누나보다 공부는 못하지만, 늘 두려움 없이 새로운 일에 도전했다. 다른 나라 언어를 배우고 지구촌 곳곳에 다니며 전도와 봉사에도 힘썼다.

하버드대학 교육학과의 조세핀 킴(Josephine Kim) 교수는 "자존감은 성공하는 삶을 살아가는 데 꼭 필요한 요소이며, 자존감의 핵심은 자기 가치와 자신감"이라고 말했다. 숙명여자대학교 교육학부 송인섭 교수는 "자존감은 모든 행동의 근원이 되는 핵심적인 인간 행동의 특성"이라고 말했다.

자녀에게 자아상을 심어 주는 사람은 부모다. 부모의 말 한마디가 자녀의 자아상을 심하게 왜곡시킬 수 있다. 부모의 불만

> 부모의 참된 사랑을 통해 자녀가 얻는 가장 큰 선물은 건강한 자아상이다.

> "자존감은 성공하는 삶을 살아가는 데 꼭 필요한 요소이며, 자존감의 핵심은 자기 가치와 자신감이다." –조세핀 킴

스러운 표정과 말에 자녀는 '나는 사랑받을 자격이 없구나, 모두가 나를 싫어하나 보다' 하는 부정적인 메시지를 전달받는다. 그런 아이들은 어디에 가든지 눈치를 보고 사랑받으려고 안간힘을 쓴다. 그러다가 자포자기해서 마음에 열등감과 무력감, 수치심과 분노와 같은 상처를 지니게 된다. 그 상처는 대인관계를 어렵게 하고 하나님께 나아가는 것도 방해한다.

아이에게 긍정적인 자아상을 심어 주기 위해 노력하라. '나도 너를 귀하게 여길 뿐 아니라, 다른 사람도 너를 좋아할 것이며, 누구보다 하나님이 너를 정말 사랑하신다'는 메시지를 끊임없이 주어야 한다. 그러면 아이는 스스로 '귀하고 사랑스럽다'고 굳게 믿으며 건강한 자아상을 갖게 된다. 특히 유아기 때가 중요하다. 전문가들은 유아기 때 자존감의 기본 틀이 형성된다고 말한다. 그때 만들어진 자존감을 토대로 아이가 평생을 살아간다는 것이다.

긍정적인 자아상을 갖기 위해 필요한 요소로 소속감, 가치감, 자신감을 꼽는데, 이 모두가 안정된 가정에서 얻을 수 있는 것들이다. 말로 가르쳐서 습득하는 것이 아니라 부모의 삶의 태도를 통해 체득한다. 서로 사랑하며 하나된 부모 밑에서 자란 아이는 저절로 소속감을 갖는다. 소속감이 있는 아이는 사회성이 발달한다. 또한 부모의 따뜻한 양육 태도는 아이에게 스스로 가치 있는 존재라고 믿게 만든다. 이런 아이는 도덕성이 발달한다.

소속감과 가치감을 가졌다면 자신감은 저절로 따라온다. 어떤 일이든지 창의성 있게 해 나갈 수 있는 힘을 얻는다.

그래서 자아상이 긍정적인 아이는 대인관계가 좋고, 자신감이 있으며, 실패를 두려워하지 않는다. 그런 아이는 부모를 떠나 홀로 세상을 헤쳐 나갈 힘이 있다. 단점을 장점으로 극복하고 어려운 일을 만나도 열심히 노력한다.

공부 못하는 딸이 부끄러운가? 시시한 대학에 들어간 아들이 창피한가? 하나님 아버지가 우리를 무조건 사랑해 주시듯, 이제부터 하나님의 시각으로 당신의 자녀를 바라보라. 당신에게 주신 아이들을 축복하고 자랑스러워하라. 아이들의 마음에 긍정의 씨앗, 믿음의 씨앗, 사랑의 씨앗을 심어 주라. 그 씨가 싹이 나고 열매 맺을 때까지는 약간의 시간이 필요할 것이다. 하지만 반드시 그 열매로 인해 기뻐할 날이 올 것이다. 믿음은 현재를 보는 것이 아니라 미래를 보는 것이다.

아홉 번째 만남

엄마로서 자녀에게 줄 수 있는 최고의 선물은
아버지를 긍정적으로 바라보게 하는 것이다.
아버지에 대한 이미지는 자녀가 살아가는 데 굉장히
중요하게 작용한다. 우리는 성령님을 통해 하나님 아버지를
가까이 느끼는데, 가정에서 엄마가 그런 역할을 하는 것이다.
엄마는 아버지와 자녀 사이에서
쿠션 역할을 하는 가정의 보혜사다.

경건한 자녀 양육하기

표현해야 사랑이다

엄마의 말 한마디가 아이를 살린다

사랑은 반드시 표현되고 전달되어야 한다. 마음속에 사랑을 가지고 있어도 표현하지 않으면 자녀는 사랑을 전혀 느끼지 못한다.

먼저 우리는 말로 사랑을 표현할 수 있다. 엄마의 말 한마디가 아이를 살리기도 하고 죽이기도 한다. "내가 너 때문에 못 살아"라든가 "꼴도 보기 싫다", "실수할 줄 알았다", "뻔하지 뭐" 등 부정적인 말을 듣고 자란 아이는 자기를 긍정적으로 받아들이기 어렵다. 아무리 엄마 마음속에 사랑이 있다 해도 아이가 그 사랑을 느끼기는 쉽지 않다.

반면 "네가 엄마 아빠 딸(아들)이어서 정말 고맙다"라든가 "엄마는 너만 보면 참 좋다", "정말 사랑스럽다", "못해도 괜찮아, 틀려도 괜찮아" 등 긍정적인 말을 듣고 자란 아이는 안정감과 소속감을 느낀다.

● 표현되지 않는 사랑은 사랑이 아니다.

🌱 자녀들이 부모에게서 듣고 싶은 말
1. 사랑해(38.4%)
2. 용돈 줄까?(28.2%)
3. 엄마와 아빠는 너를 믿어(11.0%)
4. 놀아라(11.0%)
5. 괜찮아, 넌 할 수 있어(6.0%)
6. 우리 아들(딸)이 다 컸네(4.7%)
_2009년, 서울시 아동복지센터

자녀들이 부모에게서 듣기 싫은 말
1. 공부 좀 해래(29.7%)
2. 친구 아무개 반만 닮아라(22.5%)
3. 너는 왜 그렇게 생각이 없니?(15.9%)
4. 몇 번을 말해야 알아듣겠니?(14.3%)
5. 나중에 뭐가 될래?(10.4%)
_2009년, 서울시 아동복지센터

장성한 아이에게는 문자 메시지나 이메일을 활용할 수도 있다. 가끔 직접 편지를 쓰는 것도 좋다.

딸과의 갈등 때문에 힘들어하던 엄마가 있었다. 장성한 아이는 엄마와 눈도 마주치지 않으려 했다. 어머니학교 숙제로 '내 자녀가 사랑스러운 이유 20가지'를 적었다. 하지만 갈등이 극에 달해 있던 때라 엄마는 그 편지를 건네지 못했다. 그런데 어느 날부터 딸이 달라지기 시작했다. 엄마와 눈도 마주치고 밥상에도 함께 앉았다. 늦으면 늦는다고 연락도 했다. 그렇게 조금씩 관계가 풀리던 어느 날, 딸이 멀리 여행을 가게 되었다. 여행 가기 전날, 딸과 두런두런 이야기를 나누다가 깜짝 놀랄 사실을 알았다.

몇 달 전, 서로 갈등하던 그때, 딸이 우연히 엄마 책꽂이에서 엄마가 쓴 '내 자녀가 사랑스러운 이유 20가지'를 발견한 것이다. 그걸 읽으며 혼자 펑펑 울었다고 했다. '엄마가 나를 사랑하는구나, 엄마가 나를 참 좋아하는구나' 하는 생각이 들었다고 했다. 그때부터 그 편지를 수첩에 넣어 가지고 다니며 마음이 힘들 때마다 읽어 본다고 했다.

그 이야기를 들으며 이번에는 엄마가 울었다. 그리고 딸에게 용서를 구했다. 그동안 충분히 표현하지 못해서 미안하다고, 엄마 욕심 때문에 힘들게 해서 미안하다고, 엄마의 상처를 고스란히 표출해서 미안하다고.

이처럼 그동안 서로 마음에 상처가 있었더라도 지속적인 사랑의 교감은 '교정적 감정 체험'을 하게 한다. 자녀가 사랑스러운 이유를 써 본 엄마들은 새로운 눈으로 아이를 바라보게 된다. 새삼 자기 안에 있는, 아이를 향한 사랑의 마음을 발견한다. 그동안 무뚝뚝하게 대하던 시간들을 후회하고 미안해한다. 늦지 않았다. 지금부터라도 자녀에게 긍정적인 말, 살리는 말, 믿음의 말을 하라. 처음에는 어색해할지 몰라도 곧 스펀지처럼 엄마 마음을 빨아들일 것이다.

어머니학교에서 자녀들에게 "엄마는 너를 사랑해. 엄마가 너를 아프게 해서 미안해. 엄마를 용서해 줄래?"라는 문자를 일제히 보내게 했다. 아이들에게 온 답장 문자가 제각각이었다. "엄마 저도 사랑해요. 이미 다 용서해 줬어요." 이건 좀 큰 아이들한테서 온 문자였다. "엄마, 또 뭔가에 필 받으셨군요! 저를 실습 대상으로 삼지 마세요!ㅋㅋ" 이건 좀 오래된 스태프의 딸한테서 온 문자였다. 이 딸과는 회복이 되어서 이런 농담도 주고받는 사이가 되었다. 중·고교생인 아들들한테서는 보통 단문이거나 한 글자인 "응", "알았어요", "ㅇㅋㅇㅋ" 등이었다.

● '사랑은 짧은 기억을 갖고 있다'는 말이 있다. 사랑은 계속 상기시켜 주지 않거나 계속 표현해 주지 않으면 식어 버린다.

🍯 행복을 향한 나눔

내가 어머니로부터 자주 듣던 말은 어떤 것들입니까?

_____

_____

자녀에게 지금 당장 '자랑스러운 ○○, 엄마가 널 사랑해, 그리고 미안해!'라는 문자를 보내 보십시오. 그리고 답장을 확인한 후 서로 나누어 보십시오.

_____

_____

내 자녀가 사랑스러운 이유 20가지를 적어 보십시오. (숙제)

_____

_____

자녀를 환영하라

아무리 티를 안 내려 해도 사랑은 표정으로 드러난다. 사랑하는 사람을 보면 웃음이 나온다. 자녀를 보면 활짝 웃어 주라. 유치원에서, 학교에서, 직장에서 돌아오는 자녀들을 환한 얼굴로 맞이하라. 언제든지 환영받던 아이들은 타인과의 관계에서도 주눅이 들지 않는다.

미국의 사회학자 앨버트 메라비언(Albert Mehrabian)이 발표한 이론에 따르면, 커뮤니케이션에서 말의 내용은 7%밖에 차지하지 않는다. 목소리나 억양이 38%이고, 표정과 몸짓이 55%나 차지한다. 따라서 마음을 전할 때는 표정과 몸짓 또한 굉장히 중요하다.

스킨십도 굉장히 중요한 사랑의 표현이다. 상담심리학자들이 실험용 쥐를 두 그룹으로 나누어 실험을 했다. 한 그룹은 고영양의 음식을 주되 접촉을 하지 않았다. 한 그룹은 영양가 낮은 음식을 주되 날마다 붓으로 터치를 했다. 두 그룹의 면역력을 조사했더니, 날마다 터치해 준 그룹이 훨씬 높았다. 접촉이 없던 그룹의 쥐들은 털이 빠지고 면역력이 떨어졌다.

버지니아 사티어(Verginia Satir)는 "건강하려면 하루에 열두 번 정도는 접촉이 있어야 한다"고 말했다. 실제로 많이 안아 주면 옥시토신이 많이 분비되어 면역력이 높아진다는 연구 결과가 있다. 스킨십은 마음에 진정제와 같은 역할을 한다.

엄마의 따스한 품에 안길 때 자녀는 조건 없는 사랑과 용납을 경험한다. 밖에서 조금이라도 마음이 상하거나 실패했더라도 엄마의 따뜻한 촉감을 통해 마음의 안정을 찾을 것이다. 특히 영유아기에는 스킨십을 자주 해주면 인지 능력과 환경 적응력이 좋아지고 스트레스가 줄며 주변 사람들과 친밀한 관계를 유지하는 데 도움이 된다고 한다. 맞벌이 하는 엄마들은 집에 돌아오면 애들 밥 먹이고 씻기고 재우기 바쁘다. 시간이 없다고 생각한다. 그런 때일수록 단 5분만이라도 아이와 함께 이불 위를 뒹굴라.

> "하루에 네 번 안아 주면 겨우 살고, 여덟 번 안아 주면 그럭저럭 살고, 열두 번 안아 주면 잘 살 수 있다."
> —버지니아 사티어

> "나는 칭찬 한 번 받으면 적어도 두세 달 동안은 신나게 인생을 살 수 있다."
> —마크 트웨인

그 5분은 아이에게뿐 아니라 엄마에게도 큰 힘이 될 것이다.

상하이 어머니학교에서 만난 한 자매는 사춘기 아들과 관계가 너무 안 좋았다. 숙제로 자녀들을 허그(hug)하기를 내 주었다. 관계가 좋은 작은아들과는 자연스럽게 허그하며 사랑한다는 말을 할 수 있었지만 큰아들과는 도저히 허그할 용기가 나지 않았다. 그러자 작은아들이 "엄마, 형아는 왜 안 안아 주세요? 형아한테도 숙제해야죠!" 해서 〈오페라의 유령〉에 나오는 유령처럼 하얀 마스크팩을 하고 아이의 방문을 두드렸다. 도저히 맨 얼굴로는 큰아들을 마주할 자신이 없어서였다.

"엄마가 어머니학교 숙제를 해야 하는데… 도와줄 수 있니?" 하자 아들은 뒤도 돌아보지 않고 퉁명스럽게 "그럼 숙제하세요" 했다. "그 숙제가 너를 안는 거야." 잠시 정적이 흘렀다. 한참을 망설이더니 아이가 일어나 품에 살짝 안기는 듯하더니 몸만 부딪치고는 바로 떨어져 나가려 해서 "근데 10초 정도를 안고 있으래" 하며 아이를 꼬옥 안아 주었다. 이때 꽁꽁 얼었던 큰아들의 마음이 빗장을 열기 시작했다.

사랑의 시간 만들기

엄마 아빠와 함께한 추억은 아이들이 살면서 어려움을 만날 때마다 꺼내 쓸 수 있는 적금과 같다. 사랑의 추억은 삶의 어려움을 이겨 낼 자원과도 같다. 점점 부모로부터 독립해 가는 아이들에게 특별한 사랑의 추억을 만들어 주라. 멋진 곳에 가서 하룻밤을 지내는 것도 좋지만 소소한 데이트라도 '사랑의 마음을 전하는' 잊지 못할 추억을 남겨 주는 게 중요하다. 사랑의 추억은 자녀에게 정말 소중한 값진 유산이다.

자녀가 둘 이상이라면 가끔은 각각 따로 데이트를 하는 게 좋다. 일대일로 만나면 아이는 마음을 활짝 열고 부모와 소통할 것이다. 자녀들이 클수록 엄마나 아빠와 외출하는 것을 싫어한다고 생각하는데, 그렇지 않다. 엄마나 아빠와의 단독 데이트는 의외로 아이들의 바람이다. 자녀와의 단독 데이트는 관계 회복의 기회다.

특히 평소 함께하지 못하는 아빠와 단 둘이 계곡이나 산으로 여행을 떠나 보라. 아빠와 함께하는 놀이나 상호작용은 논리적이고 이성적인 좌뇌를 발달시킨다고 한다. '아빠 효과'(Father effect)라는 말이 있다. 아이의 성장 발달에 미치는 아빠의 고유한 영향력을 말한다. 아빠는 엄마가 줄 수 없는 또 다른 것을 선물한다. 자주 칭찬하고 도와주는 아빠를 둔 아이는 그렇지 않은 아빠를 둔 아이보다 지능과 어휘력에서 높은 점수를 받는다고 한다.

우리의 무한한 공급의 원천이신 하나님도 우리에게 그 사랑을 보여 주시고자 33년 동안 인간의 몸으로 함께해 주셨다. 그

> 부모는 아이에게 항구와 같은 존재다. 항구는 배가 정착해 있을 때 필요한 모든 것을 공급해 준다.

때 인간과 함께하신 사랑의 시간은 시공간을 뛰어넘어 지금 우리에게까지 큰 힘이 된다.

부모는 아이에게 항구와 같은 존재다. 항구는 배가 정착해 있을 때 필요한 모든 것을 공급해 준다. 배는 그 자원으로 바다를 헤쳐 나간다. 그 자원이란 결코 돈으로 따질 수 없는 것들이다. 긍정적인 말 한마디, 환한 미소, 따뜻한 포옹, 함께 보낸 시간들, 사랑의 추억들… 이런 것들이 자녀에게는 돈으로 환산할 수 없는 큰 자산이 될 것이다.

한 통의 편지로 대화의 물꼬 트기

어머니보다 상대적으로 자녀와 함께하는 시간이 부족해 늘 자녀와 대화하는 것이 서툰 아버지들이 진심을 담아 쓴 편지 한 통은 자녀들에게 깊은 감동과 신뢰를 줄 수 있다.

직장 일로 바빠서 함께하기는 어렵지만 학교 가는 아이의 가방 속에 찔러 넣은 편지 한 통 또는 짧은 문자 메시지 한마디로 자녀와 소통할 수 있다. 인도의 첫 수상을 지낸 자와할랄 네루(Jawaharlal Nehru)는 옥중 편지로 딸과 소통하며 딸을 교육시킨 좋은 예다.

독립운동으로 아홉 차례나 감옥에 갇힌 아버지 네루가 여섯 번째 감옥에 갇혔을 때 어린 딸(인디라 간디)은 열세 살이었다. 설상가상으로 할아버지와 어머니마저 감옥에 끌려가 어린 딸은 졸지에 고아 아닌 고아가 되었다. 아버지 네루는 어린 딸이 아버지의 사랑과 역사관, 애국심, 올바른 세계관을 갖기 바라며 하루도 거르지 않고 2년 동안 편지를 보냈다. 비록 아버지와 함께 시간을 보내지는 못했지만 어린 딸은 아버지의 사랑과 가치관을 이해하고 그 가르침대로 살고자 노력했다. 그리고 그녀는 아버지를 따라 여성 최초로 인도의 총리가 되었으며, 인도에서 가장 존경받는 여성 지도자가 되었다.

🍵 행복을 향한 나눔

어렸을 때 부모님한테서 듣던 말 중 기억에 남는 것이 있다면?

① 감동적인 말, 힘이 되었던 말

_____

_____

② 마음에 상처가 되었던 말

_____

_____

자녀와 대화하면서 가장 화가 나는 부분은 무엇입니까?

_____

_____

평소에 자녀와 얼마만큼 허그(스킨십)를 하고 있습니까?

_____

_____

자녀가 사랑스러운 이유 20가지

전주 16기 ○○○

1. 밤에 들어가 자라고 하면 졸리지 않는다며 짜증 내면서도 5분도 안 돼 곤히 잠들어 있을 때 나는 네가 사랑스럽다.
2. 시험 올백 맞아 놓고 우울한 목소리로 "시험 망쳤어" 거짓말할 때 나는 네가 사랑스럽다.
3. 김밥 준비 다 해 놨더니 자기가 싸겠다고 우겨서 결국 옆구리 터진 김밥을 먹게 해준 네가 사랑스럽다.
4. 엄마한테 투정 부리다가도 선생님이 수업 오시면 급공손해지는 네가 사랑스럽다.
5. 명절날 할머니께 용돈 드리는 것 보고 엄마 아빠 용돈이라며 2만 원을 수줍게 건넬 때 나는 네가 사랑스럽다.
6. 손님들이 오면 조용히 방으로 들어가 드레스로 갈아입고 나오는 네가 사랑스럽다.
7. 우리끼리 과자 하나 먹다가도 아빠 것 남겨 놓자고 더 이상 못 먹게 하는 네가 사랑스럽다.
8. 언니 하나만 낳아 달라고 조르는 네가 사랑스럽다.
9. 하루에 하나 먹는 영양제를 어제 못 먹었으니 오늘 두 개 먹어야 된다고 우기는 네가 사랑스럽다.
10. 몸무게가 30kg이 넘었으면서 아직도 아빠 발 위에서 춤

을 추는 네가 사랑스럽다.

11. 피겨 스케이트를 배우기도 전에 장래 희망이 세계적인 피겨 선수라고 대답하던 네가 사랑스럽다.
12. 우리 집을 열린 도서관으로 만들어 모든 사람이 이용하게 했으면 좋겠다고 말하는 네가 사랑스럽다.
13. 온갖 투정 부리다가도 아이스크림 가게 앞에만 서면 갑자기 존댓말하며 애교 떠는 네가 사랑스럽다.
14. 비오는 날 엄마가 해주는 김치전이 세상에서 제일 맛있다고 말할 때 나는 네가 사랑스럽다.
15. 장동건이 멋있다고 하는 엄마에게 아빠가 백 배는 더 멋있다며 전화해서 이른다고 협박할 때 나는 네가 사랑스럽다.
16. 감기 걸려 누워 있는 엄마 곁에 앉아 아프지 말라며 눈물 뚝뚝 흘리는 네가 사랑스럽다.
17. 엄마에게 뽀뽀해 주는 아빠에게 뽀뽀는 멋진 드라마 주인공들이나 하는 거라며 면박 줄 때 나는 네가 사랑스럽다.
18. 퇴근해서 들어오는 아빠에게 달려가 잠깐 안기고는 뭐 사왔나 가방 속을 유심히 살필 때 나는 네가 사랑스럽다.
19. 엄마 티셔츠를 자기가 입으면 원피스로 딱 맞다며 자기 달라고 하는 네가 사랑스럽다.
20. 엄마가 세상에서 제일 좋다며 품으로 파고드는 네가 정말 사랑스럽다.

Chapter 07 엄마는 가정의 보혜사

"아버지가 우리를 위해 일하신단다"

아버지학교에 강의하러 갔을 때였다. 참석한 분들 중에 어느 건설회사의 상무님이 있었다. 어떻게 오셨냐고 물으니 호탕하게 웃으며 대답했다.

"우리 회사 과장이 아버지학교가 너무 좋다고 해서 왔습니다."

순간, 아랫사람의 말에 귀를 기울이다니, 저 분 참 성품이 좋겠구나 싶었다. 그분의 가정 이야기를 듣고는 '역시' 하고 무릎을 쳤다.

그분의 아버지는 건설 노동자여서 집을 자주 비웠다. 공사가 시작되면 몇 달 만에 집에 오시곤 했는데 어린 나이에 그는 아버지가 무척 그리웠다. 보통 이런 경우 아버지의 부재로 인한 허전함과 원망이 아이 마음에 차오를 수 있다. 그런데 그분은 전혀 그런 게 없었다. 어머니의 역할이 컸던 것이다.

● 보혜사(원어: 파라클레토스)란 성령님의 별칭이며, '돕는 분'이라는 뜻이다. 직역하면 '옆으로 오도록 부름받은 사람'으로, 곁에서 격려하고 권면하는 자를 말한다. 영어로는 'Counselor'로 표기한다. 성령은 우리 곁에서 격려하고 권고하시는 분이라는 뜻이다.

—《보혜사》 중에서

어머니는 어린 아들이 아버지가 보고 싶다고 할 때마다 "아버지도 우리 아들 보고 싶으실 거야. 아버지는 지금 어디 어디에서 일하고 계시단다. 이 더운 날에 우리를 위해서. 참 고맙지" 하고 말씀하셨다. 한번은 머나먼 이국 땅 중동에서 일하신 적도 있는데, 그때는 저녁마다 어머니와 함께 기도했다고 한다.

"아버지가 그 먼 곳에서 지금 우리를 위해 기도하신단다. 우리도 아버지를 위해 기도하자."

실제로 그분은 아버지와 함께 산 시간이 그리 많지 않았다. 하지만 어머니가 끊임없이 아버지의 사랑을 전해 주신 덕분에 아버지와 든든한 연결고리가 형성되었다.

그분의 어머니야말로 정말 훌륭한 분이라는 생각이 든다. 엄마로서 자녀에게 줄 수 있는 최고의 선물은 아버지를 긍정적으로 바라보게 하는 것이다. 아버지에 대한 이미지는 자녀가 살아가는 데 굉장히 중요하게 작용한다.

● 엄마로서 자녀에게 줄 수 있는 최고의 선물은 아버지를 긍정적으로 바라보게 하는 것이다.

아버지의 창

아버지는 우리 인생을 결정짓는 데 아주 중요한 역할을 한다. 우리는 아버지를 통해 사회성을 배운다. 어머니의 사랑이 뿌리내리는 사랑이라면 아버지의 사랑은 날개를 달고 나가는 사랑이다. 아이들에게 아버지는 사회로 뻗어 나가는 창문과 같다. 아버지를 어떻게 경험했느냐에 따라 인생을 대하는 태도가 달라진다. 아버지상이 어그러진 아이는 자신감을 갖기 어렵다. 진취적인 태도를 갖기 어렵다. 때로 권위를 인정하지 못하고 관계 맺는 것에 어려움을 느끼기도 한다.

현대의 특징 중 하나는 자녀들이 아버지를 경험하지 못한다는 것이다. 혹은 경험하더라도 부정적으로 인식한다. 그 결과 아이들이 나약해졌다. 조금만 힘들어도 견디지 못한다. 그것을 안으로 푸는 아이들은 자살을 택하고, 밖으로 푸는 아이들은 폭력적으로 변한다. 좋은 학교에서 공부 잘하던 아이들이 자살을 택하는 것도, 미국 버지니아에서 아무런 원한 관계가 없는 학우들을 상대로 총기가 난사된 사건도 모두 아버지를 긍정적으로 경험하지 못한 나약한 요즘 세대를 대변한다.

아버지와 많은 시간을 함께 보내며 긍정적인 영향을 받는 게 가장 좋겠으나, 현실은 쉽지 않다. 가족의 생계를 책임지는 아버지들은 언제나 바쁘다. 자녀 교육에 적극적으로 개입하기가 힘들다.

그래서 엄마의 역할이 중요하다. 아이들은 엄마의 행동과 입을 통해 아버지를 간접 경험한다. 엄마가 아버지와 자녀 간에 중재자 역할을 해야 하는 것이다.

엄마가 아이들 앞에서 "내가 저런 인간을 만나서 이 고생을 한다"거나 "허구한 날 늦게 들어온다", "넌 절대 네 아빠 같은 사람 만나지 마라" 하면 아이들은 아버지를 부정적으로 인식한다. 반대로 엄마가 아버지에 대해 긍정적으로 말하면 아이들은 실제로 그렇지 않더라도 아버지를 긍정적으로 인식한다.

아버지에 대한 이미지가 중요한 이유는 무엇보다 하나님을 대하는 태도가 여기서 결정되기 때문이다. A. W. 토저(Tozer)는 "하나님의 이미지는 아버지에 의해 결정된다"고 말했다. 수용적이고 긍정적인 아버지를 경험한 사람은 하나님을 쉽게 친근하게 느낀다. 그러나 아버지로부터 거절당한 상처가 크고 부정적인 인식을 하게 된 사람은 하나님을 느끼기가 쉽지 않다.

● "하나님의 이미지는 아버지에 의해 결정된다" –토저

파비아노 부부는《기억 상자 속의 나》에서 이렇게 말했다.

"아버지 하나님에 대한 우리의 느낌이나 인식은 바로 육신의 아버지를 통해 얻게 된다는 사실을 결코 간과할 수 없다. 육신의 아버지가 갓 태어난 아기를 어떻게 돌보고 놀아 주었는가에 따라 아버지 하나님에 대한 인식이 달라진다. …아버지는 아기에게 인정과 보호, 정체성 등을 불어넣어 준다. 아버지와 함께하는 시간이 적을수록 아기들은 그러한 감정을 갖기가 어렵다."

아버지는 사회성을 배우는 통로이며 하나님과의 관계를 간접 체험하는 루트다.

하나님의 이미지는 아버지가 결정한다

내가 남편에게 가장 부러운 점이 이 부분이다. 남편은 어떤 일을 당해도 긍정적이다. 어떤 어려운 일이 맡겨져도 못한다는 말을 안 한다. 이 자신감 넘치고 긍정적인 태도가 어디서 왔겠는가? 남편이 경험한 아버지에게서 온 것이다.

남편은 형제 중에서 가장 공부를 못했다. 형제들은 모두 공부를 잘했고, 나름대로 성공적인 인생을 살고 있다. 그런데 시아버지는 어려서부터 늘 "성묵이는 이 다음에 꼭 한자리 할 애다" 그러셨단다. 10점짜리 산수 시험지를 들고 돌아다녀도 절대 아들을 기죽이신 적이 없었다.

내게 아버지는 멀리 계셨다. 나를 격려해 주신 적이 없다. 아버지와 사이가 좋지 않던 엄마는 입버릇처럼 말했다. "저 양반 믿었다가는 입에 풀칠도 못한다", "어쩌다 저 영감 만나서 내 인생이 이렇게 되었냐." 나는 이런 푸념과 원망의 목소리를 들으며 자랐다. 나는 어머니의 마음을 모두 흡수하여 우리 남매들 중에 아버지를 가장 미워했다.

그래서 나는 하나님을 가까이 느끼는 것이 참 힘들었다. 나는 "주여" 삼창을 좋아한다. 한 번 부르면 안 오실 것 같아서이다. 남편은 그렇지 않다. 믿음이 좋다. 부정적인 상황에서도 금세 믿음을 되찾는다.

2002년에 남편은 암 판정을 받았다. 그때 성북동에서 12주 세미나가 진행되고 있었다. 남편이 평택에 있는 병원에서 진단을 받고는 얼굴이 하얗게 질려서 왔다. 검사 결과에 충격을 받은 것이다.

그런데 교회 화장실에 갔다 오더니만 금세 얼굴이 펴졌다. 화장실에 붙어 있던 이사야 말씀에 감동을 받고 기운이 났다는 것이다. 내게도 그 말씀을 찾아 보여 주었다.

"보라 하나님은 나의 구원이시라 내가 신뢰하고 두려움이 없으리니 주 여호와는 나의 힘이시며 나의 노래시며 나의 구원이심이라 그러므로 너희가 기쁨으로 구원의 우물들에서 물을 길으리로다"(사 12:2-3).

이 말씀을 보고는 '암 판정이 내게 벌주려는 게 아니라 구원하시려는 사건이구나' 하고 깨달았다고 했다.

만약 내가 남편과 같은 상황이었다면 하나님 말씀이 눈에 안 들어왔을 것이다.

나는 어려울 때 하나님이 도움을 주신다는 사실 자체를 생각하지 못한다. 내 속에는 아버지에 대한 부정적인 이미지가 있기 때문이다. 아버지는 내 삶에 도움을 주신 적이 없다. 나는 삶의 커다란 문제 앞에서 늘 심리적으로 어려움을 겪었다. 예수님

> **자녀 성적은 아버지 하기 나름**
>
> 아버지가 자녀 양육에 적극적으로 참여하면 자녀들의 학업 성적이 좋아진다는 연구 결과가 나왔다. 영국 옥스퍼드대학 자녀양육연구소는 1958년에 태어난 어린이 1만 7,000명의 성장 과정을 40년간 추적 조사한 결과, 자녀가 7세 때 아버지가 양육에 적극 참여하는 정도가 훗날 자녀의 학업 성적과 '강력한 관계'가 있는 것으로 나타났다고 밝혔다.
> 또 아버지와 자녀 간에 유대가 강하면 훗날 자녀들에게 정신 질환이 발생할 확률이 감소하는 것으로 나타났다.

을 만나고, 앞으로 나아가려면 나는 아버지를 용서하고 받아들여야 했다. 쉽지 않은 문제였다.

당신의 자녀도 나와 같은 문제로 힘들어할 수 있다.

자녀들이 자신감을 가지고 삶을 개척해 나가길 원하는가? 자녀들이 하나님을 가까이 느끼고 늘 그분 곁에 머물기를 바라는가? 아버지를 긍정적으로 소개하라. 아버지의 권위를 긍정적으로 경험시키라. 그것이 엄마가 자녀에게 줄 수 있는 최고의 선물이다. 좋은 학교 보내는 것보다 훨씬 중요한 성공 요인이다.

부부가 설사 돌이킬 수 없는 문제로 별거나 이혼을 한 상태라도 자녀들 앞에서는 절대 아버지를 부정해서는 안 된다. 모든 책임을 남편에게 전가하거나 남편을 지나치게 모욕하는 것도 자녀의 마음에 분노를 심는 것이다.

나는 엄마의 자리를 생각할 때마다 보혜사 성령님을 떠올린다. 우리는 성령님을 통해 하나님 아버지를 가까이 느낀다. 우리 마음이 메마를 때 성령님이 오셔서 촉촉하게 적셔 주신다. 가정에서 엄마는 그런 자리다. 아버지와 자녀 사이에서 쿠션 역할을 하고 관계에 촉촉한 단비를 뿌려 주는 자리다.

🍵 행복을 향한 나눔

당신은 당신의 아이들에게 아버지를 어떻게 소개하고 있습니까?

아버지를 양육에 참여시키라

자기 분야에서 이름을 떨친 많은 사람들 뒤에는 일찍부터 자녀에게 관심을 쏟은 아버지가 있었다. 미국의 물리학자 리처드 파인만(Richard Feynman)은 "아버지야말로 진정한 스승이었다"고 고백했다. 그의 아버지는 아들과 오붓하고 특별한 시간을 자주 가졌으며 그 시간을 이용해 일회성 지식이 아니라 살아 있는 지식을 가르쳤다. 덕분에 파인만에게 공부는 즐거움이었다.

전문가들에 따르면, 6세 이전엔 부모의 사랑과 도움이 가장 필요하며, 특히 창의성은 7세를 전후해 가장 변화가 크고, 12세 이후로는 거의 변화가 없다. 이때 어머니뿐 아니라 아버지가 적극 참여하면 그만큼 효과가 크다고 한다. 단적인 예로, 미국의 한 영재학교에서 성적 상위 16%와 하위 16% 학생을 대상으로 아버지와의 관계를 조사했더니 상위권은 아주 친밀했으나 하위권은 대부분 적대적이었다.

아버지들은 상대적으로 어머니에 비해 사회적 경험과 네트워크, 노하우 등 '사회적 자본'이 많다. 서울대학교 문용린 교수는 "자녀 교육의 마지막 2%는 아버지 몫"이라며 아버지의 역할을 강조한다. 세 자녀를 국제변호사와 CEO로 키워 낸 장병혜 박사도 "아이를 훌륭하게 키우는 위대한 엄마가 되고 싶다면 남편들에게 제자리를 찾아 줘야 한다"고 했다.

특히 남자아이들한테 아버지의 역할이 매우 중요하다. 미국의 가정의학과 의사이자 심리학자인 레너드 삭스(Leonard Sax) 박사는 많은 남자아이들이 정상 궤도에서 이탈하여 의욕과 열정을 잃고 있다고 진단했다. 여러 요인이 있겠으나 그중 하나가 엄마로부터 시작하여 유치원, 초등학교, 중학교 등 지속적으로 남성성을 이해 못하는 여성들에게 통제와 교육을 받기 때문이라는 것이다. 테스토스테론이라는 남성호르몬은 매우 공격적이라서 남자아이들은 여자아이들과 노는 것부터 다를 수밖에 없다. 남성호르몬을 분출할 기회를 얻지 못한 남자아이들은 사춘기 때 폭발할 위험이 있으며 게임이나 음란물에 빠질 가능성이 높다. 따라서 아버지가 아들과 어려서부터 신나게 놀아 줄 필요가 있다.

- **테스토스테론:** 남성 호르몬. 공격적. 성적
- **에스트로겐:** 여성 호르몬. 관계와 과정 중요.

삶에서 배운다

참된 교육은 삶에서 시작된다. 자녀는 부모의 삶을 보고 그대로 배운다. 하나님의 창조 질서를 가르치려면, 부모가 먼저 본을 보여야 한다. 하나님을 따르고 사랑하는 것부터 부모를 공경하는 모습과 부부가 사랑하는 모습, 남편 혹은 아내를 대하는 태도 등에서 본을 보여야 한다. 부모가 모범을 보이지 못하면서 말로만 가르치려 들면 자녀는 위선과 거짓밖에 배울 것이 없다.

나는 이삭의 이야기를 읽을 때마다 감동을 받는다. 아브라함이 이삭을 번제로 드리려 했을 때, 이삭은 절대 꼬마가 아니었다. 이삭이 번제에 쓸 나무를 메고 산에 오른 것을 보면 알 수 있다. 아버지 아브라함이 자신을 묶어 제단 위에 눕혔을 때, 그는 자신이 번제로 드릴 제물이라는 사실을 알았을 것이다. 그런데도 그는 아버지에게 순종했다.

이는 분명 어려서부터 아브라함과 사라가 그들의 삶으로 하나님이 하나님이신 것을 가르쳤기 때문일 것이다. 설령 이삭이 하나님에 대한 믿음이 부족했더라도 부모의 권위를 인정하고 경험했기에 가능한 일이었다.

엄마들이여, 당신이 먼저 하나님을 경외하라. 남편을 존경하라. 이웃을 사랑하라. 당신 자신을 아끼고 돌보는 모습을 보여주라. 그리고 늦기 전에 자녀를 마음껏 사랑하라.

🍵 행복을 향한 나눔

당신 자녀를 위한 기도 제목을 적어 보십시오.

● 어머니가 생존해 계시든 돌아가셨든 관계없이 어머니에게 편지를 써 보십시오.

사랑하는 어머니께

남부16기 ○○○

어머니에게 편지를 써야 하는 숙제를 받았으나 차마 펜이 들어지지 않았습니다. 나에게 어머니란 원망과 아픔이 공존하는 존재이기 때문입니다. 많이 생각하고 망설인 끝에 편지를 쓰기로 했습니다. 지금은 30년이란 긴 시간이 지나 아득하게만 느껴지는 어머니! 어머니가 돌아가신 나이쯤이 되어 어머니를 떠올리니 원망보다는 가슴이 아려옴을 느낍니다.

한 여자로서 불행했던 어머니의 삶…. 어려서는 맏딸로서 온갖 집안 살림을 하느라 고생하셨고 결혼해서는 맏동서의 시집살이로 병을 얻어 고생하셨고, 그 와중에도 아버지를 도와 열심히 일하며 3남매를 키우신 어머니…. 44세에 찾아온 뇌출혈로 장애를 입고 9년이란 세월을 아픔으로 사셨던 어머니… 주무시다 말 한마디 남기지 못하고 돌아가신 어머니….

한 여자의 일생이 불쌍했습니다. 그러나 그런 어머니를 병간호하면서 어머니 역할을 해야 했던 나도 고단해서 힘들 때면 어머니를 원망했습니다. 그러나 어머니의 잘못이 아니란 걸 알기에 말하지는 못했습니다. 그냥 가슴에 묻고 살며 아파했습니다.

사랑 없이 조건으로 선택한 결혼이 갈등의 연속이었을 때는 더 원망스러웠고 아팠습니다. 이제 내가 어머니가 되어 보니 어머니의 아픔이 느껴집니다. 그리고 그 말이 생각납니다. "엄마! 엄마는 건강하면 뭐 하고 싶어?"라는 나의 물음에 발음도 안 되는 말로 "너를 데리고 가서 예쁜 옷을 사 주고 동생에게는 용돈을 주고 싶어"라고 하셨던 어머니…. 그 말씀이 어머니의 사랑이었다는 것을 돌아가신 그 나이가 되어서야 깨닫습니다.

어머니! 이제는 어머니가 내 인생을 망쳐 놓았다고 한 말에 대해 용서를 빕니다. 그리고 어머니로 인해 어두운 청소년기를 보내야 했던 것을 용서합니다. 감사합니다. 어머니의 아픔을 통해 하나님의 구원의 큰 선물을 받았습니다. 좋은 소식도 있습니다. 평생 세상을 자신 없게 살게 하던 학벌의 족쇄를 4월 10일 대검 시험에 합격함으로써 벗어났습니다. 눈물을 흘리며 접었던 꿈을 이제 다시 펼칩니다. 마음으로는 여호와를 따르고 오른손의 공교함을 준비하려 합니다. 그래서 하나님께서 하라 하신 일을 이루어 하나님을 영화롭게 하는 자 되겠습니다.

감사합니다. 어머니. 이제는 원망이 아니고 감사로 어머니를 떠나보냅니다. 그리고 그리움을 간직하며 살아가렵니다.

● 당신의 하나밖에 없는 딸 드림

Part 4

온유하고 안정된
엄마가 되는 길

생명나무 공동체 세우기

열 번째 만남

모든 변화는 한 사람에게서 시작된다.
한 사람이 사랑의 하나님을 만나 건강해지면
온 가족이 구원받고 행복해진다. 이것이 어머니학교의
기본 정신이다. 엄마들이여, 진정으로 회심하고
믿음의 사람이 되기 바란다. 내가 먼저 예수 그리스도를
만나 인격적으로 변화하고 성장하고 성숙하면,
가족이 변하고 사회가 변한다.

진정으로 회심하라

생명나무 공동체로의 회복

모든 관계에는 항상 틈이 생긴다. 남편과 아내 사이, 아빠와 딸 사이, 시어머니와 며느리 사이 등 가족 관계 속에서도 보이지 않는 틈이 있다. 사탄은 아주 작은 틈을 타고 들어와 이간질하고 편 가르기를 한다. 그러면 가정에 시기와 질투가 생기고 비난과 지적이 끊이지 않는다. 부부가 하나되지 못하면 다른 관계에도 악영향을 미친다.

남편과 하나되는 것에 실패한 아내는 자녀를 조종해서 자기 편을 삼으려 한다. 아들을 자기편 삼아 평생 살아온 시어머니는 아들을 떠나보내지 못하고 자녀 부부의 연합을 가로막는다. 서로를 비난하고 미워하는 부모들 사이에서 아이들은 건강하게 자라기 힘들다. 엄마와 아빠가 주도권 싸움을 하는 동안 아이들의 마음은 안식처를 찾지 못하고 방황한다.

사랑해서 결혼했고, 행복해지기 위해 가정을 꾸렸는데 왜 그렇게 어긋나는 걸까? 왜 '사랑'이라는 이름으로 서로 상처를 주고받고 조종하려 들고 가르치려 하는가? 앞서 우리는 개개인의 잘못과 상처, 미숙함이 관계를 깨뜨린다는 것을 알았다. 그 미숙함의 뿌리는 바로 우리의 죄성이다. 우리는 모두 죄인이다. 나도 죄인이고 남편도 죄인이고 시부모님도 죄인이고 심지어 우리의 자녀들도 죄인이다. 죄인과 죄인의 관계에서는 결코 행복을 얻을 수 없다. 우리 존재 자체에 죄의 속성이 있기 때문이다. 그 죄성이 우리의 공동체 곧 가정을 괴롭힌다.

하나님이 원래 우리에게 허락하신 가정은 생명나무 공동체였다. 공동체는 하나님의 속성이다. 하나님은 성부, 성자, 성령의 하나님이시다. 삼위일체의 하나님, 곧 공동체성을 지니신 분이다. 그분은 인간도 남자와 여자를 만들어 공동체를 이루게 하셨다. 그 공동체를 통해 생명이 번성하게 하셨다. 죄가 들어오기 전에는 아무 문제가 없었다. 그런데 죄의 결과 어떻게 되었는가?

> "또 여자에게 이르시되 내가 네게 임신하는 고통을 크게 더하리니 네가 수고하고 자식을 낳을 것이며 너는 남편을 원하고 남편은 너를 다스릴 것이니라 하시고"(창 3:16).

● **선악과 공동체의 특징**
시기, 질투,
책임 회피,
주도권 다툼.

죄의 결과 생명나무 공동체는 선악과 공동체로 변질되었다. 선악과 공동체의 특징은 시기와 질투, 책임 회피다. 가정에 서로 미워하고 조종하려는 마음이 끊이지 않는 것은 인간의 죄성 때문이다. 그렇다면 어떻게 해야 하는가? 선악과 공동체를 생명나무 공동체로 회복하기 위해서는 예수님을 모셔야 한다. 바로 그 일을 위해 예수님이 친히 우리 곁에 오셨다.

정말 행복해지고 싶다면 우리 인생의 주인으로, 우리 가정의 주인으로 예수님을 모셔야 한다. 예수님만이 우리 가정을 생명나무 공동체로 회복시키신다. 우리의 고난과 상처를 해결하시고 은혜로 나아가도록 도우신다.

생명나무 공동체에는 사랑이 가득하다. 사랑은 기다려 주는 것이다. 온유하며 성내지 않는 것이다. 진리와 함께 기뻐하는 것이다. 고린도전서 13장을 가리켜 '사랑장'이라고 한다. 사랑의 특징이 모두 담겨 있기 때문이다.

● **생명나무 공동체**
사랑이 가득, 인내, 온유, 진리와 함께 기뻐하는 것.

"사랑은 오래 참고 사랑은 온유하며 시기하지 아니하며 사랑은 자랑하지 아니하며 교만하지 아니하며 무례히 행하지 아니하며 자기의 유익을 구하지 아니하며 성내지 아니하며 악한 것을 생각하지 아니하며 불의를 기뻐하지 아니하며 진리와 함께 기뻐하고 모든 것을 참으며 모든 것을 믿으며 모든 것을 바라며 모든 것을 견디느니라" (고전 13:4-7).

하나님은 사랑이시다. 사랑이신 하나님이 우리를 기다려 주시기에 우리는 생명을 얻었고 하나님의 자녀가 되었다. 가정을 바로 세우는 가장 든든한 기초는 예수님과 만나는 것이다. 예수님을 만나서 거듭나는 것이다.

🍵 **행복을 향한 나눔**

인간은 죄를 지은 대가로 에덴동산에서 쫓겨났습니다. 그리고 인간이 동산에서 쫓겨난 뒤에 하나님께서 생명나무로 가는 길을 막으셨습니다. 우리가 다시 그 생명나무 길로 나아갈 수 있는 길은 무엇입니까?

"내가 곧 길이요 진리요 생명이니 나로 말미암지 않고는 아버지께로 올 자가 없느니라" (요 14:6).

"친히 나무에 달려 그 몸으로 우리 죄를 담당하셨으니 이는 우리로 죄에 대하여 죽고 의에 대하여 살게 하려 하심이라" (벧전 2:24).

하나님은 죄를 지어 추방된 인간을 위해 또 하나의 나무를 준비하셨습니다. 선악을 알게 하는 나무 때문에 죽을 수밖에 없는 인간, 생명나무로 가는 길이 막혀 버린 인간을 위해 하나님은 이 땅에 십자가 나무를 세우셨습니다. 그 십자가에서 피 흘리고 돌아가신 예수 그리스도를 믿는 자마다 죄 사함을 받고 생명나무로 나아가게 됩니다.

십자가에서 피 흘리신 예수 그리스도를 마음에 영접하고 생명나무로 나아가기를 원한다면 다음 기도를 큰 소리로 고백하기 바랍니다.

"주 예수님, 나는 주님을 믿고 싶습니다.
십자가에서 죽으심으로 내 죄 값을 담당하시니 감사합니다.
지금 나는 내 마음의 문을 열고 예수님을 나의 구주, 나의 하나님으로 영접합니다. 나의 죄를 용서하시고 영생을 주심을 감사합니다. 나를 다스려 주시고, 나를 주님이 원하시는 사람으로 만들어 주옵소서.
예수님 이름으로 기도합니다. 아멘."

이것은 인생의 가장 중요한 결단입니다. 이 결단을 내린 바로 그 순간부터 주님은 당신과 함께하십니다. 하나님의 백성이 된 당신을 축복합니다.

• 〈축복의 통로〉 찬양을 부르며 하나님께 당신을 올려 드리십시오.

구원의 시작

"주 예수를 믿으라 그리하면 너와 네 집이 구원을 받으리라"

(행 16:31).

● 변화는 믿음을 가진 한 사람으로부터 시작된다.

모든 변화는 한 사람에게서 시작된다. 한 사람이 사랑의 하나님을 만나 건강해지면 온 가족이 구원을 받고 행복해진다. 이것이 어머니학교의 기본 정신이다. 은혜를 경험한 엄마가 먼저 자신을 사랑하게 되고, 자신의 가정을 사랑으로 세우고, 나아가 이웃의 가정을 섬기며 나아가는 것이다. 십자가를 깊이 껴안은 엄마들이 부모와 자녀 사이, 남편과 아내 사이, 가족과 가족 사이의 틈을 막아서는 화해자가 될 수 있다.

"어머니의 하나님이 내 하나님이십니다."

"어머니를 통해 하나님의 사랑이 무엇인지 알았어요."

이렇게 고백하는 아들과 딸, 며느리와 사위를 두었다면 그 엄마는 성공한 인생이다.

나는 오랫동안 교회에 다녔지만 진정으로 거듭나지는 못했다. 남편과 나는 캠퍼스 커플이었다. 우리는 장밋빛 미래를 꿈꾸며 졸업 후 얼마 지나지 않아 결혼을 했다. 열심히 맞벌이를 했고, 5년 정도 지나자 가정이 경제적으로 안정되었다. 아들 둘도 잘 자라 주었다. 난 그 상태가 너무 기쁘고 만족스러웠다.

그러나 그것은 나만의 착각이었다. 남편은 "왜 당신은 나만 들들 볶아요? 아버지한테 못 받은 사랑을 왜 나한테 바라는 거요?"라고 타박했다. 도저히 이해가 안 갔다. '내가 이렇게 잘하는데, 네가 어떻게 그럴 수 있느냐' 싶어 분노했다. 그때부터 굉장히 큰 갈등 속으로 들어갔다. 아니 이미 오래전부터 곪아 온 문제가 그 순간 불거진 것이다.

　나는 날마다 불안하고 불행했다. 물론 이 모든 책임이 남편에게 있다고 생각했다. 늦게 들어오는 남편을 기다리며 별별 상상을 다하다가 술에 의지해 잠이 드는 날이 많았다. 이혼을 결심했다가 결국 아이들 때문에 맘을 고쳐먹고 새벽기도를 다니기 시작했다.

　새벽기도를 하며 눈물 흘리는 분들을 보면서 '저 집도 남편이 속을 썩이나 보군' 그런 생각만 했다. 그때까지 나는 내 안의 추악한 죄성 때문에 가슴을 찢는 것이 무엇인지, 나를 구원하신 예수님의 은혜에 감격해서 흘리는 눈물이 무엇인지 몰랐다. 나는 그때까지 인간이 뭐든 노력하면 안 되는 게 없다고 믿었다. 그래서 더 내 힘으로 안 되는 일이 있다는 것이 억울하고 분했다. 내 안에 예수님이 안 계셨던 것이다.

　오랜 기도와 주변의 도움으로 비로소 예수님을 만났다. 그분은 나를 어두움에서 빛으로 인도하셨다. 빛에 거하니 내 안의 어두움이 무엇인지 똑바로 보였다. 내 비틀어진 발걸음, 잘못된 방향을 바로잡을 수 있었다. 그것이 내가 변하고 우리 가정이 변하는 첫 시작점이었다.

"그런즉 누구든지 그리스도 안에 있으면 새로운 피조물이라 이전 것은 지나갔으니 보라 새 것이 되었도다" (고후 5:17).

예수님 안에서 과거의 것을 벗고 새것이 되어야 한다. 기독교는 경험의 종교다. 모태신앙이라도 하나님을 인격적으로 만나야 한다. 하나님과 일대일로 만나야 한다.

진정으로 예수 그리스도를 구주로 받아들이고 나서야 회복의 첫걸음을 뗄 수 있다. 예수 그리스도를 만난 뒤, 나는 나의 나 됨이 하나님의 은혜임을 깨달았다. 얼마나 기뻤는지 모른다. 구원받은 뒤에야 참 기쁨이 찾아온다. 밤하늘을 수놓은 별들이 오로지 나를 위해 반짝거린다. 나뭇잎들도 나를 위해 춤을 춘다.

부부관계에 문제가 있는가? 자녀 문제로 골치가 아픈가? 가정을 바로 세우기 원하는가? 당신의 삶은 문제로 가득 차 있다고 생각되는가? 예수님을 만나 인생의 푯대를 바로잡아야 한다. 오직 은혜로만 가능하다.

엄마들이여, 진정으로 회심하고 믿음의 사람이 되기 바란다. 내가 먼저 예수 그리스도를 만나 인격적으로 변화하고 성장하고 성숙하면, 가족이 변하고 사회가 변한다. 우리 삶의 작은 틈을 이용해 불신과 질투의 성을 쌓으려는 사탄에게 속지 말자(아 2:15). 무시로 우리를 위해 기도하시는 성령님이 도우실 것이다. 성령의 사람은 사탄의 속임수를 간파하는 영적 담대함이 있다. 주님 안에서 기뻐하고 감사하며 찬양하면서 기도의 응답을 선포하고 바라보는 믿음의 어머니들이 되길 바란다.

생명나무 공동체 세우기

십자가와 용서

내 안의 풀리지 않는 매듭

영혼이 거듭나는 것은 회복의 시작이다. 구원받은 뒤에는 새로운 싸움이 시작된다. 우리 안의 죄성, 상처, 이 모든 것들과 끊임없이 싸워야 한다. 우리는 주님 앞에 서는 그날까지 '선한 싸움'(딤전 6:12)을 계속해야 한다. 구원의 감격을 경험한 뒤에도 나는 여전히 힘겨운 싸움을 해야 했다. 내 안의 쓴 뿌리(히 12:15)들이 나를 무너뜨리고 관계를 어렵게 하고 가정을 깨뜨리려 했다. 물론 이 싸움은 지금도 계속되고 있다.

● **쓴 뿌리**
적개심을 도발하여 다른 사람에게 증오심을 품는 것

얼마 전에 사소한 일로 마음이 어려웠던 내가 남편에게 물었다.
"여보, 나 거듭난 거 맞아요? 나 홍해를 건넌 사람 맞아요?"
남편이 이렇게 대답했다.
"우리 인생은 홍해를 건너면 광야가 있고 광야를 지나면 요단강이 있어요. 요단강을 건너야 가나안이에요."
맞는 말이다. 지금은 그 진리를 날마다 새롭게 받아들이고 다시 힘을 얻는다. 그러나 한때 나는 홍해를 건너고 광야를 건너는 그 길이 너무 길게 느껴졌다. 어떤 때는 하나님이 나를 위해 가까이 계신 것 같지만 어떤 때는 너무 멀게만 느껴졌다. 구원받은 기쁨으로 거뜬히 살아 낼 줄 알았는데, 내가 걸어가야 할 길이 너무 멀고 외로웠다. 내 안에 풀리지 않는 매듭이 내 발목을 붙잡고 있었기 때문이다.

우리 부부의 갈등이 극심했을 때, 나는 모든 책임을 남편에게 돌렸다. 남편이 자신의 잘못을 시인하고 용서를 구했지만 절대로 용서할 수 없었다. "다른 사람은 용서해도 당신만은 절대 용서 못해!" 하고 말했다. '내 구원은 구원이고 당신 잘못은 잘못'이라며 별개로 생각했다.

그런데 그때 교회에서 새로운 사명을 주셨다. 우리 부부에게 가정사역 프로그램을 맡긴 것이다. 주변에서 말이 많았다. 부부관계에 문제가 있는 가정이 어떻게 가정사역을 하느냐는 것이다. 생각해 보면, 담임목사님에게는 바라는 것의 실상을 믿는 믿음이 있었던 것 같다. 현실보다 미래를 보신 것이다. 지금도 너무나 감사하다.

우리는 가정사역을 맡고부터 열심히 공부하기 시작했다. 상담 심리를 공부했고, 성경을 공부했다. 인간에 대한 이해가 한층 깊어졌고, 은혜에 한 걸음씩 더 깊이 나아갔다. 나는 우리 부부가 갈등했던 원인의 70%가 내게 있음을 깨달았다.

특히 내가 앞으로 나아가지 못하는 이유를 찾았다. 바로 '용서'의 문제였다. 나는 여전히 남편을 용서할 수 없었다. 그런데 그 미움의 바탕에는 아버지가 자리하고 있었다. 엄마를 외롭게 하고 우리 가족을 돌보지 않던 아버지, 내 인생을 수치심으로 가득 채운 아버지, 그 아버지에 대한 미움과 상처를 나는 남편에게 투영하고 있었다. 남편을 하나님 삼고 소망 삼아 아버지에게서 결핍된 것을 남편에게서 채우려 했다. 그러나 남편의 연약함으로 그 기대가 무너지자 걷잡을 수 없는 미움이 찾아왔다.

'아, 아버지를 용서하지 않고는, 남편을 용서하지 않고는 앞으로 나아갈 수 없겠구나' 하는 걸 그제야 깨달았다. 남편은 온전히 사랑해 줘야 할 대상이지 믿을 대상이 아니다. 우리가 믿을 대상은 오로지 하나님뿐이다. 그때부터 나는 그 매듭을 풀기 시작했다.

● 남편은 사랑의 대상이지 믿음의 대상이 아니다.

행복을 향한 나눔

쓴 뿌리란 적개심을 도발하여 다른 사람에게 증오심을 품는 것을 말합니다. 즉 다른 사람을 파괴시키고 복수하기 위해 어떤 사건을 만들어 대항하는 것을 말합니다. 내 안에 있는 쓴 뿌리는 무엇입니까?

일곱 번씩 일흔 번 용서하라

우리는 지옥의 불구덩이에 빠질 수밖에 없는 죄인들이다. 하지만 십자가의 보혈을 통해 용서받아 지금 이 자리에 있게 되었다. 내가 용서받았기에 당연히 다른 사람을 용서해야 한다. 성경은 이렇게 말한다.

"내가 너를 불쌍히 여김과 같이 너도 네 동료를 불쌍히 여김이 마땅하지 아니하냐 하고 주인이 노하여 그 빚을 다 갚도록 그를 옥졸들에게 넘기니라 너희가 각각 마음으로부터 형제를 용서하지 아니하면 나의 하늘 아버지께서도 너희에게 이와 같이 하시리라"(마 18:33-35).

예수님은 "너희가 땅에서 매면 하늘에서도 매일 것이요 무엇이든지 땅에서 풀면 하늘에서도 풀리리라"(마 18:18)고 말씀하셨다. 내 안에서 묶인 것을 풀고 용서해야 한다. 쉬운 일이 아니다. 하지만 포기하지 말아야 한다.

베드로가 예수님에게 "형제가 내게 죄를 범하면 몇 번이나 용서해 주어야 합니까?"라고 물었을 때 예수님이 뭐라고 대답하셨는가? "일곱 번뿐 아니라 일곱 번을 일흔 번까지라도 용서하라"고 말씀하셨다. 무제한으로 용서하라는 말이다. "너무 쉽게 용서하면 버릇된다"고 말하는 사람들이 있다. 하지만 성경은 분명히 몇 번이고 용서하라고 말씀하신다.

용서와 화해는 다르다. 용서는 내가 일방적으로 선포하는 것이고, 화해는 쌍방적인 것이다. 그래서 용서했지만 화해까지는 못할 수 있다. 나는 아버지를 용서했지만 돌아가셨기에 화해를 할 수는 없었다. 화해가 일어나려면 상대방의 반응이 중요하다.

예수님은 십자가에서 우리를 용서하셨다.

"저들의 죄를 사하여 주옵소서. 저들이 무슨 일을 하는지 모르나이다."

그분은 십자가에서 용서를 선포하셨다. 하지만 화해가 일어난 건 아니다. 화해는 십자가의 사건을 본 우리가 어떻게 반응하느냐에 달렸다. 우리가 십자가를 받아들이느냐 아니냐에 따라 화해, 곧 구원을 받을 수도 있고 아닐 수도 있다.

꼭 모든 관계에서 화해가 일어나야 하는 것은 아니다. 상대방을 찾아가는 것이 오히려 상처를 주는 일이라면 내 안에서 일방적으로 용서를 선포하고 끝내야 한다. 주님은 "화평하게 하는 자는 복이 있나니"(마 5:9)라고 말씀하셨다. 자기만족을 위한 것인지, 아니면 평화를 만들어 하나님께 영광이 되는 일인지를 잘 분별해야 한다.

> **용서와 화해의 차이**
> 1. 용서: 내가 일방적으로 선포하는 것
> 2. 화해: 쌍방적인 것

🍵 행복을 향한 나눔

용서하지 못하면 한평생 불행할 수 있습니다. 용서하지 못하는 내가 불행하고 자유롭지 못합니다. 용서하지 못하는 미움, 뿌리 깊은 원한은 때때로 우리의 건강을 해치고 내면에 깊은 상처를 남깁니다. 예수님은 십자가에서 우리를 용서하셨을 뿐만 아니라 우리가 서로 용서하기를 원하십니다. 내가 용서해야 할 사람은 누구입니까? 그 사람을 용서하기 위해서 할 수 있는 일은 무엇입니까?

_____

_____

_____

_____

_____

● "너희가 사람의 잘못을 용서하면 너희 하늘 아버지께서도 너희 잘못을 용서하시려니와 너희가 사람의 잘못을 용서하지 아니하면 너희 아버지께서도 너희 잘못을 용서하지 아니하시리라"(마 6:14-15).

날마다 십자가를 붙들라

흔히 용서에 대해 크게 오해하는 부분이 있다. 단번에 용서하면 끝난다는 생각이다. 그래서 용서를 선포한 뒤에도 미움과 죄책감이 들어와 괴로워한다. 스스로 나는 믿음이 없다고 포기하기도 한다.

그러나 용서는 단번에 일어나는 사건이 아니다. 구원은 단번에 이뤄졌다. 그러나 우리는 일평생 성화되어야 한다. 용서 역시 우리가 거룩해지는 과정이다. 평생 해 나가야 할 숙제다. 우리가 용서를 선포해도 사탄은 우리를 찾아와 끊임없이 속삭인다. 사탄은 우리가 서로 사랑하고 연합하는 것을 가장 무서워하기 때문이다. 특히 부부가 하나되지 못하도록 결사적으로 방해한다. 그래서 끊임없이 판단하고 싶은 마음을 준다. 그럴 때마다 계속 용서를 선포해야 한다. 거짓의 영에게, 어둠의 영에게 속으면 안 된다. 오직 판단과 심판은 하나님만이 하실 수 있다.

지금도 나에게 '어떻게 아버지를 용서했느냐, 남편을 용서했느냐'고 묻는 분들이 있다. 나는 지금도 용서의 길을 걷고 있다. 쓴 뿌리가 올라와 판단하고 책임을 돌리고 나를 보호하고 싶을 때가 있다. 하지만 그럴 때마다 내 시선을 하나님께로 돌린다. 내 안의 상처를 가지고 하나님 앞으로 나간다. 이 문제가 더 이상 다음 세대에까지 영향을 미치지 않도록 성령님께 도움을 요청한다. 날마다 하나님 아버지의 손길로 나를 양육해 달라고 기도한다. 이것이 곧 치유와 회복의 길이다.

"아버지 하나님은 우리의 결핍된 부분을 채워 주기를 갈망하시며 매우 실제적인 방법으로 우리를 양육하기 원하신다. 치유와 해방은 이 과정의 시작에 불과하다. 매일매일 아버지 하나님을 찾을 때 그분은 우리를 양육해 주시고 주어진 삶 속에서 성숙할 수 있도록 사랑으로 인도하며 훈계와 가르침을 주신다. 그러할 때 우리는 '거듭나는' 단계에서 '성장하는' 단계를 거쳐 창조 때 예정된 온전함에 이르게 될 것이다"(프랑크&캐서린 파비아노, 《기억 상자 속의 나》).

● 용서는 더 이상 과거의 노예가 되지 않겠다는 영적 선포다.

● 미안합니다: 상대방을 현재에 살게 하는 것
용서합니다: 나를 현재에 살게 하는 것

우리는 연약한지라 과거의 영향력에서 벗어나기가 쉽지 않다. 과거에 붙들리지 않기 위해 우리는 날마다 용서를 선포해야 한다. 용서는 결국 과거의 감옥에서 풀려나는 것이다. 더 이상 과거의 노예가 되지 않겠다는 영적 선포다. 결국 상대방에게 베푸는 은혜가 아니라 나를 보호하고 사랑하는 길이다.

당신에게 계속 나타나는 문제들은 무엇인가? 고통스럽더라도 그 문제의 뿌리를 찾으라. 당신에게 상처를 준 부모와 다른 사람들을 용서하라. 예수의 이름으로 떠나보내라. 우리는 날마다 주님과의 교제를 통해 새로운 미래를 향해 나아가야 한다.

세상은 지금 완성된 하나님의 나라가 아니다. 우리 또한 완성품이 아닌 미완성품이다. 이 세상에서 늘 승리하며 살 수 있는 비결은 십자가의 은혜에 달려 있다. 십자가는 죄, 세상, 사탄, 육신으로부터 승리할 수 있는 유일한 길이다. 회복된 부모님과의 관계, 남편과 자녀와의 관계를 온전히 이루기 위해서는 날마다 십자가를 붙들고 가는 길밖에 없다.

합력하여 선을 이루시는 하나님

믿음의 사람은 지금 닥친 고난이나 어려움을 하나님의 시각으로 바라본다. 내 경우, 남편이 밖으로 돌았을 때 굉장히 수치스러웠다. 하지만 그런 끔찍한 어려움이 없었다면, 지금의 나는 물론이고 내 인생의 후반전도 없었을 것이다.

당시 나는 가진 게 많았다. 내 능력으로, 내가 가진 돈으로 행복할 수 있다고 생각했다. 애써 허전하고 수치스러운 마음을 감추며 쇼핑하는 낙으로 살았다. 돌아보면, 정말 교만의 꼭짓점에 있었다. 나는 당시 "고난은 축복의 통로입니다"고 충고해 준 구역 순장님한테 막 화를 냈다. "그럼 순장님이 이 고난을 다 가져가세요" 하며 쏘아붙였다.

하지만 진정으로 예수님을 만나고 날마다 십자가 앞에 무릎을 꿇으면서 크고 놀라운 비밀을 발견했다. 시련의 이유를 인간이 모두 알 수는 없지만, 분명 모든 일에는 하나님의 의도와 뜻이 있다. 하나님은 모든 일을 합력하여 선을 이루신다. 하나님의 시선은 우리에게 닥친 고난, 그 너머에 있다.

2002년에 남편이 대장암에 걸렸다는 소식을 듣고 나는 가슴이 철렁했다. 그런데 남편은 실실 웃으면서 "미안하다"고 말했다. "아니, 이런 상황에서 어떻게 그런 웃음이 나와요?" 하고 물었더니 남편의 대답이 걸작이었다.

"처음에는 앞이 캄캄했소. 충격이었지. 왜 하필 내가? 나 역시 고난은 나를 비껴가야 한다고 생각했던 거지. 하지만 곧 나도 알 수 없는 평안이 몰려왔소. 생각을 바꿨지. 많은 아버지들이 암으로 고통받고 있다, 그들의 고통을 나도 겪는 거다, 하나님이 허락하셨는데 한번 걸려 보는 것도 괜찮겠다, 그런 생각이 들더라고요."

남편의 태도가 얼마나 담대했으면 진료실을 나서는데 간호사가 따라와 진지하게 묻더란다. 암 선고를 받고 어떻게 웃으면서 얘기할 수 있느냐고. 다들 울고불고 난리가 아닌데, 이런 분은 처음 봤다고 하더란다.

"아픈 만큼 성숙한다"는 말은 빈말이 아니다. 고통과 외로움은 우리를 성숙시킨다. 그 가운데 하나님이 계시기 때문이다. 남편은 육신의 질병을 겪으며, 아버지학교를 찾는 많은 아버지들의 연약한 마음을 더 많이 알게 되었다고 고백했다. 당장에 닥친 고난 중에도 생계를 책임져야 하는 가장들의 절절한 마음을 더 많이 공감하게 됐다고 했다. 나 역시 마음의 질병을 겪으며, 어머니학교를 찾는 많은 어머니들의 연약한 마음을 더 많이 알게 되었다. 머리로가 아니라, 이론으로가 아니라, 마음으로 그들의 아픔을 껴안고 함께 울고 함께 일어설 수 있었다.

더그 스트링거는 "하나님은 우리의 삶에서 위기를 승리로, 모자람을 풍성함으로 바꾸기 원하신다. 우리가 처한 상황과는 상관없이 우리 영혼의 갈급함을 채워 주고 싶어 하신다. 우리를 가로막는 수많은 문제들 때문에 아무 열매도 맺지 못한다고 느낄지라도, 주님은 그분의 이름을 부르는 우리 한 사람 한 사람의 삶에 풍성함의 씨앗을 심어 주신다"고 말했다.

• 고통과 외로움은 우리를 성숙시킨다. 그 가운데 하나님이 계시기 때문이다.

하나님의 형통은 우리가 생각하는 만사형통과 다르다. 하나님은 늘 우리 영혼에 관심이 있으시다. 우리는 내가 처한 환경이 개선되기를 바라지만 하나님은 우리가 어떤 환경에 처하더라도 그 영혼이 강건하기를 바라신다. 상황에 상관없이 풍성한 삶을 누리도록 채워 주길 원하신다.

자, 이제 우리의 결정이 남았다. 믿음을 선택하는 것은 바로 우리의 몫이다. 고난의 자리에 주저앉을 것인지, 고난 너머에서 우리 영혼을 돌보시는 하나님을 바라고 소망하며 나아갈 것인지는 당신이 선택할 일이다. 부디, 날마다 십자가 앞으로 나아가 그분의 선하신 뜻을 헤아려 풍성한 삶 가운데 거하기를 바란다.

●
하나님의 형통은 우리가 생각하는 만사형통과 다르다. 하나님은 늘 우리 영혼에 관심이 있으시다.

상처 입은 영혼의 치유

비비안 스튜어트

나는 흐느껴 울면서 그날을 지워 버렸다.
그러나 그날은 지워 버렸지만, 그 상처는 지우지 않았다.
날카로운 칼날과 같은 어제의 생각들이
오늘은 더욱 예리하게 보인다.
그 고통을 제거해 줄 무언가가 없을까?
날카로운 기억들이 언제까지나
내일을 지배하며 다스릴 것인가?
잠 못 이루는 밤의 울렁거림 속에서,
나는 가장 따뜻한 빛을 뿜어내는 어떤 별이
오직 하나뿐인 그 길을 보여 주는 것을 느꼈다.
용서하라.
그 상처를 용서하고 놓아 보내라.
그렇지 않으면, 그것이 계속 나타나서
조롱하며 머무를 것이다.
용서하라.
그 상처를 용서하고 풀어 주어라.

열한 번째 만남

흔히 어머니의 기도를 '세상에서 가장 욕심 없는 기도'라고 한다.
자신의 유익보다는 오로지 자녀를 위해, 가족을 위해
무릎 꿇는 기도, 무조건적인 사랑을 쏟아붓는 기도,
그것이 어머니의 기도다. 우리가 자녀를 위해 할 수 있는
가장 큰일은 기도하는 일이다.
이제 더 깊은 기도의 자리로 나아가자.

Chapter 03 기도하는 엄마가 되라

세상에서 가장 욕심 없는 기도

자녀들이 친구들한테 자랑하는 엄마는 어떤 엄마인 줄 아는가? 보통 자녀가 어렸을 때는 "우리 엄마, 예쁘다", "똑똑하다", "부자다", "공부 많이 했다" 그런 것들이다. 그런데 장성한 자녀들은 '기도하는 엄마'를 기억하고 자랑스러워한다.

어느 집사님 가정에 오랜만에 남편의 학창 시절 친구들이 모였다. 이런저런 얘기를 하다가 어머니 이야기가 나왔다. 한 친구가 자신의 어머니 이야기를 했다.

"우리 엄마는 돈도 없고 배운 것도 없는 분이시다. 그런데 아침에 눈을 떴을 때 항상 내 이름을 부르면서 기도하고 있었다."

그러자 친구들이 한목소리로 말했다.

"너는 정말 잘될 거야. 성공한 사람 뒤에는 항상 기도하는 어머니가 있더라."

흔히 어머니의 기도를 '세상에서 가장 욕심 없는 기도'라고

> "기도하는 어머니의 자녀는 결코 망하지 않는다."
> –성 어거스틴의 어머니 모니카

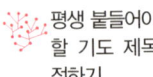

평생 붙들어야 할 기도 제목 정하기

1. 하나님을 경외하는 삶(잠 14:27; 시 119:2; 롬 12:2)
 · 정직한 삶(하나님 면전에서 사는 삶, 잠 12:22)
 · 기도하는 삶(빌 4:6-7; 시 102:17)
2. 바른 정체성을 가진 사람(창 2-3장; 롬 8:38-39; 엡 1:3-6; 벧전 2:9)
3. 관계의 축복 (잠 22:24-25; 마 6:14)
4. 가문에 내려오는 잘못된 굴레 벗기기(갈 5:1; 고후 5:17)
5. 하나님께서 주신 재능과 은사를 발견하고 발전시키기, 헌신하기(롬 11:29, 12:6; 고전 12장)
6. 열방을 품는 기도 (대하 7:14)

한다. 자신의 유익보다는 오로지 자녀를 위해, 가족을 위해 무릎 꿇는 기도, 무조건적인 사랑을 쏟아붓는 기도, 그것이 어머니의 기도다. 그러므로 우리가 자녀를 위해 할 수 있는 가장 큰일은 기도하는 일이다.

그런데 의외로 기도에 상처가 있는 분들이 많다. 그렇게 애절하고 간절하게 기도했건만 하나님이 들어주시지 않는다며 실망하여 기도에 대한 기대감이나 소망이 없는 것이다.

나도 그랬다. 기도가 좋은 거라고 해서 했는데, 아무런 일도 일어나지 않았다. 주변에서는 '나는 이런 기도 응답받았다, 나는 저런 기도 응답받았다' 하며 하나님께 영광을 돌린다는데 내 삶에는 도대체 영광 돌릴 만한 일이 일어나지 않았다. 왜 내 기도는 번번이 거절당하는 걸까. 남모를 상처가 있었다.

그러던 어느 날, 내 기도가 얼마나 세속적인지를 알게 되었다. 기도하면 당연히 하나님이 들어주셔야 한다는 공식을 만들어 놓고 그것에 어긋나면 절망했다는 것을 깨달았다. 나는 그동안 기도할 때마다 내 연민에 휩싸여 울었다. 내 초점은 오로지 우리 가정에 일어난 사건, 내 아이에게 닥친 문제들에만 있었다.

기도는 쌍방향 소통이건만, 나는 기도를 들으시는 분이 어떤 분인지도 모른 채 한풀이하듯 벽에 대고 말을 쏟아 놓는 식이었다. 아마 하나님은 "아이고 애야, 내 얼굴 좀 보고 내 얘기도 좀 들어다오" 하시며 안타까워하셨을 것이다.

🍵 행복을 향한 나눔

지금까지 당신은 자녀를 위해서 어떤 기도를 어떻게 했습니까?(구체적인 기도 제목과 방법)

_____
_____

내 생각과 욕심대로 기도했습니까, 아니면 하나님의 생각과 하나님의 뜻대로 기도했습니까?

_____
_____

기도의 키(key)는 하나님께 있다

우리 기도의 주인공은 하나님이시다. 기도는 그분의 계획하심, 그분의 인도하심을 듣는 시간이다. 그동안 우리가 기도하며 힘들었던 이유는, 하나님을 몰랐기 때문이다. 또한 하나님이 인도하시고자 하는 길과 내가 걷고자 하는 길이 달랐기 때문이다.

미국의 심리영성치료연구소의 영성학 교수인 데이비드 베너(David Benner)는《기도숨》에서 이렇게 말한다.

"기도는 우리 쪽에서 주도하는 활동이라기보다 맞장구에 더 가깝다. 하나님이 우리 마음과 존재의 심연에서 하시는 활동에 우리가 동조하는 것이다. …기도가 어떤 모양으로 나올지는 하

> 나님의 소관이므로 우리는 거기에 간섭하지 않는 법을 배워야 한다. 우리가 할 일은 열린 마음과 믿음으로 하나님을 바라보며 그분께 자리를 내 드리는 것이다. …기도란 하나님을 변화시키기 위해 있는 것이 아니다. 기도의 목적은 우리를 변화시키는 것이다. 무한하신 하나님께 열려 있다는 것은 그만큼 변화의 가능성도 무한하다는 뜻이다."

● 기도란 하나님을 변화시키기 위해 있는 것이 아니다. 기도의 목적은 우리를 변화시키는 것이다.

기도하는 사람이 첫 번째로 해야 할 일은, 하나님을 아는 것이다. 그래서 성경을 묵상하는 것이 정말 중요하다. 성경은 하나님이 어떤 분이신지 많은 이야기를 하고 있다.

어려서부터 항상 기도하라는 강압 속에 살아온 한 집사님이 있었다. 일찍 남편을 여읜 어머니는 어렵게 다섯 남매를 키웠다. 어머니는 새벽마다 첫째 딸인 이 집사님을 깨워 새벽기도회에 나갔다. "너와 내가 매달려야 우리가 산다"는 게 이유였다. 지금이야 절실했던 어머니의 마음을 이해하지만, 당시 집사님은 괴로웠다. 하나님은 사랑이시라는데 왜 매달려야 겨우 먹을거리를 주시는지 이해되지 않았다. 정말 기도하고 싶지 않았다. 그러나 어머니가 너무 무서워서 싫다는 말도 못했다. 속으로 분노가 쌓였고 급기야 결혼 후 교회도 나가지 않았다.

이 집사님은 두 아이의 엄마가 되었고, 경제적으로도 넉넉하게 살았다. 하지만 내면의 상처와 불안감은 어쩔 도리가 없었다. 날마다 한숨을 푹푹 쉬며 살다가 시골 작은 교회의 새벽기도회에 나가게 되었다. 그날 이후 집사님의 삶이 완전히 바뀌었다.

성령님이 그 마음에 찾아오신 뒤, 성경을 묵상하기 시작했다. 그동안 줄줄 외웠지만 하나도 마음에 와 닿지 않던 성경 구절들을 꼭꼭 씹었다.

"정말 고달픈 삶을 살았어요. 하나님도 힘드시게 만들었고요. 내가 기도하는 대상이 천지를 지으신 하나님이시라는 것을 몰랐습니다. 하지만 이제는 알아요. 성경에는 구구절절 '나는 이런 하나님이다. 네가 나를 알기 원한다'고 기록되어 있어요. 저는 날마다 말씀을 펼쳐 놓고 하나님과 대화해요. 그냥 아무것도 모른 채 '아멘' 하는 게 아니에요. 이해가 안 되면 '하나님 왜 이런가요?' 질문하면서 꼭꼭 씹어요. 그러면 어느 순간 하나님은 깨달음을 주세요. 기도자로 서려면 말씀을 알아야 해요. 내 인생의 키는 하나님께 있어요. 하나님께 내 사정을 아뢰고 얘기하면 하나님이 듣고 내 인생을 세워 가세요."

집사님의 기도로 그 가정도 완전히 변화되었다. 믿지 않는 남편이 하나님의 자녀가 되었고, 경제적인 어려움 속에서도 자녀가 자신의 꿈을 펼치는 믿음의 자녀로 자랐다.

엄마의 기도는 엄마 개인의 삶에 머물지 않는다. 남편과 자녀에게, 그리고 대대로 그 영향력을 발휘한다.

혼자서 하는 기도도 중요하지만 함께 모여 중보기도하는 것도 중요하다. 어머니학교 기도 모임을 통해 중보기도의 위력을 보여 준 남부 18기의 진행자 이야기를 들어 보자.

"하나님 앞에 산 제사로 예배드리는 중보기도 시간에 스태프 한 분이 본인의 교회에 39세 된 젊은 가장이 뇌출혈로 쓰러져 중환자실에서 일주일째 의식을 잃은 채 누워 있다면서 긴급히 중보해 달라고 했습니다. 우리는 그 자리에서 바로 눈물로 중보기도를 했고, 집에 돌아가서도 서로 기도하자고 약속하며 헤어졌습니다.

일주일 후, 스태프 미팅을 하던 중 지난 주 기도 요청을 한 자매가 갑자기 휴대폰을 쳐다보며 손으로 입을 막고 눈물을 흘리기 시작했어요. 뇌출혈로 쓰러졌던 가장이 지금 막 의식을 찾았다는 소식이었어요.

'저는 이곳에 그 젊은 가장의 기도 제목을 내어 놓으면 응답될 것 같은 성령님이 주시는 마음을 내어 놓았을 뿐인데…' 하며 그 자매는 너무 감격스러워서 울먹거렸어요.

할렐루야! 좋으신 하나님은 한 여종이 이곳에 그 안타까운 가장의 기도를 내어 놓기만 하면 응답되리라는 믿음을 주셨고 역사하셨습니다.

또 한 스태프는 아토피가 너무 심한 사춘기 딸로 인해 잠을 제대로 못 잔다고 했습니다. 딸이 1년 가까이 얼굴부터 온몸의 피부가 가려워서 추운 겨울에도 몇 번씩 깨서 창문을 열고 찬바람을 쐬야 했기 때문입니다. 딸은 아토피 때문에라도 신경이 더 예민해져서 엄마한테 온갖 짜증과 욕을 퍼부었습니다. 그래도 엄마는 딸에게 '넌 나을 수 있어! 하나님은 라파 하나님이야. 지금 어머니학교 스태프들이 너를 위해 금식하며 기도하고 있어!' 하며 아이를 안심시켰습니다.

눈물로 기도하던 스태프들의 기도를 하나님은 외면하지 않으시고, 그 딸을 만지기 시작했습니다. 아이 몸에 비닐 같은 하얀 가루가 수도 없이 수북이 쏟아져 내리면서 깨끗이 나은 것입니다.

빨갛게 변해 버린 상처투성이 피부 때문에 사진 찍는 것을 제일 싫어하던 아이가 처음으로 고등학교 교복을 예쁘게 입고 찍은 사진을 내밀 때, 엄마의 눈에는 눈물이 마르지 않고 흘러내렸습니다.

할렐루야! 믿음은 바라는 것의 실상임을 체험하는 시간이었습니다.

또 한 스태프는 아들이 학교 폭력에 휘말려서 경찰서로 학교로 뛰어다녀야 하는 어려움을 겪게 되었습니다. 그 와중에 고2 딸까지 학교에서 따돌림을 당해 학교에 가지 않으려 했습니다. 스태프는 눈물로 기도하는 것밖에 할 수 있는 게 아무것도 없었습니다. 그러던 어느 날 딸이 다니던 학교를 중퇴하고 다른 학교에 시험을 봐서 합격한 뒤 날마다 '엄마 나 요즘 너무나 행복해요' 하며 밝게 웃게 되었다고 합니다. 그 스태프는 발등의 불이 너무 커서 몇 번이나 어머니학교를 그만두고 싶은 마음을 고쳐 먹고 순종하며 섬겼더니 내 집의 불이 다 꺼졌다며 환하게 웃었습니다.

한 스태프는 심장이 칼로 쑤시듯 너무 아파 숨을 쉴 수도 없었습니다. 어머니학교에 중보기도 해달라고 부탁한 뒤 병원에서 CT를 찍고 결과를 기다리는데, 그렇게 아프던 심장의 통증이 어느 날 거짓말처럼 말끔히 나았습니다. 병원에서도 아무 이상이 없다고 했습니다. 스태프는 하나님이 고쳐 주셨음을 확신하며 감사의 기도를 드렸습니다."

가정을 세우는 지혜로운 여인

"지혜로운 여인은 자기 집을 세우되 미련한 여인은 자기 손으로 그것을 허느니라"(잠 14:1).

엄마들의 소원은 똑같다.

"내가 수고해도 우리 애가 잘되면 좋겠어요. 내가 좀 고생해도 우리 남편이 잘되면 좋겠어요."

엄마들의 한결같은 소망은 가족이 행복하고 잘되는 것이다. 성경의 표현대로 하자면 '자기 집을 세우는' 것이다. 이 말은 내가 죽은 다음에, 다음 세대, 또 그 다음 세대로 축복이 이어지길 원한다는 뜻이다. 한 어머니의 영향력은 대대로 이어진다.

한 사람 때문에 가문이 멸망하기도 하고 한 사람 때문에 가문이 큰 복을 누리기도 한다. 대표적인 인물로 우리는 라합을 생각할 수 있다. 라합은 온 가족을 구원하고 그 가문을 명문가로 만들었으며, 예수님의 족보를 잇는 조상이 되었다. 그는 신분과 직업을 뛰어넘어 믿음으로 한 가문을 일으켜 세웠다.

누구든지 그런 여인이 되길 원할 것이다. 과연 어떤 엄마가 자기 손으로 자기 집을 헐기 원하겠는가. 하지만 우리도 모르게 '자기 손'으로 집을 헐고 있을 수 있다. 하와를 생각해 보라. 하와의 남편 아담은 모든 것을 가진 사람이었다. 하나님이 그들에게 모든 것을 주셨다. 그러나 하와가 '자기 손'으로 집을 무너뜨렸다. 한순간의 선택으로 그 다음 세대, 후손들까지 모두 무너졌다.

'손'은 굉장히 긍정적인 단어다. 우리는 손으로 수고하고 열심히 뭔가를 한다. 하지만 조심해야 한다. 하나님과 상관없는 일에 열심을 낼 수 있기 때문이다. '자기 손으로' 열심을 내면 집이 무너질 수 있다.

그렇다면 어떻게 자기 집을 세울 수 있을까? 우리는 기도할 수 있다. 하나님을 향해 마음을 열고 하나님께서 우리를 통해 일하시도록 기도할 수 있다. 하나님은 나를 통해, 우리 엄마들을 통해 한 집안을 세우신다. 세상을 변화시키신다. 어느 날 다니엘

●
지혜로운 여인:
기도로 집을 세운다.
미련한 여인:
자기 손으로 허문다.

서 1장 8절의 말씀을 가지고 큐티를 한 후 각자 어떤 뜻을 정하였는지 나누는 시간을 가졌다. 큰아들은 "저는 저희 가문을 세우겠습니다", 둘째 아들은 "저는 세상을 따뜻하게 하는 데 뜻을 정했습니다", 옆에 있던 남편은 "가정을 세우는 데 뜻을 정했어" 했습니다. 그때 나는 "세 남자를 세우는 데 뜻을 정했습니다"고 말했다.

현재 우리 가족은 고맙게도 각자 자기가 정한 뜻대로 살아가고 있다.

"하나님께 열린 삶은 변화를 낳는다. 그 삶은 우리를 변화시키고, 우리를 통해 흘러나오시는 하나님은 세상을 변화시키신다"(데이비드 베너, 《기도 숨》).

● 골방으로 들어가 열방을 경영하라.

엄마들이여, 골방으로 들어가라. 그곳에는 천지의 주권자이신 하나님이 기다리신다. 기도는 영광 중에 계신 그분을 뵙는 길이다. 그 영광의 풍성함에 참여하는 길이다. 골방에서 무릎을 꿇고 하나님께 나아가라. 내 손에 쥐고 있던 아이들을 하나님께 맡기라. 그동안 내 손으로 해보려던 것들을 내려놓으라. 아이들에게도 엄마 아빠의 손을 보지 말고 하나님의 손을 의지하여 살라고 가르치라.

엄마의 기도는 기적을 일으킨다. 위기의 순간에 통장의 잔고가 있으면 마음껏 꺼내 쓸 수 있듯이 엄마의 기도는 위기의 순간에 잔고를 꺼내 쓰는 통장과 같다.

그런데 어떻게 기도하고 있는가? 내 자식, 내 가족만을 위해서 기도하고 있는가, 아니면 이타적인 기도를 하고 있는가? 회심을 하면 삶이 바뀌고 기도의 내용도 바뀌게 된다.

무엇을 위해 기도해야 하는가

자녀가 성장할수록 기도 없이는 부모 노릇을 올바르게 하기 힘들다. 그런데 많은 엄마들이 골방에 들어가 한풀이를 한다. 내가 대학 못 갔으니 우리 자녀만큼은 좋은 대학 가게 해주세요, 나는 고생하고 컸으니 우리 애들만큼은 넉넉하게 자라게 해주세요…. 자신이 누리지 못한 복에 한이 맺힌 기도를 한다. 혹은 오늘 이런저런 일을 하려고 하니 잘되게 도와주세요, 하고 스케줄을 보고하는 기도를 한다.

이제 하소연하는 기도에서 벗어나 보자. 나는 기도할 때 꼭 빼놓지 않는 것이 있다. 바로 '관계성'이다. 내 아이가 하나님과 이웃과 건강한 관계를 맺고 살아가도록 기도한다. 지금도 날마다 자녀와 손자들을 위해 세 가지를 기도한다.

첫째, 날마다 창조주 하나님이 세상을 다스리신다는 것을 잊지 않고, 오늘도 하나님의 도움이 필요한 겸손한 인생이 되게 하소서.

● 내 아이가 하나님과 이웃과 건강한 관계를 맺고 살아가도록 기도하라.

자녀를 위한 기도

1. 하나님의 도움이 필요한 겸손한 인생이 되게 하소서.
2. 하나님의 네트워크에 속하게 하소서.
3. 하나님의 손길을 붙잡고, 또한 누군가에게 도움의 손길이 되게 하소서.

둘째, 어려움을 만났을 때 어떤 상황에서든지 하나님의 사람을 만나게 하소서. 곧 하나님의 네트워크에 속하게 하소서.

셋째, 잘 분별하고 용기를 내어 하나님의 손길을 붙잡고, 또한 누군가에게 도움의 손길이 되게 하소서.

사람은 누구를 만나느냐에 따라 인생이 달라진다. 영성도 결국 하나님과의 관계이고 이웃과의 관계다. 하나님과의 관계에만 집중하면 영적 편재를 가져올 수 있다. 하나님과의 관계뿐 아니라 학교와 교회, 친구들과의 관계를 위해서도 모두 기도해야 한다. 관계 속에서 인성과 사회성과 영성이 발달하고 성장한다.

🍵 행복을 향한 나눔

어머니로서 자녀들을 위해 어떤 기도를 드리기 원합니까? 당신 자녀를 위한 기도문을 적어 보십시오.

자녀를 위한 요일별 축복기도

● 아침에 일어나서 아이를 안고 기도하거나 머리에 손을 얹고 축복기도를 해주시기 바랍니다.

주일 여호와는 ○○를 지키시는 이시라 여호와께서 ○○의 오른쪽에서 ○○의 그늘이 되시나니 낮의 해가 ○○를 상하게 하지 아니하며 밤의 달도 ○○를 해치지 아니하리로다 여호와께서 ○○를 지켜 모든 환난을 면하게 하시며 또 ○○의 영혼을 지키시리로다 여호와께서 ○○의 출입을 지금부터 영원까지 지키시리로다. 시 121:5–8

월 주께서 ○○에게 복을 주시려거든 ○○의 지역을 넓히시고 주의 손으로 ○○를 도우사 ○○로 환난을 벗어나 근심이 없게 하옵소서. 대상 4:10
○○의 위에 여호와의 영 곧 지혜와 총명의 영이요 모략과 재능의 영이요 지식과 여호와를 경외하는 영이 강림하시리니 ○○가 여호와를 경외함으로 즐거움을 삼을 것이로다. 사 11:2–3

화 여호와를 경외하며 그의 계명을 크게 즐거워하는 ○○는 복이 있도다. … 부와 재물이 ○○에게 있음이여 그의 공의가 영구히 서 있으리로다 정직한 자들에게는 흑암 중에 빛이 일어나나니 ○○는 자비롭고 긍휼이 많으며 의로운 이로다 … ○○는 영원히 흔들리지 아니함이여 의인은 영원히 기억되리로다. 시 112:1–6

수 그러므로 ○○아 내가 하나님의 모든 자비하심으로 ○○를 권하노니 ○○ 몸을 하나님이 기뻐하시는 거룩한 산 제물로 드리라 이는 ○○가 드릴 영적 예배니라 ○○는 이 세대를 본받지 말고 오직 마음을 새롭게 함으로 변화를 받아 하나님의 선하시고 기뻐하시고 온전하신 뜻이 무엇인지 분별하도록 하라 내게 주신 은혜로 말미암아 ○○에게 말하노니 마땅히 생각할 그 이상의 생각을 품지 말고 오직 하나님께서 ○○에게 나누어 주신 믿음의 분량대로 지혜롭게 생각하라. 롬 12:1–3

목 환난 날에 여호와께서 ○○에게 응답하시고 야곱의 하나님의 이름이 ○○를 높이 드시며 성소에서 ○○를 도와주시고 시온에서 ○○를 붙드시며 ○○의 마음의 소원대로 허락하시고 ○○의 모든 계획을 이루어 주시기를 원하노라 여호와께서 ○○의 모든 기도를 이루어 주시기를 원하노라. 시 20:1–2, 4–5

금 여호와는 ○○에게 복을 주시고 ○○를 지키시기를 원하며 여호와는 그의 얼굴을 ○○에게 비추사 은혜 베푸시기를 원하며 여호와는 그 얼굴을 ○○에게로 향하여 드사 평강 주시기를 원하노라. 민 6:24–26

토 ○○의 하나님 여호와가 ○○ 가운데 계시니 그는 구원을 베푸실 전능자이시라 그가 ○○로 말미암아 기쁨을 이기지 못하시며 ○○를 잠잠히 사랑하시며 ○○로 말미암아 즐거이 부르며 기뻐하시리라 하리라 … ○○에게 천하 만민 가운데서 명성과 칭찬을 얻게 하리라 나 여호와의 말이니라. 습 3:17, 20

공동체에 속하라

내 아들을 키운 교회 공동체

> 좋은 공동체란 문제가 없는 것이 아니라 문제를 문제화시키지 않는 곳이다.

"한 아이를 키우려면 온 마을이 필요하다"는 인디언 격언이 있다. 한 아이가 올바로 자라려면 부모뿐 아니라 주변 사람들이 함께 노력해 줘야 한다는 말이다. 이웃사촌이라는 말이 무색한 요즘에는 현실성 없는 문구 같지만, 또한 그만큼 절실한 말이기도 하다. 불완전한 부모 혼자 힘으로는 자녀를 온전히 키우기가 어렵다.

나는 둘째 아들 재학이를 키우면서 교회 공동체 덕을 톡톡히 보았다. 정말이지 둘째는 교회 공동체가 키웠다고 해도 과언이 아니다. 재학이가 방황하며 힘들어할 때, 교회 선생님들이 그 아이를 위해 울며 기도해 주지 않았다면 지금의 재학이가 없었을 것이다. 내 인격과 신앙의 부족함을 그분들이 모두 메워 주셨다.

그리스도인 엄마들 중에는 신앙을 자기 욕심을 위한 발판으로 삼는 실수를 저지르는 분들이 있다. 그래서 교회 잘 나가면,

기도 열심히 하면 공부 잘한다는 식으로 자녀들을 종용한다. 기복적인 신앙이다.

한번은 누구누구는 기도 열심히 해서 시험을 봤더니 답이 저절로 보였더라는 이야기를 듣고 아들에게 전했더니, 아들이 얼굴을 찌푸리며 말했다.

"공부 잘하는 사람에게만 하나님이 있나? 나는 그렇게 배우지 않았어. 하나님은 공부를 잘하건 못하건 우리를 사랑하셔."

엄마로서 부끄러운 순간이었다. 교회 친구들과 몰려다니며 노는 줄로만 알았더니, 어느새 아들의 중심에는 온전한 믿음이 자라고 있었다. 그때부터 나는 아들을 이기려고, 잡으려고 애쓰지 않았다.

재학이가 고등학교 3학년 여름방학 때였다. 학교 자율학습에 나가지 않겠다고 했다. 교회 수련회가 자기 인생에서 더 중요하다는 것이다. 당장 대입이 코앞이라 엄마로서는 마음이 초조할 수밖에 없었다. 하지만 그 아이 손을 들어 주었다. 아니 포기했다는 표현이 더 맞을 것이다. '그래, 이제 와서 자율학습 몇 시간 더 한다고 성적이 오르겠는가' 하는 마음이었다.

재학이는 그 해 입시에서 떨어지더니 재수하겠다고 했다. 이제 제대로 공부를 하려나 했더니 이번에는 롱코트를 사달란다. 대학 떨어진 것도 속상해 죽겠는데, 롱코트라니! 나는 아들에게 겉멋만 잔뜩 들었다고 혼냈다. 그러던 어느 날, 교회 선생님한테서 전화가 왔다.

"어머니, 여력이 되시면 재학이 이번에 롱코트 사 주시면 좋겠어요."

선생님은 재학이의 마음이 어떤지, 그 아이에게 지금 어떤 칭찬과 격려가 필요한지를 조심스럽게 이야기했다. 나보다 재학이 마음을 더 잘 알아주는 선생님의 말씀을 따를 수밖에 없었다. 그 뒤로 그 선생님은 때마다 나와 재학이 사이에서 중재 역할을 해주셨다.

아이들은 자라면서 부모보다는 또래 친구들이나 선배들에게 고민을 털어놓는다. 그럴 때 곁에 좋은 믿음의 친구들, 선배들, 선생님들이 있다면 얼마나 다행인가! 그래서 나는 지금도 엄마들에게 교회 공동체의 역할을 크게 강조한다. 특히 내 자녀들의 영혼을 사랑하여 눈물로 기도하는 선생님들의 마음과 노력에 감사하는 엄마들이 되어야 한다.

재학이는 내가 무얼 특별히 가르친 것이 없는데도 매우 리더십이 강한 아이로 자랐다. 대학에 들어가서는 대학부 회장으로 교회를 섬기기도 했다. 수련회처럼 큰 비용이 들어가는 일에는 부모나 교회 헌금에 기대지 않고 청년다운 패기와 열정을 발휘하여 비용을 마련하기도 했다.

교회는 또 하나의 생명나무 공동체

재학이를 통해 나는 또 하나의 생명나무 공동체를 경험했다. 교회는 가정과 더불어 하나님이 우리에게 주신 생명나무 공동체다. 우리는 이 두 생명나무 공동체를 통해 경건한 하나님의 백성으로 성장해 나갈 수 있다. 그 속에 거하면 내가 비록 약하고 쉽게 넘어지는 존재라 할지라도 더불어 가는 은혜가 분명히 있다. 다 큰 어른인 내가 개인적인 어려움을 이겨 내고 여기까지 온 것도 역시 교회 공동체의 힘이 컸다. 그 속에 있었기 때문에 그나마 견디고 버텼으며, 결국엔 은혜를 경험할 수 있었다.

따라서 정기적으로 예배를 드리고 소그룹에 참여하는 것은 굉장히 중요하다. 자녀가 교회 활동에 적극적으로 참여하도록 하는 것도 중요하다. 드니스 글렌은 그의 책 《지혜》에서 이렇게 말했다.

"자녀들을 계속 교회 활동에 적극적으로 참여하게 하는 것은 그들에게 많은 유익을 줄 것이다. 첫째, 그들은 하나님에 대해서 훈련을 받는다. 둘째, 다른 젊은 그리스도인을 만난다. 셋째, 그리스도인으로 살아가면서 자신을 사랑해 주고, 자신을 위해 기도해 주며, 지원해 주는 성도들이 이룬 공동체의 일원이 된다. 그리고 마지막으로, 이러한 것들은 그들을 고통으로부터 지켜 주는 훌륭한 방법이다."

드니스 글렌은 그러므로 어머니들이 가족 모두가 안식일을 거룩하게 지키고 하나님의 백성과 예배드리며 안식하고 교제하는 구별된 삶을 살도록 도와야 한다고 말한다.

이기적인 생각에서 벗어나라

나는 또한 교회 공동체에서 쑥쑥 크는 아들을 보며 이기적인 생각에서 벗어날 수 있었다. '내 아이가 잘되기를' 바라는 마음이 점차 '내 아이의 친구들이 잘되기를' 바라는 마음으로 커져 갔다.

보통 엄마들은 뉴스 기사에 나오는 소위 문제아들을 보면 '내 아이는 그러지 않을 거야' 하면서 내 아이가 그런 아이들과 어울리지 않기를 바란다. 공부나 학습에 어떤 식으로든 도움이 되는 친구와 어울리기를 바란다.

그런데 생각해 보라. 결국 그들도 한 시대를 만드는 동역자들이다. 내 아이가 행복하게 살기 바란다면 내 아이가 만나는 친구들 또한 행복해야 한다. 그러기 위해서는 엄마들이 나와 가족만을 생각하는 이기주의에서 벗어날 필요가 있다.

아이들은 또래 집단을 통해 많은 것을 배운다. 그 속에서 갈등 해결법과 리더십을 배운다. 따라서 내 아이가 건강하게 자라기를 바란다면, 내 아이의 친구들이, 내 아이가 속한 공동체가 건강하도록 함께 기도해야 한다. 내 태를 통해 태어난 아이뿐 아니라 그 아이의 친구까지 품고 기도하는 마음, 그것은 진정 엄마만이 가질 수 있는 특별한 마음일 것이다.

> 내 아이가 건강하게 자라기를 바란다면, 내 아이의 친구들이, 내 아이가 속한 공동체가 건강하도록 함께 기도해야 한다.

품앗이 양육이나 교육도 좋다

아직 어린 자녀를 둔 젊은 엄마들이 혼자서 감당하느라 육아 스트레스에 시달리는 것을 본다. 아이들이 어릴수록 친척이나 이웃의 도움이 절실하다. 아이를 믿고 맡길 곳이 없어서 미용실 갈 시간도 없다는 것이 얼마나 힘든 일인지 아이를 키운 엄마라면 누구나 공감할 것이다.

그래서 나는 엄마들에게 집 안에서 벗어나 적극적으로 육아 공동체를 형성하라고 권한다. 요즘 젊은 엄마들은 인터넷을 통해 모임을 만들어 자녀에게는 또래 친구들을 만들어 주고, 엄마들끼리는 육아나 교육의 어려움을 나누며 품앗이하기도 한다. 아이들은 친구 집단을 통해 사회성을 배울 수 있고, 엄마들은 육아의 부담에서 조금이나마 벗어날 수 있으니 좋은 대안이라고 생각한다. 그러한 나눔과 품앗이를 통해 내 아이만 잘되면 된다는 이기적인 생각에서 벗어나 함께 더불어 살아가는 가치를 몸소 체험할 수 있을 것이다.

자녀를 키우는 일은 여전히 부모 혹은 엄마 혼자 힘으로는 부족하다. 부디 적극적으로 도움을 받고 또한 도움을 주며 공동체 그리고 이웃과 함께 성장해 나가기를 바란다.

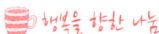 행복을 향한 나눔

자녀 교육과 관련하여 이웃이나 다른 공동체의 도움을 받은 경험이 있다면 함께 나눠 보십시오.

묵상과 기도

그리스도의 십자가를 통하여
진정한 사랑은 용서라는 것을 알게 해주신 하나님 아버지,
내 마음속에 미움이 있습니다.
용서하지 못하는 억울함이 있습니다.
원망이 있습니다.
내 마음속에 있는 용서하지 못하는 마음, 억울함, 이웃을 향한 원망스러운 마음,
이 모든 것을 이제 주 앞에 내려놓기를 원합니다.
내가 용서할 수 없었던 이웃들을 용서할 수 있도록 주께서 도와주옵소서.

그 누군가를 용서하기 어려울 때마다
십자가 위의 주님을 바라보게 하시고,
용서하지 않는 사랑은 사랑이 아니라고
오늘도 십자가 위에서 조용히 외치시는 주님의 음성을 듣게 하옵소서.

주님을 멀리 떠나 탕자같이 헤매고 방황하고 있을 때
나를 받아 주시고 용납해 주시고 자녀 삼아 주신 주의 사랑을 기억하고,
내게 상처를 준 이웃들을 향해서 용서를 선포하며
작은 그리스도로 살아갈 수 있도록 도와주옵소서.
예수님의 이름으로 기도합니다. 아멘.

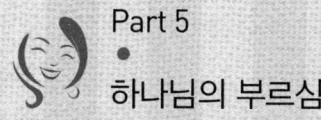

Part 5

하나님의 부르심

십자가의
사명

열두 번째 만남

한 어머니가 십자가의 사명을 잘 감당하면
그 집에 구원이 임할 것이다. 한 어머니가 한 알의 밀알이 되어
가정을 섬기면 후손 대대로 열매가 맺힐 것이다.
믿음으로 내일을 내다보며 하나님과 함께, 당신에게 맡겨진
'엄마의 길'을 걸어가기 바란다.
당신은 하나님의 창조 사역의 중요한 동역자다.

Chapter 01  십자가의 사명

온유하고 안정된 심령으로

엄마로서 우리가 나아가야 할 목표는 무엇일까? 성경은 말한다.

"오직 마음에 숨은 사람을 온유하고 안정한 심령의 썩지 아니할 것으로 하라 이는 하나님 앞에 값진 것이니라"(벧전 3:4).

바로 온유하고 안정된 심령의 엄마와 아내가 되는 것이다. 온유함은 외유내강이다. 안은 강하지만 늘 겉으로는 부드러움과 따뜻함이 흐르는 것이다. 따뜻함을 미소와 웃음으로 전달하는 것이다. 안정된 심령은 조급하지 않은 마음이다. 내가 생각하는 때가 아니라 하나님의 때를 기다릴 줄 아는 마음이다.

내게는 정말 특별한 이모님이 계셨다. 굉장히 어려운 살림에도 늘 웃음을 잃지 않던 분이다. 류머티스 관절염을 심하게 앓으셔서 잘 걷지도 못했는데 늘 할렐루야를 외치며 즐겁게 사셨다.

> **온유하고 안정된 심령이란?**
> 1. 조급하지 않은 마음.
> 2. 하나님의 때를 기다릴 줄 아는 마음.

이모부가 별다른 능력이 없어 돈벌이가 시원찮았는데, 늘 바깥일을 마치고 들어오시면 "아이고, 영감. 애썼소" 하고 남편을 맞았다. 오죽했으면 우리 엄마가 이모를 보며 "우리 언니는 뭐가 좋다고 저래 웃는지…" 하고 흉을 봤다. 이모의 성품 덕분에 이모 집에는 늘 사람이 끊이지 않았다. 동네 사람들은 늘 진심으로 위로하고 기도해 주는 이모를 찾아와 어려움과 기쁨을 나눴다. 이모는 별로 가진 게 없는데도 나누고 또 나눴다.

내 이종사촌들은 모두 건강하게 잘 자랐고, 사회에서 꽤 인정받는 위치에까지 올랐다. 훗날 교육학 박사가 된 이종사촌이 이렇게 고백했다. "어릴 때는 온 동네 사람들이 날마다 우리 집에 오는 게 싫을 때도 있었어요. 돈도 없고 몸도 불편한 우리 엄마를 왜 좋아하는지 이해할 수 없었지요. 먹고살기도 힘든데 자꾸 퍼 주고 늘 웃으시는 엄마도 이해가 안 되었어요. 그런데 놀랍죠. 그 엄마 덕분에 우리가 이렇게 잘 자랐어요. 제가 교육학을 공부하고 보니, 엄마의 삶은 자녀에게 정말 훌륭한 모범이었더라고요."

이모는 이미 '크고 비밀한 것'을 아셨던 것 같다. 그분은 현재를 보지 않고 미래를 바라보았다. 자신이 처한 형편의 어떠함보다 영혼의 어떠함을 중요하게 생각하고 보살폈다. 자신이 기대하는 때를 초조하게 기다리지 않고 하나님의 때를 바랐다. 이모님이야말로 온유하고 안정된 심령의 어머니였다.

어머니로서의 자리를 지키면

한 여성이 어머니 역할을 잘하면 그 집은 견고해진다. 부하거나 천하거나 상관없다. 한 어머니가 늘 하나님에 대한 신뢰를 잃지 않고 온유한 심령으로 가정을 지키면 그 자녀들에게 큰 영향력을 끼친다. 지금도 이종사촌들은 입을 모아 말한다.

"우리 엄마의 하나님이 내 하나님이에요. 우리 엄마가 계셨기에 지금 우리가 있는 거죠."

어머니에게 이보다 더 큰 칭송이 어디 있겠는가. 이모님은 살아생전에 큰 부귀영화를 누리시지는 못했지만, 하나님 보시기에 형통한 인생이요 성공한 인생을 사셨다.

어머니라는 자리는 '경건한 후손'을 키워 내는 자리다. 그러나 사탄은 호시탐탐 그 길을 막고 경건한 후손들을 파멸시키려 애쓴다. 이때 어머니의 삶의 태도가 매우 중요하다.

시애틀에서 어머니학교를 할 때 모 대학 교환교수로 있는 분을 만났다. 강의 중에 우리 가족 이야기를 쭉 들으시더니 마음에 감동이 있었는지 식사 자리에 나를 초대하셨다. 그분은 덥석 내 손을 잡더니 "권사님 어머님도 그렇지만, 우리 어머니도 어려운 중에도 우리를 지켜 주셨답니다"고 하셨다. 그분의 아버지도 술도 많이 드시고 여자 문제로 아내를 꽤나 힘들게 했다고 한다. 하지만 그분의 여섯 형제들은 모두 멋지게 믿음의 삶을 살아가

● 어머니라는 자리는 '경건한 후손'을 키워 내는 자리다.

고 있었다. 그분은 "이 모든 것이 우리 어머니가 우리를 안 버리고 사셨기 때문이에요. 우리 어머니의 믿음이 우리 가정을 지켰죠" 하고 말했다.

척박한 환경 속에서도 많은 어머니들이 인내하며 자녀를 키워 냈다. 나 역시 그런 어머니의 덕을 보고 자란 자녀 중 하나다. 그런데 오늘날은 엄마들이 너무 약해졌다. 조금만 힘들고 어려워도 가정을 깨 버린다. 큰 문제가 아닐 수 없다. 한 가정에 어떤 시련이 닥쳐도 엄마가 그 자리를 지키고 제 역할을 다하면 자녀들은 온전히 자랄 수 있게 된다. 그러나 엄마가 그 자리를 버리거나 역할을 소홀히 하면 자녀들은 힘들고 어려운 인생을 살아가게 된다.

내 고등학교 친구의 숙모는 학원재단 이사장 딸로 굉장히 부유한 집에서 자랐다. 젊은 나이에 친구의 숙부와 결혼했으나 남편을 잃었다. 시아버지는 마음이 어렵겠지만 아들 둘의 엄마로서 살아갈 것을 권했다. 과수원을 물려주고 경제적으로 지원해 주겠다고도 했다. 하지만 그분은 꽃다운 인생을 왜 여기다 썩히냐며 과수원을 팔아 미용실을 차렸다. 그리고 어머니의 역할보다는 자기 하고 싶은 대로 살았다. 새로운 가정도 꾸렸으나 평탄치 못했다. 내 친구의 사촌들은 의붓아버지에게 쫓겨나 친구 집에 오곤 했다. 내 친구를 통해 그 사촌들이 힘들게 살고 있다는 이야기를 들을 때마다 나는 그분이 어머니의 자리를 굳게 지켜 주었으면 어떻게 되었을까 생각해 보곤 했다.

한 여성이 어떤 가치를 붙잡고 사느냐에 따라 한 집안이 달라진다. 당장 화려한 삶을 꿈꾸기보다 인생의 후반전을 생각하는 것이 현명한 엄마다. 인생의 후반전은 자녀들이 얼마나 온전히 자랐느냐에 따라 판도가 달라진다. 그것은 이전에 엄마가 얼마나 온유하고 안정된 심령으로 자녀들을 키우고 가정을 지켰느냐에 달려 있다 해도 과언이 아니다.

● 한 여성이 어떤 가치를 붙잡고 사느냐에 따라 한 집안이 달라진다.

🏮 행복을 향한 나눔

한 가정의 어머니로서, 아내로서 당신이 감당해야 할 십자가가 있다면 그것은 무엇입니까? 당신 자신입니까? 남편입니까? 자녀입니까? 아니면 당신의 환경입니까? 왜 그런지 구체적으로 나누어 보십시오.

한 여성을 통해 구원이 들어온다

한 집안의 행복의 열쇠를 여성이 갖게 된 것은 우연이 아니다. 하나님은 여성에게 대단히 중요한 역할을 맡기셨다. 인류는 최초의 여성인 하와를 통해 타락했지만, 또한 하나님의 구원 사역은 마리아라는 여인의 순종을 통해 이루어졌다.

나는 마리아를 대단한 여성이라고 생각한다. 그녀의 순종은 참으로 대단한 결과를 낳았다. 생각해 보라. 2000년 전에, 마리아는 혼전 임신을 했다. 주변에 알려지면 돌팔매질당해 죽을지도 몰랐다. 그런데도 순종했다. 요셉 역시 천사의 말을 듣고 아무런 의심 없이 마리아를 용납하고 신뢰하고 사랑했다. 요셉의 믿음이 큰 몫을 했다. 그럼에도 나는 마리아가 요셉에게 신뢰를 주었을 거라고 생각한다. 그녀야말로 온유하고 안정된 심령의 여인이 아니었을까. 위엄과 존귀로 옷을 입은 온전한 여성이 아니었을까. 그 모습이 요셉을 감동시키지 않았을까.

마리아의 순종은 여기서 끝나지 않는다. 예수님이 자랄 때도 그랬지만 예수님이 죽임을 당할 때 마리아가 보여 준 순종은 절정에 이른다. 자기 태로 낳은 아들이 억울하게 죽음을 맞게 되었으니, 어머니로서 얼마나 아들을 살리고 싶었겠는가. 이 아이는 정신적으로 문제가 있으니 선처해 달라고 매달리고 싶지 않았겠는가. 자신이 죽는 것보다 더 큰 아픔이었을 것이다. 그러나 마리아는 순종했다. 마리아는 믿음으로 아들이 죽음을 맞는 상황을 지켜보았다. 인간적으로는 너무나 슬픈 일이지만 견뎌 냈다.

마리아의 순종으로 구원은 완성되었다. 하나님은 비록 에덴동산에서는 뱀이 이겼지만, 장차 여자를 통해 뱀, 곧 사탄이 확실하게 완패할 것을 예언하셨다.

"내가 너로 여자와 원수가 되게 하고 네 후손도 여자의 후손과 원수가 되게 하리니 여자의 후손은 네 머리를 상하게 할 것이요 너는 그의 발꿈치를 상하게 할 것이니라 하시고"(창 3:15).

한 여인의 불순종을 통해 한 집안에 죄가 들어온다. 하와는 '보암직도 하고 먹음직도 한 것'에 속아 불순종했다. 그 결과 후손에까지 어마어마한 악영향을 끼쳤다. 그러나 반대로 한 여성의 순종을 통해 구원이 들어온다. 마리아는 하나님의 계획에 순종했다. 인간적인 생각에 속지 않았다. 그 결과 우리는 구원의 기쁨을 누리고 있다.

우리 가정에서도 마찬가지다. 한 어머니가 세상 가치관을 좇느냐, 아니면 하나님의 계획을 알고 순종하느냐에 따라 그 후손들의 삶의 판도가 엄청나게 달라진다. 당신의 선택과 순종이 후손들에게 엄청난 영향을 미치는 것이다.

나는 어머니학교에 오는 많은 엄마들을 위해 기도한다.

"마리아같이 하나님의 자녀를 잉태하고, 한나처럼 내 자녀가 아닌 하나님의 자녀로 양육하며, 룻과 같은 믿음의 며느리가 되고, 에스더처럼 나라를 구하는 어머니들이 되게 하소서."

하나님은 지금도 믿음의 한 여인을 찾고 계신다. 한 가정을 살리고 경건한 후손들을 길러 낼 한 여인을 찾으신다.

엄마에게 주신 사명

여성이라면 누구나 공감하겠지만, 온유하고 안정된 심령의 어머니로 살아가는 것은 쉬운 일이 아니다. 사탄의 끊임없는 방해 공작에 맞서야 한다. 그런 까닭에 우리의 연약함을 아시는 성령님과 늘 동행해야 한다. 나는 엄마들에게 이 길이 어렵다고 느낄 때마다 십자가를 묵상할 것을 권한다.

예수님은 우리를 위해 십자가에 달리셨다. 십자가를 볼 때마다 "그래, 너는 가만히 있어라. 내가 다 감당하마" 하는 예수님의 음성이 들리는 것만 같다. 우리가 감당해야 할 몫을 모두 그분이 해결하셨다. 그분이 고난의 길을 순종함으로 견디셨기에 우리가 생명을 얻었다.

나는 하나님께서 그러한 십자가의 사명을 우리 엄마들에게 주셨다고 생각한다. 우리는 한 가정을 위해 십자가의 사명을 받아들여야 한다. 남편을 가정의 제사장으로, 가장으로 서게 하는 것이다. 고난의 길을 마다않고 가는 순종의 삶이다. 우리가 힘들고 어려울 때 십자가의 예수님을 기억하며, 그 깊은 사랑에 감동하여 회복되듯이, 아이들 역시 힘들고 어려울 때 우리의 따뜻한 품을 기억하고 힘을 얻을 것이다.

꼭 기억할 것은 십자가가 끝이 아니라는 것이다. 죽음이 끝이 아니다. 십자가의 사건 이후 영광스러운 부활이 찾아온다.

> "최고의 지식이 있다면 그것은 하나님의 뜻을 아는 것이고, 최고의 성취가 있다면 그것은 하나님의 뜻을 행하는 것이다."
> —조지 트루엣

우리에게는 후손들로 인하여 기쁘고 영광스러운 후반전이 기다리고 있다. 또한 그보다 더 영광스러울 하늘의 삶이 기다리고 있다.

> "내가 진실로 진실로 너희에게 이르노니 한 알의 밀이 땅에 떨어져 죽지 아니하면 한 알 그대로 있고 죽으면 많은 열매를 맺느니라"(요 12:24).

한 어머니가 십자가의 사명을 잘 감당하면 그 집안에 구원이 임할 것이다. 한 어머니가 한 알의 밀알이 되어 가정을 섬기면 후손 대대로 열매가 맺힐 것이다. "내 어머니의 하나님이 내 하나님이십니다"라는 영광스러운 칭송을 들을 것이다.

● 한 어머니가 십자가의 사명을 잘 감당하면 그 집안에 구원이 임할 것이다.

어머니학교에서 만난 천사가 있다. 믿지 않는 남편을 만나 결혼했으나 남편은 매일 술과 함께 살았다. 남편은 코끝이 늘 빨갈 만큼 알코올중독자였다. 기도 응답을 받고 결혼한 것인데 현실은 쉽지 않았다. 하나님께서 주신 선한 말로 남편과 가정을 세우리라 결심한 그녀는 남편에게 하루에 한 가지씩 칭찬하기로 결심했다.

"당신은 어쩜 코가 이렇게 예쁘죠?"
"당신은 뒤통수도 버릴 게 없이 너무 잘생겼어요."

새근새근 잠든 아들들을 보면서는 "내가 당신 아니었으면 어디 가서 이런 보물을 얻을 수 있겠어요. 여보! 고마워요" 했다. 칭찬을 하다 하다 정 할 게 없으면 "당신은 이름까지도 너무 멋있어요. 내가 좋아하는 목사님 이름과 똑같으니" 했다.

남편의 술타령은 계속되었지만 다행히 주일이면 아들을 대동해 교회 가는 일을 방해하지는 않았다. 교회 다녀와서 남편에게 "하나님이 당신한테 안부 전하시래요" 하면 "허허! 그 양반이 나를 알던가?" 하며 싫지 않은 반응을 보였다. 잠들기 전이면 매일 일부러 남편 들으라고 "좋은 남편 주셔서 감사합니다. 제가 어디 가서 이렇게 멋진 남편을 만날 수 있을까요?" 하며 감사의 기도를 드렸다.

이런 생활이 몇 년째 계속되던 어느 날 남편이 "나도 하나님 그 양반한테 인사하러 가 볼까? 지금도 내 안부 묻던가?" 하며 슬그머니 교회에 따라 나설 기세를 보였다. 아내가 "그럼요. 매일 매일 하나님이 당신 안부를 묻던걸요" 하자 남편은 도저히 맨 정신으로는 못 가겠다며 술을 사달라고 했다. 얼른 슈퍼로 달려가 술에 안주까지 챙겨서 한 상 차려 주니 한 병을 다 비우고는 교회 가겠다고 일어섰다. 하나는 업고 하나는 끼고 땀을 뻘뻘 흘리며 걷는데도 마음이 하늘을 날듯 기뻤다.

나중에 남편은 '이 여자가 사람인가, 귀신인가? 귀신이라면 꼬리가 있어야 하는데…' 했다고 당시의 심정을 고백했다. 그렇게 매일 술로 살아도 한 번도 술 때문에 잔소리하지 않고 오히려 매일 칭찬해 주니 아내가 믿는 그 하나님이 대체 어떤 분인지 궁금해졌단다. 결국 그 남편은 예수님을 믿고 그렇게 좋아하던 술도 끊고 새로운 삶을 시작하게 되었다. 아내는 남편으로부터 "당신은 나를 위해 하나님이 보낸 천사입니다"라는 고백도 들었다. 지금은 대학생이 된 아들들도 "엄마를 통해 우리 집이 마치 천국과 같다는 것을 알게 되었어요"라고 고백했다.

하나님께서 주신 선한 말로 가정을 일으키니 그 가정에 예수 그리스도가 뿌리내리게 된 것이다. 하나님은 살아 계시다. 지금 인생길이 가시밭길 같은가? 하나님은 그 가시밭길을 당신과 함께 걷고 계신다. 어머니인 우리가 믿음으로 가정을 세우겠다는 의지를 가지고 달려가면 지금도 살아 계시는 하나님께서 오른손으로 우리를 붙들어 주시며 우리 가정을 생명나무 공동체로 만들어 주실 것이다. 한 어머니가 이 길을 잘 감당한다면 당신에게 주신 가정은 생명나무 공동체가 될 것이다.

행복을 향한 나눔

이 책을 읽은 후 혹은 어머니학교 워크숍을 마치면서 당신은 어떤 삶을 살기로 결단하였습니까?

하나님에 대한 개념 알아보기

● 해당란에 표시하고 표시한 칸끼리 세로줄로 이어 보십시오. 솔직하게 쓰기 바랍니다.

항 목	항상 그렇다 3	종종 그렇다 2	때때로 그렇지 않다 1	종종 그렇지 않다 2	늘 그렇지 않다 3
1. 하나님의 위대하심과 사랑, 나에 대해 불쌍히 여기는 마음을 느낀다.					
2. 하나님은 우리를 구원하기 위해 정당하게 꾸짖으며 관여하신다.					
3. 하나님은 자애로운 아버지시다. 고통 중에 있는 나를 불쌍히 여기신다.					
4. 하나님은 내가 겪는 고통을 아신다. 재난이나 악이 활개 치는 것은 하나님의 뜻이 아니다.					
5. 하나님을 구주로 믿고, 하나님의 뜻은 구원과 평안, 생명, 사랑, 해방이라고 느낀다.					
6. 맞부딪치는 여러 문제에도 불구하고 하나님은 내 친구요 동반자라고 느낀다.					
7. 하나님은 사랑으로 모든 것을 다스리신다. 하나님은 동정심과 전지전능함을 통해 모든 일을 주관하신다.					
8. 하나님을 위로자로 느끼며 도움과 격려를 기대한다.					
9. 하나님은 내게 싸울 힘을 주시고 책임 있는 삶의 방식을 택하게 하여 불필요한 고난을 막으신다.					

(다니엘 로우의 《사랑의 예술―결혼》 중에서)

대답이 어느 쪽으로 치우쳐 있습니까?
1. 대답의 무게중심이 중간(1번 칸)에 있다면, 하나님과 긴밀한 관계를 갖지 못한 것입니다. 하나님을 그다지 염두에 두지 않으며, 하나님이라는 존재는 당신에게 별 의미를 갖지 못합니다.
2. 오른쪽에 치우쳤다면, 자라온 환경이나 들어온 설교 때문에 하나님에 대한 편견이 생긴 것 같습니다.
3. 위의 문항들을 다시 읽어 보고, 성경으로 돌아가 하나님에 대한 생각을 다시 검토하십시오.

천국은 마치 우리 집 같단다

어느 주일학교 학생이 교회에서 천국에 대한 이야기를 듣고 집에 돌아왔다.

그 아이는 더 궁금한 게 있어서 신앙 좋은 엄마에게 이렇게 물었다.

"엄마, 천국은 도대체 어떻게 생겼어요?"

그때 믿음 좋은 엄마는 이렇게 대답했다.

"사랑하는 아들아, 천국은 말이야, 마치 우리 집 같단다."

당신의 가정은 어떠한가?

자녀에게 이런 대답을 들려줄 만한 가정을 이루고 있는가?

"사랑하는 아들아, 천국은 마치 우리 집 같단다!"

묵상과 기도

십자가로 온 세상을 구원하신 주님, 감사합니다.
이 시간 우리의 마음속에 우리를 낙심시키고 좌절시키는
고통스러운 짐과 문제들이 있습니다.
이것들을 주 앞에 온전히 내려놓습니다.

주의 손으로 붙드사 가야 할 길을 보여 주시고,
갈 수 있는 힘을 주옵소서.
주께서 함께하시면 낙심치 않을 것입니다.
주께서 함께하시면 넘어져도 다시 일어날 것입니다.
주께서 함께하시면 슬픔 중에도 찬송할 것입니다.
주의 손으로 붙드사 이 십자가의 길을 끝까지 갈 수 있도록 하옵소서.

힘들고 어려울 때도 포기하지 않고
세상 죄를 지고 가신 주님을 기억하며
내게 주어진 십자가를 끝까지 붙들고 사명의 길 걷게 하옵소서.
모두가 제 것이 아니라고 버리고 갈지라도
이 길만이 생명의 길, 승리의 길이라고 하신 주님의 말씀을 기억하고
우리의 가정이 천국이 되는 그날까지
십자가의 길, 어머니의 길, 아내의 길을 걸어가기 원합니다.
예수님의 이름으로 기도합니다. 아멘.

어머니가 지켜야 할 십계명

1. 하루를 기쁨으로 시작한다.
2. 어머니가 된 자신을 자랑스럽게 생각한다.
3. 자녀를 바라볼 때 따뜻하게 바라본다.
4. 자녀의 결점을 지적하고 비난하지 않는다.
5. 감사한 일들을 자주 이야기한다.
6. 자녀가 듣는 데서 다른 사람을 비난하지 않는다.
7. 나를 성장시키기 위하여 노력한다.
8. 아버지를 긍정적으로 경험시킨다.
9. 집안 최고의 결정권자는 아버지임을 인식시킨다.
10. 자녀를 위해 끊임없이 기도한다.

어머니학교 수료자들의 간증

엄마의 변화를 통해 가정이 회복되었어요

서부 ○○○

저는 모태신앙으로 자랐습니다. 남편은 함께 교사로 근무하면서 만나 결혼하게 되었습니다. 남편은 결혼하면서 처음 예수님을 믿게 되었습니다. 그런데 결혼 후 5년 동안 저의 기도 제목은 오직 이혼하게 해달라는 것이었습니다. 예수 안 믿던 남편은 일주일 중 6일은 술 먹고 새벽 2~3시에 들어오고 그중 이틀은 외박을 했습니다. 그래도 주일은 교회에 나가 죄 닦음을 하고 다시 충전해서 일주일을 똑같이 그렇게 살았습니다. 하나부터 열까지 나와 남편은 너무 달랐습니다.

우리 부부는 날마다 소리소리 지르며 싸웠습니다. 새벽기도, 작정기도, 금식기도, 안 해본 기도가 없을 정도로 이혼하게 해달라고 기도했습니다. 그런데 너무나 감사하게도 우리 주님은 이혼하게 해달라는 제 기도를 안 들어 주셨습니다. 대신에 차지도 덥지도 않던 저를 인격적으로 만나 주셨습니다. 주님을 인격적으로 처음 만나던 날 얼마나 울었는지 모릅니다. 제가 남편과 이혼을 꿈꾸며 싸우는 동안 가장 상처받고 병들어 가던 사람은 바로 제 큰딸이었습니다. 엄마 아빠가 소리 지르며 싸우면 어린 것이 이 무릎, 저 무릎으로 왔다 갔다 하면서 불안해했고 네 살이 되도록 겨우 '엄마'라는 말만 할 줄 알았습니다. 우느라 말을 배울 시간이 없었던 거지요. 동생이 태어나자 간신히 말을 하기 시작했는데 또래에 비해 말이 없고 너무나 소극적인 아이로 자랐습니다.

열정과 에너지가 끓어넘치던 저는 소심한 아이를 닦달하며 정말 벼랑 끝까지 밀었습니다. 큰딸이 초등학교에 들어가자 제 극성은 더 심해졌습니다. 아이의 글씨가 바르지 않다고 노트를 수도 없이 찢었고, 그림도 몇 장이나 다시 그리게 했습니다. 나를 부끄럽게 만드는 아이라는 생각에 많은 상처를 주었습니다. 한번은 아이 학교에서 연극에 쓸 가면을 만들어 오라고 해서 제가 비즈를 이용해서 물고기 비늘을 일일이 하나하나 붙여서 만들어 주었습니다. 그런 엄마 때문에 우리 큰딸이 얼마나 숨이 막혔을까요? 큰딸은 아무리 노력해도 엄마의 기대를 충족시킬 수 없다고 생각했는지 시간이 지날수록 더 말수가 없어졌습니다.

그러던 어느 날 하나님의 때에 하나님의 방법으로 하나님께서 제 남편을 만나 주셨습니다. 교사인 남편은 작년에 신학대학원을 졸업하고 목사 안수를 받았습니다. 교사를 통해 현장에서는 청소년을, 주일에는 교회에서 청년부 교육목사로 섬기고 있습니다.

하나님은 우리의 인생을 완전히 바꾸어 놓으셨습니다. 남편이 하나님을 만나고 아버지학교를 수료하면서 저에게 어머니학교를 권했고, 큰딸이 초등학교 3학년 때 어머니학교를 수료하게 되었습니다. 어머니학교에서 강의를 들으면서 제가 도대체 아이에게 무슨 짓을 했는지 깨닫게 되었습니다. 강의 내용이 하나같이 제 얘기 같았습니다.

어머니학교의 숙제 중 '자녀가 사랑스러운 이유 20가지'가 있었습니다. 저는 한 자 한 자 눈물로 썼고 아이 앞에 무릎을 꿇고 앉았습니다. 그리고 그 숙제를 읽어 주며 사죄했습니다. "미안하다. 너는 잘 기억이 안 나겠지만, 네가 어렸을 때 엄마가 너에게 너무나 잘못했다. 상한 음식처럼 상한 사랑을 주었다. 엄마를 용서해 주기 바란다." 그런데 열 살밖에 안 된 아이가 갑자기 제 품으로 와락 달려들더니 꺼이꺼이 통곡을 하며 우는 것이었습니다. 제가 더 당황했고 그렇게 우는 아이를 한참을 안고 있었습니다. 그때 하나님이 제 아이를 만져 주셨습니다.

그 후로 아이는 180도 달라졌습니다. 얼굴이 밝아지면서 말이 많아지고 자원해서 전교 부회장 후보로 등록하더니 피켓을 만들어 선거유세도 했습니다. 지금은 고3인데 지금까지 매번 학급회장을 도맡아 하고 있습니다. 이제는 "네가 어릴 때 말을 잘 못했다" 하면 본인도 안 믿습니다. 저에게 신앙적인 조언까지 해주는 친구 같은 딸이 되었습니다. 제가 좋은 어머니가 되고 싶어 어머니학교를 갔는데 하나님은 저뿐 아니라 제 아이까지 만져 주시고 회복시켜 주셨습니다. 기간제 교사로 취직할 수 있는 기회가 있었지만 깨어진 가정을 회복시키는 것이 나의 사명이라는 확신에 거절할 수 있었습니다. 이렇게 회복된 저는 어머니들을 찬양으로 마음을 열게 하는 찬양 팀장으로 또는 진행자로 섬기고 있습니다.

상처까지 만지시는 아바 아버지 찬양합니다.

주님, 제가 어머니입니다.

다시 시작하고 싶어요

남부 ○○○

남편의 사업 때문에 우리 부부는 서류상으로 이혼이 된 상태로 몇 십 년을 한 집에서 살았습니다. '애들만 결혼시키면 이젠 진짜로 사실혼을 정리하리라' 결심에 결심을 하고 살았습니다. 그런데 이런 내 인생에 봄날이 찾아왔습니다.

둘째 아이가 결혼을 앞두고 심각한 표정으로 "엄마! 부탁이 있어요. 제가 결혼하기 전에 꼭 이 부탁을 들어 주셔야 해요" 하는 것입니다. 딸아이는 9월에 결혼 날짜를 잡아 놓은 상태였습니다.

"그래, 까짓것 그것 못 들어 주겠니?"

"이번에 ○○교회에서 어머니학교를 하는데 그곳에 등록했어요. 꼭 참석해 주세요. 돈도 미리 냈어요. 안 가시면 안 돼요."

그곳이 뭐하는 곳인 줄도 모르지만 결혼을 앞둔 딸의 부탁을 거절할 수 없어 아무런 기대도 없이 찾아간 어머니학교였습니다. 그리고 나는 그곳에서 또 다른 나를 만났습니다. 나는 '서류상 이혼'이라는 무기로 이미 아내의 자리를 잃어버린 지 오래였습니다. 많은 나눔과 간증 그리고 숙제를 통해 남들의 얘기를 들으면서도 내 마음은 버틸 때까지 버텨 보자는 심정이었습니다. 드디어 마지막 날을 앞두고 남편과 아이들의 발을 씻겨 주라는 숙제를 내주었습니다. 남편은 씻기를 너무나 싫어하는 사람인데, 그 더러운 발을 씻기라니… 딸아이의 발은 씻겼는데 도저히 남편의 발을 씻길 용기가 나지 않았습니다. 남편이 초벌로 자기 발을 먼저 씻고 왔다면서 자기 발도 씻겨 달라며 대야에 물을 받아 왔습니다. 남편은 물 한 컵이면 온몸을 씻고도 남을 정도로 씻기를 싫어해 겨우 몸에 물만 묻히고는 다 씻었다고 우기는 사람입니다. 그러니 제가 "당신 발은 너무 더러워서 씻을 수가 없어요" 할까 봐 아예 대야에 물을 받아 온 것입니다. 전에도 저는 남편의 발을 씻길 기회가 두 번이나 있었는데 모두 거절했습니다. 그런데 이번만큼은 그럴 수 없었습니다.

'그래! 어머니학교 하면서 은혜도 나름 받았는데 초벌로 미리 씻고 왔다니 두 눈 딱 감고 씻자.'

순교하는 마음으로 남편의 발을 씻겼습니다. 속에선 자꾸만 구토가 올라왔습니다. 초벌로 씻고 왔다는데도 땟국물이 줄줄 흘렀습니다. 시키는 대로 왼발을 씻으면서 미안한 이야기, 오른발을 씻으면서 고마웠던 이야기를 했습니다.

그런데 발을 씻기면서 새로운 사실을 알게 되었습니다. 내내 미움만 가득할 줄 알았던 제 마음에 남편에 대한 고마운 마음과 감사한 마음이 남아 있다는 사실을 알게 된 것입니다. 남편도 이런 나의 태도에 당황해서 어쩔 줄 몰라 했습니다.

그날 이후 우리 부부는 세족식을 통해 서로가 마음의 문을 조금씩 열기 시작했고, 서로 이해하려고, 용서하려고 노력하고 있습니다. 부모는 자녀가 결혼하면 어린 마음에 이혼이나 할까 걱정하는데, 우린 거꾸로 결혼을 앞둔 자녀가 부모가 이혼할까 봐 걱정하고 있었습니다. 지금까지는 애들을 통해 대화했지만 이제 남편과 마음을 열고 대화해 보려고 합니다.

지금까지 추운 겨울을 보냈는데 어머니학교를 통해 내 인생에 봄날이 찾아왔습니다. 이 봄에 어떤 꽃이 저희 가정에 피어날지 기대가 됩니다. 그리고 이렇게 결심한 마음이 변하지 않기를 기도합니다.

주님, 제가 어머니입니다.

좋은 엄마가 되고 싶어요

속초 ○○○

안녕하세요. 저는 필리핀에서 온 리브가(가명)입니다. 제가 한국에 온 지는 10년이 넘었어요. 한국 생활은 문화도 다르고 말도 잘 안 통하고 이해도 잘 안 되고 해서… 처음에는 많이 힘들었어요. 한국에 와서 두 달이 지나 아이가 생겼어요. 임신 중에는 음식도 안 맞고 엄마가 해주시는 음식만 생각나서 많이 울었어요.

한 2년쯤 지나서 조금씩 말을 할 수 있게 되면서 나름대로 열심히 살려고 노력했습니다. 그런데 아이 둘을 낳고 키우면서 또 어려운 일이 생겼어요. 아이들이 공부할 나이가 되면서 제게 이것저것 물어보는데 대답을 잘 못해 줘서 미안하고 마음이 아팠어요. 나도 아이들과 같이 공부하며 배우면 좋을 텐데, 나는 돈을 벌어야 하니까 늘 아이들에게 미안했어요.

아이들을 어떻게 잘 키울지 고민하고 있는데 선생님이 어머니학교를 소개했어요. 어머니학교에서 5주 동안 배우면서 얼마나 감사한지…. 그동안 아이들을 어떻게 키워야 하는지 어느 누구한테도 배워 본 적이 없는데, 어머니학교에서 많은 것을 배웠어요. 내가 한 말과 행동이 아이들에게 상처가 됐는지도 몰랐고 늘 야단만 치고 칭찬을 해준 기억도 별로 없어요. 아이들을 칭찬하고 안아 주고 따뜻한 말로 부드럽게 이야기하는 방법도 배웠어요. 그리고 엄마는 아이가 바른 길을 갈 수 있도록 이끄는 사람이라는 것도 알게 되었어요. 아이들 앞에서 당당한 엄마가 되려면 엄마도 늘 배워야 한다는 것도 배웠어요. 엄마의 역할이 얼마나 중요한지 깨닫게 해주어서 너무나 감사했어요. 부족하지만 우리 아이들 잘 키우는 좋은 엄마가 되고 싶어요. 어머니학교 너무 너무 고맙습니다. 감사합니다.

(이 글은 2012년 4월 30일 〈설악신문〉에 실린 글입니다.)

어머니학교를 통해 뿌려진 씨앗의 열매

대구 ○○○

남편의 권유로 대전에서 서울까지 어머니학교를 5주 동안 다니면서도 나는 전혀 변할 줄 몰랐다. 강의 시간이면 다른 지원자들은 울고 웃는데 나 혼자 속으로 '웃기고 있네' 하는 조소와 비난을 하고 있었다. 강의 내용을 내 것으로 가져오지 못했던 것이다. 당연히 숙제는 5주 동안 한 번도 안 했고 대신 5주 동안 열심히 출석하는 걸로 남편을 꼼짝 못하게 했다. 어머니학교를 마치고 나자 남편이 부탁이 있다며 나를 부르더니 어머니학교를 마쳤으니 이제 스태프로 섬겨 달라고 했다. 그러면서 남편은 스태프로 섬기면 포상금으로 거금 100만 원을 주겠다며 내게 봉투를 내밀었다. 아니 이런 횡재가!

'기도 모임까지 합해 8주를 다녀야 하지만 그게 대수냐. 100만 원이라니!'

룰루랄라 콧노래가 절로 나왔다. 그러나 그것은 내 새로운 삶의 전초전을 예고하고 있었다. 지원자로서 5주 동안 다니면서는 평정심을 유지할 수 있었지만 스태프로 섬기면서는 도무지 평정심을 유지할 수 없었다. 이때부터 내 삶을 돌아보고 숙제를 하면서 과거와 직면하는 시간을 갖게 되었다.

그리고 왜 내가 그렇게 강하게 내 의견을 주장할 수밖에 없었는지를 조금씩 알게 되었다. 교사인 아버지는 나를 할아버지 할머니 댁에 맡겨 두고 다른 곳으로 전근을 가서서 식구가 모두 모이는 날이면 나는 형제자매들 사이에서 외톨이처럼 겉돌았다. 그때마다 할아버지를 방패 삼아 투정과 떼를 쓰며 울기 시작하면 다른 식구에게 할아버지의 불호령이 떨어지곤 했다. 언니 오빠가 "제발 조용히 좀 지나가자"고 사정을 해도 생트집을 잡아서 집안 분위기를 어렵게 만들곤 했다. 그럴수록 가족과 서먹해졌고, 그러면 더욱더 할아버지를 등에 업고 횡포(?)를 부렸다. 지금 생각해 보니 어린 나이에 언니 오빠들과 잘 지내고 싶어서, 엄마 아빠에게 사랑받고 싶어서 나름대로 몸부림을 친 것이었다. 이런 나의 상처는 그대로 남편과 딸에게 투영되고 있었다.

어느 날 남편이 아버지학교 본부장 부부와 식사하는 자리에서 대뜸 이런 질문을 했다.

"원래 여자들은 자기가 무엇을 잘못한 줄 모르는 사람인가요? 또 여자들은 사과할 줄 모르나요?"

이런 자리에서 나의 연약함과 맞닥뜨리게 될 줄은 몰랐다. 충격이었다. 하지만 그것이 사실이므로, 이제 나도 변해야겠구나, 다짐했다.

첫째는 내가 싫어서 기숙사가 있는 학교로 진학한 딸아이와 관계를 회복해야 했다. 언제부터인지 마음 문을 닫고 나와 눈도 안 마주치고 말도 섞지 않는 딸아이를 찾아 학교로 갔다.

"어머니학교 숙제가 있는데… 네가 나 좀 도와주지 않을래?"

조심스럽게 묻는 내게 딸아이는 아주 냉담하게 "엄마 얼굴 보기 싫어서 일부러 기숙사가 있는 학교로 왔는데 이곳까지 와서 왜 이래요!" 하며 그대로 학교로 들어가 버렸다. '그래 네가 나 때문에 그렇게 힘들었구나!' 눈물을 훔치며 돌아왔다. 그래도 이대로 포기하면 영영 딸아이와 화해할 수 없을 것 같아 다시 용기를 내어 학교로 찾아갔다. 딸은 역시나 강하게 거부했고, 하는 수 없이 다시 발을 돌려야 했다.

'무엇이 우리 딸을 이렇게 힘들게 했을까?'

'무엇 때문에 저 아이가 저토록 내게 화를 내고 있는 걸까?'

다시 다음 주에 세 번째로 용기를 내어 딸을 찾아갔다. 이번에는 딸도 거절하지 못하고 마지못해 나를 따라왔다. 학교 옆 식당에 들어가 미리 부탁해 둔 대야에 물을 담고 딸아이의 발을 씻기 시작했다. 왼쪽 발을 씻기면서 미안했던 일, 오른쪽 발을 씻기면서 고마웠던 일들을 이야기하는데 딸아이가 엉엉 울기 시작했다.

'아~ 우리 아이가 너무 힘들었구나. 너무 외로웠구나!' 싶어서 가슴이 저몄다.

딸은 한창 사춘기로 예민하던 고교 시절 통닭을 시켜서 먹고 있는데 엄마가 밖에서 들어오더니 다짜고짜 "또 치킨 먹니? 그러니까 뚱뚱하지!" 해서 너무 속이 상했단다. 그런데 문제는 다음 순간이었다. 화가 나서 방에 들어가 문을 걸어 잠갔는데, 엄마가 문을 안 연다고 화를 내더니 도끼로 문을 부수고 들어오는 게 아닌가. 그때 딸은 이렇게 결심했단다.

'나는 엄마가 믿는 하나님을 절대로 안 믿을 거야! 어떻게 교회에서는 거룩한 엄마가 집에 와서는 폭군으로 변할 수 있어!'

딸은 나의 이중적인 모습 때문에 엄마도 하나님도 다 싫어졌다고 했다.

'그래서 내 딸이 나랑 눈도 마주치지 않고 내가 보기 싫어 학교로 도망쳤구나!'

그날 나도 딸도 펑펑 울었고, 이후 서로를 이해하게 되었다. 지금 딸은 대학을 졸업하고 해외에서 공부하고 있는데, 가끔 전화해서 기도 제목과 큐티를 나누며 신앙과 미래에 대해 조언을 구하곤 한다. 얼마나 감사한지…. 나 한 사람의 회복으로 인해 우리 가정이 이렇게 변할 수 있다는 것에 그저 감사할 뿐이다.

○○교회에 처음 왔을 때 어머니학교를 통해 회복된 상태라 의욕과 사기가 충만했다. '내가 과연 어떤 아내였던가?' 아니 '어떤 어머니로 살아왔던가?'를 되돌아보며 새로운 삶을 살아야겠다는 결심과 의지가 대단했다.

교회는 크지만 여느 교회처럼 별다른 프로그램이 없기에 목사님께 말씀드려 어머니학교를 시작했으면 좋겠다고 했더니 흔쾌히 허락하셨다. 그러자 우리 교회에 새로운 바람이 일기 시작했다.

어머니학교를 마친 뒤 여선교회 회장을 맡아 달라는 부탁을 거절할 수가 없어서 여선교회 회장을 맡게 되었다. 기존에 여선교회는 대체로 교회의 궂은일을 찾아 밥하고 빨래하는 일에 헌신했는데, 나는 다른 할 일이 없을까 찾다가 어머니 기도회를 시작했다.

먼저 서울에 있는 교회에 가서 어머니 기도회가 어떻게 운영되고 있는지 탐방을 했다. 담임목사 사모님이 이미 부교역자 13명의 사모들을 불러 팀을 짜 놓은 상태였다. 먼저 어머니학교에서 배운 대로 실습과 적용을 하기로 했다. '은사 배치 세미나'를 통해 각자 은사대로 팀을 배치하고 3개월가량 충분히 준비하여 드디어 어머니 기도회를 열었다. 이후 폭발적인 반응을 일으켜 지금은 어머니 기도회가 10개 팀으로 나뉘어 운영되고 있다.

이제 우리 교회는 누구든지 어머니학교에서 배운 대로 먼저 팀을 구성하고 기도로 철저히 영적 준비를 한 뒤 프로그램을 시작하는 모임이 자발적으로 생겨나게 되었다. 그리고 주방 봉사가 전부인 줄 알던 여선교회 모임이 기도 모임을 통해 일이 아닌 하나님의 사역자라는 긍지를 가지고 봉사하게 되었다.

우리 교회 목사님이 연합회 회장이라 2,500명의 손님을 치러야 하는 큰 행사가 있어서 우리는 먼저 배운 대로 각 팀을 구성해 기도 모임과 모든 필요를 준비했다. 그날 우리는 포도주를 연회장에 내놓은 하인만이 그 비밀을 알더라(요 2:9)는 말씀이 우리의 고백이 되었다. 목사님들을 모신 행사를 치르는 과정에서 우리 모두는 하나님의 동역자가 되었다는 감격에 가슴이 뜨거워졌다.

또한 우리 부부는 교회에서 부부세미나를 주관하게 되었다. 담임목사님이 장로님 부부와 부교역자 부부 등 당회원을 중심으로 먼저 50쌍을 시범으로 해보자고 하셔서 하게 된 일이었다. 그렇게 50쌍의 부부를 상대로 부부학교가 열렸고, 특히 마지막 날 세족식을 하면서 놀라운 변화가 일어났다. 이를 계기로 우리 교회 당회는 훨씬 더 활기차고 하나된 모습으로 교회를 섬기게 되었다.

얼마 전 직장인반을 중심으로 어머니학교 첫째 날을 마쳤다. 그런데 믿지 않는 분이 6명이나 참석했다. 그중 한 분한테서 전화를 받았다. 교회에 처음 발을 들여 놓았다는 그분은 예식할 때 통곡을 하면서 울기도 했다.

"교회가 원래 이런 곳인가요?"

그분은 어머니학교를 통해 교회에 대한 이미지가 완전히 바뀌었다고 했다. 용서하면 무조건 화해까지 해야 되는 줄 알고 용서하지 못해서 마음에 쌓인 게 많다고 했다. 그러나 5주차를 마친 후 교회에 대한 고정관념을 깨뜨리게 되었을 뿐만 아니라 내 인생의 주인이 내가 아님을 알게 되었다고 했다. "이제 내 인생의 진짜 주인이신 하나님과 함께 새로 출발하고 싶습니다." 이분의 놀라운 고백이다. 이분이 맛본 포도주의 기막힌 맛을 우리 모두 함께 맛보는 귀한 시간이었다.

주님, 제가 열국의 어머니입니다.

담장 안에 피어난 꽃

청주 ○○○

주님이 사랑하라고 명하신 대상이 이번엔 교도소 수감 중인 10대 후반의 여자아이들이다. 이름과 생년월일, 가족 사항, 기도 제목 외에는 그들에 대해 아는 것이 없다. 무엇 때문에 그곳에 왔는지, 얼마 동안 그곳에서 생활했는지, 앞으로 얼마나 더 있어야 하는지도 모른다. 그러나 일반 어머니학교와는 달리 궁금해 하지도 물어봐서도 안 되었다. 그래서 3일간의 짧은 일정이지만 더 기도할 수밖에 없었다. 밤새 뒤척이며 뜬눈으로 밤을 새웠다.

"우리 만남은 우연이 아니야~"를 부르며 환영하는 스태프들과 달리 지원자들은 똑바로 쳐다보지도 못하고 자리에 앉는다. "당신은 참 소중한 사람입니다" 하며 손을 뻗어 축복할 때도 어색한지 자기들끼리만 눈을 마주쳤다.

첫 프로그램은 조 이름을 정하고 구호를 정해 그림으로 표현하는 시간. 하얀 도화지에 크레파스로 그림을 그리며 서로를 알아 가기 시작했고 프로그램이 진행되는 동안 우리는 어느새 자연스럽게 눈을 마주칠 수 있었다.

오후 강의 전 율동 시간. "주의 자비가 내려와 내려와~~" 몸을 움직이면서도 속으론 기도할 수밖에 없었다. "주님! 제발 주의 자비가 저 아이들에게 덮이기를 원하옵니다." 순간순간 그렇게 간절히 깨어 기도해 본 적도 아마 드물 것이다. 첫날을 마친 저녁, 전날의 수면 부족과 긴장감이 풀리면서 눈이 따갑고 누우면 금방이라도 쓰러져 잠들 것 같았지만, 밤새 또 잠을 설쳤다.

두 번째 만남, 첫날보다는 한결 여유 있고 서로 친해졌지만 몇몇 지원자들은 여전히 그들만의 세상에 우리를 끼워 주지 않았다. 틈만 나면 다른 조 친구에게 쪽지를 돌리는 아이들, 야구선수들의 사인처럼 그들만의 수신호로 다른 조 친구들과 이야기하는 아이들…, 도무지 집중하지 않았다. 그러나 단 한마디라도 이들 마음속에 평생 살아 숨쉬는 생명의 언어가 전달되기를 소망하며 기도했다.

율동 시간, 숨이 턱까지 차오르고 땀이 범벅이 되도록 뛰면서 마음껏 웃는 지원자들을 보았다. 모든 근심을 날려 보낼 것 같은 그런 웃음이었다. 누군가를 살해하고 누군가를 아프게 했다는 죄책감, 그런 자기 자신을 미워하는 마음, 부모를 원망하는 마음, 쌓인 분노와 상처들이 웃음과 땀으로 다 씻겨 내려가기를 기도했다. 율동으로 몸의 긴장이 풀린 지원자들은 허깅을 배운 뒤라 그런지 더 여유 있고 환해졌다.

그 밝고 예쁜 웃음을 가진 아이들이 죄를 저질러 그런 곳에 갇혀 있어야 한다는 사실이 믿어지지 않았다. 지원자들 대부분은 건강한 가정을 경험하지 못한 아이들이었다. 따뜻한 엄마의 품을 모른 채 버림받은 아이도 있었고, 매를 맞고 구박받으며 자란 아이들도 있었다. 가정불화로 집을 뛰쳐나온 아이들도 있었고, 학교에서 상처를 받은 아이들도 있었다. 이 아이들에게 부모란 증오의 대상일 뿐이었다. 그런 아이들의 마음을 이해해 주는 사람은 오로지 친구였다. 친구를 위해서는 기꺼이 나쁜 일도 함께할 수 있을 만큼 아이들에게 친구는 어느 누구보다 소중했다. 결국 이 아이들도 피해자였다. 누군가에 의해 만들어졌을 그들 마음속에 있는 분노가 죄를 범하게 한 것이다.

3일간 그들에게 건강한 엄마를 경험해 주고 싶었고, 엄마를 용서하고 이해할 수 있는 마음이 생기게 해주고 싶었다. 엄마의 손길을 느끼게 해주고 싶어서 하루 종일 손을 만지작거리고, 엄마의 품을 느끼게 해주고 싶어서 틈만 나면 안아 주고, 엄마의 따뜻함을 주고 싶어서 사랑한다고, 예쁘다고 수없이 고백했다.

이틀째 일정이 끝나고 어제와 마찬가지로 스태프와 지원자들을 중보한 뒤, 세족식을 준비하는 중보자들과 통화하며 진행 사항을 체크하고 기도 요청을 했다. 오후 '사랑의 언어' 강의를 위해 강단에 올라간 ○○○ 강사님.

"하나님이 저를 이곳에 보내신 이유가 있습니다. 여러분들의 엄마를 대신해서 제가 대신 사과하고 싶어. 얘들아 미안해. 미안해. 잘못 키워서 미안해. 엄마도 성숙하지 못했고 사랑받고 자라지 못해서 너를 사랑할 줄 몰랐어. 너무 힘들어서 너에게 실수한 거야. 잘못했어. 미안해. 엄마가 잘못했어. 용서해 줘."

그러더니 무릎을 꿇으셨다. 순간 숙연한 침묵 사이로 지원자들의 흐느끼는 소리가 들렸다.

마지막 순서인 세족식. 미리부터 기도해 온 중보자 엄마들이 아이들 앞에 일대일로 섰다. 누가 먼저랄 것도 없이 눈물이 터져 나왔다. "주님! 친히 이 아이들의 발을 닦아 주옵소서." 무릎을 꿇고 발을 닦으며 울고, 부둥켜안고 목이 터져라 서로 울었다. 엄마를 대신해 아이들에게 엄마의 목소리를 들려주며 축복하고 안아 주자 아이들의 입술에서 서슴없이 '엄마'란 말이 나왔다. 평생 엄마를 처음 불러 보는 아이도 있었다. 중보자 엄마들은 저마다 또 다른 한 명의 딸을 품게 되었다.

대개 어머니학교 수료식이 끝나면 거룩한 부담감에서 해방되었다는 자유로움과 주님의 동역자가 되었다는 뿌듯함 때문에 개운하고 홀가분해진다. 그런데 교도소를 섬긴 뒤에는 늦가을 바람이 지나간 앙상한 나뭇가지처럼 가슴이 휑하다. 자식을 떼놓은 어미의 심정을 다 이해할 순 없겠지만, 그 아이들에게 더 이상 아무것도 줄 수 없는 미안함으로, 안타까움으로 가슴이 아렸다.

온 마음을 다해 오늘도 어미의 마음으로 기도한다. 우리를 대신하여 성령 하나님께서 오늘도 바쁘게 일하실 것을 믿고 그 아이들의 회복을 기대해 본다.

하나님의 손에 들려진 물고기와 보리떡

본부 ○○○진행자

남 앞에 서는 일은 제 인생에 없는 줄 알았습니다. 그런 제게 2005년 1월 본부에서 2주간 가진 어머니학교는 예수님의 손바닥에 올려진 보리떡과 물고기였습니다. 본부 25기인 제가 처음 진행자로 섬긴 어머니학교였습니다.

저는 일주일에 2회인데다 2주 만에 끝나는 프로그램이니까 긴장하는 시간이 짧아서 좋다고 생각했습니다. 그러나 착각이었습니다. 월요일에 스태프 미팅하고 화요일, 수요일에 프로그램을 진행하다 보니 수요일 프로그램을 준비할 시간도 없이 흘러가서 얼마나 긴장이 되던지, 지금도 그때를 생각하면 식은땀이 납니다.

저는 눈물도 많고 두려움도 많은 사람입니다. 그런 저를 진행자로 세우기 위해 본부는 당시 최고의 진행자로서 경험이 많은 ○○자매와 ○○자매를 어시스트와 편지팀장으로 돕겠다고 했습니다. 그러한 배려에 더는 거절할 수 없어 어렵게 수락했습니다. 그런데 막상 스태프 구성은 다 되어 가는데 두 자매가 가정에 사정이 생겨서 저를 돕지 못하겠다고 하는 겁니다. 엄청난 두려움 속에서 스태프들의 파송을 받으며 눈물로 출발해야 했습니다. 두려움 많은 저에게 하나님은 로마서 12장 1-2절 말씀을 주셨습니다.

> "그러므로 형제들이여, 내가 하나님의 자비하심으로 여러분에게 권합니다. 여러분의 몸을 하나님께서 기뻐하시는 거룩한 산 제물로 드리십시오. 이것이 여러분이 드릴 영적 예배입니다. 여러분은 이 세대를 본받지 말고 오직 마음을 새롭게 함으로 변화를 받아 하나님의 선하시고 기뻐하시고 온전하신 뜻이 무엇인지 분별하도록 하십시오"(롬 12:1-2, 우리말성경).

저는 이 말씀을 받고 마음의 평안을 찾았답니다. 사실 저음에는 저를 돕기로 한 그 자매들에게 섭섭한 마음이 컸지만, 제가 하나님을 의지하지 않고 오히려 섬김의 베테랑들을 의존하려던 것이 잘못이었음을 깨달았습니다. 그리고 시간이 지나고 보니 하나님께서 함께 섬기기를 원하는 사람들은 따로 있었음을 알게 되었습니다.

저는 어머니학교 사역을 찬양팀장부터 시작했습니다. 제가 하도 말을 못한다고 하니까 본부장님이 "찬양팀장은 말이 필요 없어요. 찬양만 하면 되니까 한번 해보세요" 해서 맡은 것입니다. 그런데 알고 보니 찬양팀장도 말을 해야 했습니다. 처음 찬양을 시작할 때 인사말로 "안녕하세요? 한 주간 잘 지내셨나요? 찬양으로 먼저 하나님께 나아가겠습니다"는 멘트도 해야 하고, 율동할 때도 몇 마디 말을 해야 했지요. 이렇게 짧은 몇 마디조차 저는 악보 위에 적어 놓고 읽고 또 읽기를 수없이 반복하며 연습했답니다. 사정이 이렇다 보니 저는 진행자들을 보면서 "난 말을 못하니까 진행은 안 할 거야" 하곤 했습니다. 그런데 진행을 맡게 되었으니 얼마나 걱정이 많았겠습니까? 기도밖에는 답이 없었습니다.

"주님, 주님 손에 올려진 보잘것없는 보리떡과 물고기입니다. 주님이 저를 아시니 축복해 주세요."

얼마나 떨었던지 첫날 진행을 어떻게 했는지 기억조차 나지 않습니다. 마이크를 잡았는데 입술이 딱 붙어서 입이 떨어지지 않아서 뒤돌아 입에 침을 묻히고서야 인사를 할 수 있었습니다.

본부는 진행자가 스태프들을 모집해야 합니다. 그래서 진행을 한 선배들이 하는 말이 있습니다. 전화 100통 걸어야 겨우 스태프 10~15명 정도 모집할 수 있다고 말입니다. 하지만 하나님은 저의 사정을 아시고 교회들에서 스태프를 단체로 준비해 주시는 은혜를 베풀어 주셨습니다. 너무나 감사했습니다.

하지만 두 번째 진행부터는 스태프를 모으려고 동분서주해야 했지요. 스태프가 너무 없어서 기도하며 여기저기 전화를 해야 했습니다. 그런데 막상 프로그램이 시작되니 오히려 너무 많이 와서 고민이 될 정도였습니다.

　세 번째 진행에서는 그 많던 스태프들 중 10~15명이나 빠져나가 애를 먹었습니다. 저는 완벽주의 성격이라 인원이 다 채워져야 안정감 있게 시작하는데 스태프들이 갑자기 부족하니 두려움이 앞섰죠. 하지만 하나님은 위로하시며 돕는 손길을 보내 주셨습니다. 이렇듯 저는 한시도 하나님의 손에서 벗어날 수가 없었죠. 늘 하나님 앞에 무릎을 꿇어야 했습니다.

　진행을 하면서 깨달은 것은, 이 일은 하나님이 하시는 일이라는 사실입니다. 만일 제가 좋아하는 찬양사역에 머물러 있었다면 오늘의 저는 없었을 것입니다. 하나님께서 새로운 사역으로 부르실 때 "아멘"으로 순종하자 하나님은 제 입술에 기름을 부으사 할 말을 생각나게 하셨습니다. 연약한 만큼 더 무릎 꿇게 하셔서 저를 성장시키셨습니다.

　하나님은 지원자들을 통해서도 참 많은 은혜를 주셨습니다. 4주 차 숙제 중에 아이의 발을 씻긴 뒤 아이의 느낌을 적어 오는 것이 있습니다. 고3 수험생을 둔 어느 엄마가 발표한 글이 인상적이었습니다.

　"이제는 이 발로 세계를 누비며 인생을 책임질 나이입니다. 엄마, 걱정하지 마세요."

　고3이면 공부하느라 지쳐서 짜증 내기 쉬운데 이토록 의젓하고 기특한 생각을 하다니 싶어 감동의 눈물이 앞을 가렸습니다.

어느 엄마는 마지막 날 발표하는 간증문에 진행자 코가 항상 빨개서 은혜를 받았다고 썼습니다. 제가 하도 울어서 표정 관리가 안 되었나 봅니다.

지금도 오랜 시간이 흘렀지만 잊을 수 없는 지원자가 있습니다. 남편이 가깝게 지내던 자매와 외도를 해서 너무 힘들어하던 자매였습니다. 마침 김성묵 장로님이 강의하러 오셔서 자매의 발표를 듣고는 "자매님, 그래도 가정을 지키십시오" 하며 위로와 격려의 말씀을 주셨고, 자매는 잘 견뎌 내겠다며 기도를 부탁했지요. 지금 어디에 있든지 건강하게 잘 살고 있을 거라 믿습니다.

저는 사람보다 일 중심적인 사람이었으나 어머니학교 사역을 하면서 일 중심이 아닌 사람 중심으로 바뀌었습니다. 열심히 섬기는 스태프들에게 사랑을 느끼며 먼저 그들을 껴안기 시작했고, 제가 변하니 스태프들도 편안하게 섬기게 되었습니다. "말을 못하니 진행은 절대로 못해요" 하며 본부장님과 긴 줄다리기를 하며 싸웠던 제가 얼마나 성장했는지 모릅니다. 하나님의 손에 들려진 물고기와 보리떡 같았던 제가 그 은혜로 놀랍게 변화된 것입니다.

제가 진행하기 전에는 무대에 선 진행자의 흉도 보고 지적도 많이 했습니다. 그런데 막상 제가 진행자로 서 보니 뒤에서 한

저의 모든 말이 너무 부끄러웠습니다.

    저는 지금 어머니학교 강사로, 또 남편과 함께 부부학교 강사로 섬기고 있습니다. 이렇게 성장한 제 모습을 사랑합니다. 사역으로 바빠서 제대로 돌봐주지 못했는데도 자녀들이 "엄마가 자랑스러워요" 하니 저는 정말 행복한 사람입니다. 일상에서 밀려오는 이 행복을 가슴 깊이 느끼며 하나님께 감사드립니다. 우리 모두 파이팅!

"주님 제가 어머니입니다.
행복을 느낄 줄 아는 아내로,
더 좋은 어머니로 살겠습니다."

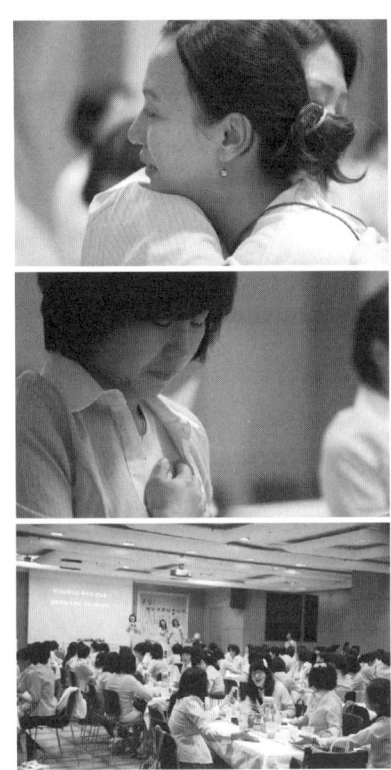